교사를 위한 **교육학** 강의

혁신교육을 위한 교사 전문성

교사를
위한
교육학
강의

초판 1쇄 발행 2020년 1월 17일
초판 3쇄 발행 2023년 3월 21일

지은이 이형빈
펴낸이 김승희
펴낸곳 도서출판 살림터

기획 정광일
편집 조현주

인쇄·제본 (주)신화프린팅
종이 (주)명동지류

주소 서울시 양천구 목동동로 293, 2215-1호
전화 02-3141-6553
팩스 02-3141-6555
출판등록 2008년 3월 18일 제313-1990-12호
이메일 gwang80@hanmail.net
블로그 http://blog.naver.com/dkffk1020

ISBN 979-11-5930-131-5 93370

이 도서의 국립중앙도서관 출판예정도서목록(CIP)은 서지정보유통지원시스템 홈페이지(http://seoji.
nl.go.kr)와 국가자료종합목록 구축시스템(http://kolis-net.nl.go.kr)에서 이용하실 수 있습니다.
(CIP제어번호: CIP2020001522)

교사를 위한 교육학 강의

혁신교육을 위한 교사 전문성

이형빈 지음

살림터

들어가며
『교사를 위한 교육학 강의』를 펴내며

교사가 교육개혁의 주체라는 인식이 확산되고 있습니다. 학교마다 '교원학습공동체' 모임이 운영되고 있습니다. 수많은 회원을 가진 교사 연구모임도 활발히 운영되고 있습니다. 교사가 함께 연구하고 실천한 만큼 학교는 달라지고 있습니다.

예전에는 현장과 유리된 교육학을 비판하는 목소리가 많았습니다. 지금은 교육학을 다시 공부하는 교사들이 많습니다. 실천과 동떨어진 이론도 공허하지만, 이론적 기반이 없는 실천도 한계가 분명합니다. 이제는 교사가 교육학의 주체가 되어야 할 것입니다. 이 책이 실천적 교육학을 모색하는 선생님들께 조금이나마 도움이 되기를 바랍니다.

제1부에서는 혁신교육의 핵심이라 할 수 있는 '교육과정-수업-평가 혁신을 위한 교사 전문성'을 다루었습니다. 우선 교사의 전문성을 어떤 관점에서 보아야 하는지를 살피고, 이에 따라 교육과정-수업-평가 혁신의 이론적 근거와 실천적 사례를 다루었습니다. 그리고 이러한 혁신이 더욱 확산되기 위한 국가 차원의 제도 개선 과제를 제시하였습니다.

제2부에서는 혁신교육에 대한 철학적·사회학적 통찰을 제시한 교

육학자들의 이론을 다루었습니다. 여기에 등장하는 학자는 비고츠키, 프레이리, 타일러, 아이즈너, 사토 마나부, 애플, 영, 롤스, 번스타인 등입니다. 마지막 장에서는 소설과 드라마를 통해 우리나라 교육의 변화 양상을 전반적으로 그려 보았습니다. 미처 다루지 못한 학자들도 무척 많습니다. 이는 제 공부가 아직 미흡한 탓입니다.

과분하게도, 그동안 여러 자리에서 학교 선생님들, 대학원생, 예비교사들을 대상으로 강의를 할 기회를 누렸습니다. 이 책은 그 내용을 다시 글로 옮긴 것입니다. 여러모로 부족한 강의지만, 실천적 교육학에 관심을 갖는 선생님들께 조금이나마 도움이 되고자 합니다.

이 책을 내기까지 많은 진통을 겪었습니다. 그 진통을 이겨 내도록 많은 도움을 주신 성열관 교수님, 강에스더 박사님, 김성수 선생님, 박영림 선생님, 최은아 선생님, 백현희 선생님, 김은정 장학사님께 특별한 감사를 드립니다. 현장연구를 늘 지원하고 계신 살림터 정광일 사장님께도 감사드립니다. 오늘도 학교현장에서 좋은 교육을 위해 애쓰시는 선생님들과, 언제나 사랑으로 지켜봐 주시는 부모님께 이 책을 드립니다.

2020년 1월
이형빈

차례

2부 혁신교육에 대한 철학적·사회학적 성찰

1부

교육과정-수업-평가 혁신을 위한 교사 전문성

1.

교사는 어떤 전문성을 가져야 하는가?[1]
– 전통적인 교직관을 넘어

교사를 바라보는 네 가지 관점

첫 번째 강의는 '교사론'으로 시작할까 합니다. 교사론이란 "교사는 과연 어떤 존재인가?"에 대한 대답을 찾는 영역입니다. 모든 철학적 질문이 "나는 누구인가?"로 시작되듯이, 교사론이 탄탄히 정립될 때 좋은 교육이 이루어질 수 있습니다.

어느 연수 자리에서 선생님들께 "교사는 ○○과 같다고 할 수 있을까요?"라는 질문을 드렸습니다. 그랬더니 "교사는 엄마나 마찬가지예요. 아이들을 하나하나 챙겨 줘야 하니까요.", "교사는 동사무소 직원 같아요. 처리해야 할 업무가 너무 많아요.", "교사는 감정노동자예요. 아이들이나 학부모들과 관계 맺기가 참 힘들어요."와 같이 다양한 답변이 나왔습니다.

아마도 이는 요즘 교사들의 처지를 잘 나타낸 표현이 아닐까 싶습니다. 동사무소 직원처럼 온갖 업무를 처리해야 하는 공무원 처지이

---

1. 이 글은 이형빈(2015e), 이형빈(2016d)을 수정 보완한 것입니다.

지만 동시에 학생들을 엄마처럼 돌봐야 하는 역할도 해야 하고, 그러다 보면 늘 감정노동에 시달리게 되는 것이 교사들이 처한 상황이지요. 도대체 우리 사회가 교사들에게 기대하는 역할은 무엇이고, 교사는 본질적으로 무엇을 해야 하는 존재일까요?

교육학에서는 교직에 대한 전통적 관점을 크게 네 가지로 나누고 있습니다. 교사를 '성직자', '전문가', '노동자', '공직자'로 보는 관점입니다. 이 글을 읽으시는 선생님은 이 네 가지 관점 가운데 어느 것이 가장 마음에 드시나요? 물론 이 네 가지 관점이 반드시 배타적이지는 않고 상호 보완적인 관계이지만 그래도 강조점은 분명 다릅니다.

아마도 대부분의 선생님들은 "교사는 성직자이다."라는 관점을 부담스러워하실 겁니다. 하지만 이 관점이 가장 오래된 관점입니다. 서양 중세시대에 성직자가 교사를 겸해 왔다는 전통 속에서, 동양의 '군사부일체君師父一體'라는 유교적 전통 속에서 이 관점이 유지되어 왔습니다. 이 관점은 교사가 학생이라는 '인격체'를 상대하는 사람이기 때문에 나온 것입니다. 한 인격체의 성장을 책임지는 존재로서의 윤리성을 강조한 것이죠.

실제로 대부분의 교사들이 성직자까지는 아니더라도 부모님과 같은 마음으로 학생들을 대하고 있습니다. 특히 어려운 처지에 있는 학생들을 위해서라면 시간과 비용, 정신적 에너지를 기꺼이 쏟으며 헌신하시는 것이 교사들의 마음이지요. 그러나 교사들이 표현에 다소 거부감을 느끼는 이유는 교사들이 누려야 할 권리를 억누르거나 무한 헌신, 과도한 윤리의식을 강요할 때 이 관점이 활용되기 때문일 것입니다.

"교사는 공직자이다."라는 관점은 현행 법률에 규정되어 있는 관점이기도 합니다. 교사들에게는 〈교육공무원법〉, 〈교육공무원임용령〉 등의 법령이 적용됩니다. 교사의 양성, 임용, 보수, 연수, 승진, 포상과 징계 등이 모두 공무원에 준하여 적용되고 있습니다. 교사들이 매달 17일에 국민의 세금으로부터 나온 월급을 받는 것도, 정년이 보장되는 것도, 교육부나 교육청의 공문에 따라 업무를 처리하는 것도 모두 교사가 공무원이기 때문입니다.

하지만 교사를 공무원으로만 보기에는 무리가 있습니다. 일반적으로 공무원은 법령과 상부기관의 지시에 따라 업무를 수행합니다. 하지만 일부 공무원에 대한 부정적인 이미지, 즉 '시키면 시키는 대로 하는 공무원', 나아가 '영혼 없는 공무원'을 교사의 이미지로 받아들일 수는 없겠죠. 더욱이 과거에는 교사를 국가의 시녀처럼 취급하면서 명령과 통제에 순응할 것을 강조했기에 교사를 공무원으로 보는 것에 많은 교사들이 강한 거부감을 보이는 것도 충분히 이해할 만합니다. 더욱이 일반 국민들은 공무원에 대해 이중적 감정을 갖고 있습니다. 한편으로는 '안정된 직장'에 대한 동경의 시선, 한편으로는 '철밥통'에 대한 질시의 감정입니다. 그리고 이러한 이중적 감정이 교사에게도 투영되어, 교사들의 마음을 매우 불편하게 만듭니다.

"교사는 노동자이다."라는 관점은 교원노조가 결성되었던 1980년대에 부각되었습니다. 당시 교원노조는 "교사는 국가나 사학재단에 의해 고용된 임금노동자이다."라는 인식과, "교사는 노동자의식을 갖고 사회 개혁에 동참해야 한다."는 당위적 요청에 따라 교사가 노동자임을 강조했습니다. 이러한 관점에 따라 국가나 사학재단에 대하여 노동자로서의 권리를 옹호하고, 사회운동의 흐름에 동참하며 교육개혁을 위해 노력했습니다. 그 결과 교사의 권익 보호와 교육개혁에 적지 않은 성과를 거두었습니다.

교사가 노동자인 것은 분명합니다. 그렇다고 하여 다른 노동자들과 동일한 처지에 있는 것만은 아닙니다. 교사는 교육이라는 전문적 일에 종사하면서 늘 학생들과 마주하기 때문입니다. 그렇기 때문에 학생이라는 인격체를 상대하는 윤리의식, 교육활동에 대한 전문성이 필요합니다.

2000년대 이후부터 최근까지는 주로 교사를 전문가로 보는 관점이 부각되고 있습니다. 그리고 이 관점에 대해서 많은 교사들이 이중적 감정을 갖고 있는 듯합니다. 교사가 전문가인 것은 당연하고 마땅히 전문성을 신장시키기 위해 노력해야 한다고 생각하면서도, 한편으로는 전문성 신장을 억지로 강요받는 듯한 느낌이 들기도 합니다. 이러한 이중적 감정이 드는 이유는 전문성을 논의하는 맥락이 서로 다르기 때문입니다. 신자유주의의 맥락에서 논의하는 교사 전문성과 혁신교육의 맥락에서 논의하는 교사 전문성은 그 의미가 서로 다릅니다.

신자유주의 교육정책이 본격화된 2000년대에는 '교사에 대한 불신'을 전제로 한 전문성 논의가 본격화되었습니다. 신자유주의는 "교사들이 '철밥통'에 안주하여 전문성이 부족하니, 교육계에도 경쟁의 원리를 도입해야 교사 전문성이 신장된다."는 담론 구조를 갖고 있습니다. 그리고 이에 따라 도입된 정책이 교원능력계발평가, 성과급 등과 같은 '외부적 책무성' 정책입니다. 이는 한국뿐만 아니라 북유럽 등 일부 국가를 제외하고 전 세계적으로 도입된 정책입니다.

반면에 2010년부터 본격화된 학교혁신운동은 새로운 전문성 담론을 바탕으로 이루어졌습니다. '교사의 자발성에 대한 신뢰'를 바탕으로 '교사는 교육개혁의 대상이 아닌 교육개혁의 주체'라는 관점을 지니고 있습니다. 이 관점에 따르면 교사의 전문성이 발휘되지 못했던 이유는 관료주의의 억압적 통제와 신자유주의적 경쟁 구조입니다. 즉 시키는 대로만 일하는 통제 구조 혹은 교사를 서로 분열시키는 경쟁 구조에서는 진정한 교사 전문성이 발휘될 수 없다는 것입니다. 학교를 변화시키는 것은 교사의 협력적 문화와 자발적인 실천이라는 것입니다. 최근 많은 학교에서 진행되고 있는 '교사의 전문적 학습공동체'도 이러한 문제의식과 맞닿아 있습니다.

이상에서 살펴본 것처럼 교사를 바라보는 관점은 크게 성직관, 공직관, 노동직관, 전문직관으로 나누어 볼 수 있습니다. 물론 이 관점들은 서로 상충되는 것이 아니라 상호 보완적인 관계에 있습니다. 그러나 성직관을 강조하면 노동직관에 어긋나는 것 같고, 공직관을 강조하면 전문직관과 어긋나는 것만 같습니다. 그래서 이번 강의에서는 전통적 교직관을 혁신교육의 관점에서 재해석해 보고자 합니다.

전문가로서의 교사

교사를 전문가로 보는 관점은 어쩌면 너무나 당연한 것입니다. 교사들이야말로 우리 학생들을 가르치는 최고의 전문가이니까요. 하지만 이 당연한 명제를 받아들이는 데에도 제법 시간이 걸렸습니다.

교사를 전문가로 규정하는 입장은 1966년에 UNESCO(국제연합 교육과학문화기구)와 ILO(국제노동기구)가 공동 작성하여 유네스코 특별회의에서 채택한 '교원의 지위에 관한 권고'에서 그 기원을 찾아볼 수 있습니다. 100여 가지가 넘는 이 권고문의 조항 가운데 핵심적인 사항은 다음과 같습니다.

- 교육은 전문직으로 간주되어야 한다. 그것은 엄격하고도 계속적인 연구를 통하여 습득·유지되는 전문적 지식과 전문화된 기술을 필요로 하는 공공적 업무의 하나이다.
- 교원은 그 전문직적 지위나 신분에 영향을 미치는 부당한 행위로부터 충분히 보호되어야 한다.

어찌 보면 당연한 내용을 국제기구가 굳이 세계 각국에 권고한 이유는 무엇일까요? 그만큼 당시에는 거의 모든 나라에서 교사들이 전문가로서의 권위와 지위를 충분히 누리고 있지 못했기 때문입니다. 교사들은 전문가가 아니라 시키는 대로 일하기만 하는 기능인으로 취급받으면서 사회경제적으로도 낮은 대우를 받아 와서 공교육의 질이 저하되었기 때문입니다. 그래서 국제기구가 나서서 세계 각국이 교사를 전문가로 인정하고 여기에 합당한 대우를 하라고 권고한 것입니다.

그렇다면 전문가가 지녀야 할 속성은 무엇일까요? 전문가의 속성은 크게 보아 '전문성', '자율성', '윤리성'으로 나눌 수 있습니다. '전문성'을 갖추기 위해서는 우선 전문적인 양성기관(교대, 사대)을 거쳐 국가가 공인하는 자격기준(교원자격증)을 취득하고 임용시험에 합격해야 합니다. 즉 '무자격자'가 함부로 해당 직종에 종사할 수 없기 때문에 전문가로 인정받는 것입니다. 따라서 '전문성'이라는 개념에는 동시에 '배타성'이라는 개념도 내포되어 있습니다.

이러한 전문가에게는 '자율성'이 부여됩니다. 우리가 흔히 전문가라고 일컫는 의사나 판사는 자기 나름의 판단으로 의료행위나 법률행위를 수행하게 됩니다. 즉 '자기가 하는 일을 스스로 계획하고 집행할 수 있는 권한'을 부여받게 되는 것이지요. 만약 주어진 매뉴얼대로만, 상관이 지시하는 대로만 업무를 수행한다면 이는 전문가가 아니라 '기능인'에 불과합니다.

전문가는 자기에게 부여된 '자율성'을 충분히 발휘하되 그 결과에 대해 스스로 책임을 지는 '윤리성'을 요구받게 됩니다. 의사가 자신의 의료행위의 결과에 대해 나 몰라라 한다면 그는 당연히 사회적 지탄의 대상이 되겠지요.

이러한 '전문성', '자율성', '윤리성' 등 세 가지 요소를 생각해 볼 때, 교사가 전문가인 것은 분명합니다. 가르치는 일에 대한 전문성을 바탕으로, 스스로 수업을 설계하고 진행하며, 인격체를 대하는 윤리성을 유지하기 위해 끊임없이 노력하는 교사들이야말로 최고의 전문가입니다.

그런데 우리 사회가 흔히 전문가로 인정하는 의사, 판사, 교수 등에 비해 교사들은 전문가로서의 지위를 충분히 누리지 못하는 것 같습니다. 교사는 학생들을 가르친다는 점에서 대학교수와 매우 유사하지만, 서로 다른 처지에 있습니다. 대학교수들에게는 '자율성'이 거의 무한대로 보장되어 있습니다. 우선 대학교수에게는 국가수준 교육과정이 없습니다. 교과서도 없습니다. 학생평가에서도 별다른 지침이 없습니다. 교수 나름의 판단으로 이 모든 것을 결정할 수 있는 권한이 부여되어 있습니다.

그런데 교사에게는 대학교수만큼의 자율권이 부여되어 있지 않습니다. 국가수준 교육과정은 과목별 이수단위까지 규정하고 있고, 정해진 교과서를 가지고 수업을 해야 하며, 평가의 자율권도 제한적입니다. 이러한 점에서 볼 때 우리 사회가 대학교수에 비해 초중등교사의 전문성을 아직은 충분히 인정하지 않고 있습니다. 하지만 교수의 전문성과 교사의 전문성은 서로 영역이 다릅니다. 대학교수들이 학문 영역의 전문성이 높다는 것을 인정할지라도, 학생들의 성장발달 단계에 맞게 수업을 진행하는 전문성은 초중등교사들이 훨씬 높습니다.

현재 교사들에게는 교육과정 편성권, 교재 개발권, 평가의 자율권 등이 많지 않습니다. 그 결과 교과서대로 진도 나가는 수업을 하게 되고, 전문가의 역할보다는 주어진 일만 수행하는 기능인의 역할을 하게 됩니다. 앞으로는 교사들에게 더 많은 자율성이 보장되어야 합니다. 그래야 전문성이 신장될 여지가 생길 수 있습니다.

공공적 전문가로서의 교사

하지만 이 문제를 조금 더 깊이 생각해 볼 필요가 있습니다. 초중등교사들이 대학교수만큼의 무제한적 자율성을 누리는 것이 과연 바람직한가, 예를 들어 국가교육과정 자체가 아예 없어지는 것이 좋은 것인가 하는 문제입니다. 결론적으로 말씀드리자면 "교사는 현재보다는 훨씬 더 많은 자율권을 보장받아야 하지만, 그렇다고 무제한적인 자율권을 보장받는 것이 바람직하지만은 않다."고 볼 수 있습니다.

국가교육과정은 지금보다 훨씬 더 대강화하여 학교와 교사들에게 더 많은 자율권을 주어야 합니다. 하지만 아예 국가교육과정 없이 교사들에게 교육과정 편성 권한을 완전히 맡기는 것도 바람직하지 않습니다. 무제한적인 자율성은 권한의 남용을 낳을 수 있을 뿐만 아니라 공교육의 보편적 이념을 흔들 수도 있습니다. 만약 모든 교사에게 무제한적인 교육과정 자율권을 보장한다면, 예를 들어 '친일독재를 미화하는 교육과정'이 나올 수도 있습니다. 공교육의 교육과정은 최소한의 사회적 합의, 예를 들어 민주시민교육의 원리 등에 기초하여 모든 학생들이 배워야 할 가치와 내용을 공유해야 합니다. 그렇기 때문에 공교육 교사에게는 민주적 합의에 따른 최소한의 제한이 불가피합니다.

또 한편으로 '전문성' 개념에는 '배타성'을 내포하고 있다는 점을 주목해야 합니다. 역사적으로 볼 때 전문성 담론은 특정 직종의 이해관계를 보장하기 위한 이념에 가깝습니다. 자신들의 기득권을 배타적으로 보장받기 위해 전문성을 과도하게 부각하는 경우도 있습니다. 예를 들어, 법원의 판결문이 일반인들이 사용하지 않는 한자어 일색으로 되어 있는 것도 그러한 배타성 때문입니다. 만약 교사들이 그러한 배타성을 누리게 된다면, 학생이나 학부모들이 교육의 주체로 참여하기 어렵게 됩니다.

공교육 교사가 지향해야 할 전문성은 '공공적 전문성'입니다. 이는 공교육이 지향해야 할 보편적 이념을 지향하는 전문성입니다. 우리나라 교육기본법에서는 교육의 이념을 '홍익인간'으로 규정하고 있습니다. 다소 고루하게 들리는 표현이지만, 저는 '홍익인간'이라는 이념이 나쁘지는 않다고 봅니다. '세상을 널리 이롭게 하는 인간'이라는 표현은 '나만 이롭게 하는 인간'이 아니라 '더불어 살아가는 민주시민'을 기르고자 하는 교육 목표와 다르지 않습니다. 입시학원 강사는 학생이나 학부모의 사적 이익을 따르는 것이 자연스럽습니다. 그러나 공교육 교사는 사회의 공공선을 추구해야 하는 존재입니다. 바로 여기에서 입시학원 강사와 공교육 교사의 근본적인 차이가 나타납니다.

따라서 교사가 지향해야 할 '공공적 전문성'은 자신의 기득권을 지키기 위해 높은 장벽을 쌓아 올리는 전통적인 전문성 개념과도 다르고, 사적 이익을 추구하는 데 이용되는 전문성과도 다릅니다. 교육의 공공성을 실현하기 위한 전문성이야말로 상당히 높은 수준의 전문성을 요구합니다. 교사가 지녀야 할 전문성은 예를 들어 "교과서의 내용을 효율적으로 전달하고, 대학 진학에 좋은 성과를 내는 전문성"이 아니라 "배우는 속도가 서로 다른 학생들이 함께 협력하는 여건을 마련하는 전문성"입니다. 전자는 기존의 불평등한 사회질서를 재생산하는 데에 기여하는 전문성이지만, 후자는 불평등한 사회질서를 조금이라도 완화하는 데 기여하는 전문성입니다.

협력적 전문가로서의 교사

교사의 전문성에는 또 하나의 중요한 요소가 있습니다. 교사가 지향하는 전문성은 '협력성'에 기반을 둔 전문성입니다. 최근 학교혁신을 위한 중요한 방법으로서 '교사의 전문적 학습공동체'를 강조하는 것도 이와 관련이 깊습니다.

교사의 협력적 전문성은 학원 강사의 전문성과 비교해 보면 그 특징이 분명히 드러납니다. 공교육 교사들은 동료 교사들과 끊임없이 협의를 하면서 수업을 준비합니다. 그러나 학원 강사들은 동료들과 협력하기 어려운 구조에 있습니다. 학원 강사들은 자신에게 수강 신청을 한 학생 수를 기준으로 임금이 정해지고, 교직원회의나 동학년·동교과협의회 같은 기구가 없습니다.

2016년에 방영된 드라마 〈혼술남녀〉에는 노량진 고시학원에서 일하는 학원 강사들의 일상을 잘 보여 주고 있습니다. 이 드라마에 등장하는 학원 강사들은 수업을 준비할 때뿐만 아니라 술을 마실 때에도 '혼자' 마십니다. 소위 잘 나가는 학원 강사는 우아한 레스토랑에서 스테이크를 안주 삼아 고급 와인을 '혼자' 마십니다. 그렇지 않은 학원 강사는 자취방에서 과자를 안주 삼아 캔맥주를 '혼자' 마십니다. 하지만 학교 교사들은 동료 교사들과 '함께' 술을 마시며 학생들 이야기, 수업 이야기에 밤이 깊어 가는 줄 모릅니다.

그런 점에서 저는 요즘 학교마다 활발히 운영되고 있는 '전문적 학습공동체'가 매우 의미가 크다고 봅니다. 물론 어떤 학교에서는 외부 강사를 불러다가 대충 시간을 때우는 식의 연수를 진행하기도 합니다. 하지만 어떤 학교에서는 자발적인 독서모임을 진행하기도 하고, 교과협의회나 학년협의회를 통해 수업 이야기, 생활교육 이야기를 진지하게 나누기도 합니다.

이런 모임이 없을 때에는 수업이나 담임업무를 각자의 몫으로 돌렸습니다. 중등학교의 경우 어떤 학급이 유독 학습태도가 좋지 않다면 그 책임을 담임교사에게만 전가하는 경우가 많았습니다. 하지만 교사의 협력적 학습공동체가 활발히 이루어지게 되면 그 학급의 문제를 모든 교사가 함께 고민하게 됩니다. 처음에는 주로 생활교육 문제가 화두가 되다가, 수업 이야기, 교육과정 이야기로 논의가 확장되어 갑니다. 그래서 그 학급에 들어가는 모든 교사들이 자신의 수업시간을 통해 그 학급의 문제를 함께 해결하게 되고, 나중에는 모든 교사들이 함께 지향해야 할 교육철학, 교육과정에 대한 이야기를 통해 그 문제를 궁극적으로 해결하고자 노력하게 됩니다.

이처럼 교사의 '협력적 문화'를 형성하는 것은 전통적인 교직문화에서의 '교사 간 고립', 신자유주의 교육정책에서의 '교사 간 경쟁'을 극복하고 전문가로서의 교사의 정체성을 확립하자는 것이기도 합니다.

많은 학자들은 전통적인 교직문화를 '교사 간 고립'으로 보았습니다. 로티라는 미국의 교육학자는 교직문화를 '달걀판'으로 비유했습니다.Lortie, 1975 달걀판에는 달걀이 20개씩 모여 있지만 보이지 않는 장벽이 서로를 가로막고 있습니다. 학교조직도 이와 마찬가지로 학년과 학급, 부서와 교과 등이 교사들을 서로 분리시키고 있습니다. 사회학자 엄기호 선생은 『교사도 학교가 두렵다』는 책에서 교무실 풍경을 "마치 섬이 둥둥 떠 있는 것 같다."고 묘사하였습니다.엄기호, 2013 교사들이 각자 컴퓨터 모니터만 보면서 열심히 일을 하고 있지만 좀처럼 의미 있는 대화가 이루어지지 않는 풍경입니다.

여기에 더하여 신자유주의 교육정책은 교사 간 경쟁을 부추기고 있습니다. 겉으로 볼 때에는 교사들이 연수도 많이 참여하고 교재 연구도 열심히 하지만, 그 뒤에는 교원평가, 성과급평가와 같이 보이지 않는 평가 기제가 교사 간 경쟁을 유발하고 있는 것입니다. 이러한 '책무성 정책' 역시 교사의 전문성 신장을 목적으로 하고 있지만 이는 교사의 '협력적 전문성'과는 상당히 거리가 멀어 보입니다.

교사의 개인적인 노력만으로는 교육의 문제를 함께 해결할 수 없습니다. 교사 사이의 협력과 연대를 통해 학생들의 문제를 해결할 수 있고, 나아가 잘못된 학교문화, 교육정책을 바로잡는 노력이 이루어지게 됩니다.

노동자로서의 교사

교사는 국가나 사학재단에 고용되어 자신의 노동력을 제공하고 그 대가로 임금을 받아 생계를 유지하는 노동자입니다. 교사가 노동자로서의 지위를 가지게 된 것은 근대 공교육의 팽창과 밀접한 관련을 갖습니다. 교사들이 귀족의 자녀들을 대상으로 개인교습을 수행하던 중세 사회와는 달리, 근대 자본주의 사회에서는 수많은 학생들을 효율적으로 가르치기 위해 학교를 마치 공장과 유사한 조직 형태로 만들었습니다. 교육행정가들은 베버의 관료제론, 테일러의 과학적 관리론에 따라 학교조직을 구축하였습니다. 이 속에서 교사들은 정해진 교과서를 가지고 정해진 시간표에 따라 여러 학급을 반복해서 수업을 진행하게 됩니다. 마치 기계의 부품과 같은 존재가 되어 주어진 교육과정을 반복하는 역할을 하게 됩니다.

이 속에서 교사들은 다른 노동자들과 마찬가지로 '노동 소외' 현상을 경험하게 됩니다. 노동소외 현상의 핵심은 '노동과정에서의 구상과 실행의 분리'입니다. 자신의 노동과정을 스스로 계획하고 스스로 실행하는 것이 아니라, 누군가가 정해 준 계획에 따라 소외된 노동을 반복하게 되는 것입니다. 이는 최소비용으로 최대효율을 올리기 위해 생산 과정의 개별 요소를 표준화했던 포드-테일러주의가 교사의 교육노동과정에도 동일하게 적용되었기 때문입니다. 이렇게 본다면 '교육과정 문서'란 '교육노동자가 따라야 할 작업 매뉴얼'이나 다름없습니다. 이런 상황이라면 교사를 전문가라 부르기가 참 민망해집니다. 마치 영화 〈모던 타임즈〉에서 찰리 채플린이 기계의 부품처럼 일을 하듯이, 우리 교사들도 들쭉날쭉한 시간표에 따라 동일한 수업을 반복하게 됩니다.

신자유주의 시대가 되면서 교사의 노동에 많은 변화가 생겼습니다. 전통적인 자본주의에서 노동자는 '시키는 대로 하면 되는 존재'였습니다. 그러나 신자유주의는 겉으로는 노동자에게 많은 자율권을 주는 것처럼 보이지만 사실은 '보이지 않는 통제'하에 자기 자신을 스스로 착취하게 만듭니다. 그것이 이른바 '자율과 책무성'의 원리입니다. "더 많은 자율권을 주었으니 그에 따른 성과를 스스로 증명해 보여라."는 논리입니다. 많은 학자들은 이 속에서 교사의 전문성이 신장되는 것이 아니라 오히려 '탈전문화' 현상이 나타난다고 지적하고 있습니다.[Ball, 2003]

신자유주의는 노동자에게 '알아서 성과를 내는' 창의성을 요구합니다. 하지만 그 성과에 대해서 철저히 '평가'를 하고 그 결과에 따른 '보상과 처벌'을 가합니다. 학교도 마찬가지입니다. 이른바 '학교장 책임경영제' 등 기업과 유사한 경영방식을 도입하고 그 성과에 대해 증명할 것을 요구합니다. 교원능력계발평가, 성과급평가 등의 지표에 따라 학교와 교사의 성과, 예를 들어 학업성취도율, 직무연수 이수율 등을 측정하고 이에 따라 차등적인 보상을 지급합니다. 이 과정에서 교사는 개혁의 주체가 아닌 개혁의 대상으로 전락합니다.

이러한 신자유주의적 책무성 정책은 교사들을 수동적인 존재로 만들고 창의성과 자율적 전문성을 위축시킨다는 것이 여러 학자들의 공통된 주장입니다. 신자유주의는 기존의 관료주의보다 교사들에게 더 많은 권한과 자율성을 부여하고 있는 것처럼 보입니다. 하지만 교사들은 끊임없이 자신의 성과를 입증하기 위해 스스로를 착취함으로써 정서적 소진을 겪게 되고, 끊임없이 자신이 타인보다 우월하다는 것을 입증하도록 만드는 악순환을 반복하게 됩니다.

이 과정에서 '유능한 교사'와 '무능한 교사'로 구분하는 논리에 따라 교사들은 파편화됩니다. 능력이 우수하다고 인정되는 교사는 '위로부터 허가된 자율성'을 누리게 되지만, 그렇지 못한 교사는 '강한 규제'를 받게 됩니다. 교원평가의 결과에 따라 이른바 '우수교사'는 '학습연구년제'의 혜택을 누리고, 이른바 '미흡교사'는 '능력개발연수'를 받아야 하는 제도, 교사를 S-A-B 등급으로 나누어 차등성과급을 지급하는 제도가 대표적인 예입니다.

교사가 노동자라는 관점은 이러한 현실을 직시하자는 뜻입니다. 관료주의 체제 속에서 명령에 복종하며 승진의 길을 모색하는 것, 신자유주의 질서 속에서 자신의 성과를 증명하여 인정받고자 하는 것은 노동자로서의 정체성을 망각하는 것이라고 볼 수 있습니다. 노동자로서의 정체성을 인식하자는 것은 '단결과 연대'를 통해 부조리한 현실을 개혁하고, 자신의 권리를 찾아야 한다는 것을 의미합니다.

이러한 노동자로서의 권리 실현이 곧 전문가로서의 권리 실현이기도 합니다. 따라서 교사의 전문가로서의 자기 인식과 노동자로서의 자기 인식은 크게 다르지 않습니다. 이는 국가의 관료적 통제나 신자유주의적 경쟁 속에서 교사가 소외되고 있다는 현실을 극복하는 것입니다. 교사가 스스로 자신의 교육과정을 구상할 수 없는 현실, 국가가 정해 놓은 교과서만을 사용해야 하는 현실, 온갖 법령이나 공문서에 따라 업무를 수행해야 하는 현실 등 '교육노동과정에서의 구상과 실행의 분리'를 극복하는 것을 의미합니다.

'공직관'의 적극적 의미

우리나라에서 교사를 '공무원'의 신분으로 보장하는 것은 참으로 역설적입니다. 교사가 공무원의 신분이기 때문에 불편한 점도 참으로 많습니다. 일단 공무원에게는 여러 가지 '의무'가 주어집니다. 정치적 중립의 의무, 품위유지의 의무, 심지어 복종의 의무도 있습니다. 이는 공직자로서 갖추어야 할 덕목이기도 하지만 시민으로서 마땅히 누려야 할 권리를 제약당하는 것이기도 합니다. 공무원인 교사에게는 모든 국민들이 누리고 있는 정치활동의 자유도, 노동3권도 제약되어 있습니다. 이는 마땅히 국가공무원법, 교원노조법 개정을 통해 해결해야 할 문제입니다.

하지만 반대로 교사들은 공무원이기 때문에 이른바 '철밥통'이 보장되어 있습니다. 다시 말해 정해진 법령만 지킨다면 교사들은 해고의 위험 없이 정년이 보장됩니다. 교사가 공무원 신분이 아닌 나라에서는 교사의 임용과 해임이 학교장의 재량에 달려 있습니다. 학교장이 민주적 리더십을 발휘하는 나라라면 별 문제가 없겠지만, 한국에서는 상당히 문제가 될 수 있습니다.

현행 초중등교육법에서는 "교사는 법령이 정하는 바에 따라 학생을 교육한다."고 규정하고 있습니다. 이 구절은 과거 "교사는 학교장의 명에 따라 학생을 교육한다."는 조항이 개정된 것입니다. 이는 교사들이 자신의 소신과 양심에 따라 떳떳이 학생을 가르칠 수 있는 명분이 됩니다. 우리 사회가 교사들의 '철밥통'을 보장하는 이유도, 매달 17일에 꼬박꼬박 월급이 나오는 이유도, 이러한 안정적 고용조건에 안주하라는 의미가 아니라 '자신의 양심과 소신에 따라 공교육이 지향해야 할 보편적인 이념을 추구하라'는 뜻입니다. 이것이 '공직자로서의 교사관'을 적극적으로 해석하는 의미입니다.

'성직관'의 재구성

'공직자로서의 교사관'을 적극적 의미로 해석하는 것과 마찬가지로, '성직자로서의 교사관'도 재구성될 필요가 있습니다. 교사를 성직자로 비유하는 이유는 교사들이 고결한 윤리 의식을 지켜야 하기 때문이 아니라 학생이라는 인격적인 존재를 마주하는 존재이기 때문입니다.

이는 인간을 대상으로 하는 서비스 직종과 비교해 보면 그 특징이 분명히 드러납니다. 서비스업에 종사하는 사람들도 고객에게 최선을 다합니다. 하지만 서비스업계에서 고객에게 최선을 다하는 이유는 회사의 이윤을 추구하기 때문입니다. 그러나 이는 교사가 학생을 대하는 모습과는 분명히 다릅니다.

신자유주의자들은 교육도 '상품'으로 규정하면서 교사와 학생·학부모의 관계를 서비스 공급자와 소비자의 관계로 설정합니다. 여기에 어울리는 덕목이 책무성입니다. '책무성Accountability'이란 "당신이 학부모의 세금이나 납입금으로부터 임금을 받고 있으니 이에 응당한 성과를 입증하라."는 개념입니다. 이는 자신의 성과를 교원평가 등의 평가 지표에 따라 계산count하여 고객에게 설명account하라는 개념입니다. 철저히 소비자 의식에 상응하는 개념이지요.

그러나 우리 교사들이 지향해야 할 덕목은 책무성이 아니라 '책임감Responsibility'입니다. 이는 공교육 교사로서의 공적 역할에 대해 응답response할 줄 아는 윤리의식입니다. 얼마나 많은 학생들을 대학에 보냈는가, 얼마나 유능하고 일 처리를 잘하는 교사인가를 증명하는 것이 아니라, 우리 학생들의 고통에 대해, 시대의 아픔에 대해 끊임없이 성찰하고 이에 응답하는 의미의 공적 책임감입니다.

성직자에게 요구되는 덕목은 신의 부름calling에 응답response하는 '소명의식'입니다. 이집트 파라오의 압제로부터 히브리 노예들을 해방시키라는 야훼의 부름에 응답했던 모세의 소명의식이 바로 그러합니다. 우리 교사들에게 요구되는 책임의식도 이와 크게 다르지 않을 것입니다.

그런 점에서 교사는 '동시대인'으로서의 사명을 자각해야 합니다. '동시대인'이란 시대의 문제를 나의 문제로 인식할 줄 아는 시대적 감각을 지닌 사람입니다. 아감벤이라는 철학자는 '동시대인'이란 '자신의 시대에 어울리지 않는 자, 하지만 그 간극 때문에 다른 이들보다 더 그의 시대를 지각하고 포착할 수 있는 자', '자신의 시대에 시선을 고정함으로써 빛이 아니라 어둠을 자각하는 자'라 칭하였습니다.Agamben, 2009 교사는 이러한 '동시대인'으로서의 감각을 갖고 학생들의 문제를 학생 개인의 문제가 아닌 시대의 문제로 바라볼 수 있어야 합니다. 다시 말해 가난과 소외, 학습부진이나 학교폭력 등의 문제를 거시적인 시각으로 볼 수 있어야 하며, 학생들이 살고 있는 사회, 학생들이 살아갈 사회의 문제에 대해 예민한 시대정신을 가져야 합니다.

교사는 끊임없이 전문성을 신장시키기 위해 노력해야 합니다. 그러나 이는 입시의 성과를 내기 위한 전문성도, 사회적 기득권을 유지하기 위한 전문성도 아닙니다. 동료 교사들과 협력적으로 연대하며 교육을 개선하는 전문성, 공교육의 보편적 이념을 실현하기 위한 전문성이어야 합니다. 공교육은 단지 교과의 지식을 전달하는 장이 아니라 자유와 평등, 사회정의, 공공성 등의 사회적 가치가 잉태되는 곳입니다. 교사들은 시대의 과제에 대해 끊임없이 고민하고 학생들의 아픔에 귀를 기울이며 여기에 응답하는 윤리의식을 지녀야 합니다. 우리 사회가 교사의 역할에 기대를 거는 이유가 여기에 있습니다.

2.

교육과정 재구성, 무엇을 어떻게 해야 하나?
- 덜어 내기, 통합하기, 의미 찾기

우리는 왜 '기미독립선언서'를 배워야 했을까?

"吾等(오등)은 慈(자)에 我(아) 朝鮮(조선)의 獨立國(독립
국)임과 朝鮮人(조선인)의 自主民(자주민)임을 宣言(선언)하
노라. 此(차)로써 世界萬邦(세계만방)에 告(고)하여 人類平等
(인류평등)의 大義(대의)를 克明(극명)하며, 此(차)로써 子孫
萬代(자손만대)에 誥(고)하여 民族自存(민족자존)의 正權(정
권)을 永有(영유)케 하노라."

혹시 이 구절 기억나실까요? 고등학교 국어 교과서가 국정 교과서
이던 시절, 빠짐없이 등장했던 「기미독립선언서」의 맨 앞 구절입니다.
우리 선생님들도 고등학교 시절에 다들 배우셨겠죠. 아마 이 글을 달
달 외워 시험 보느라 고생했던 기억이 나실 겁니다. 1919년 3·1 운동
당시 쓰인 글이라 조사나 어미 빼고는 죄다 한자어입니다. 게다가 '五
等(오등)', '克明(극명)', '永有(영유)', '正權(정권)'처럼 지금은 잘 쓰이지
않는 한자어도 매우 많습니다.

그런데 도대체 우리는 왜 이 글을 배웠어야 할까요? 당연히 교과서에 나오고 시험에 나오니까 배웠겠지요. 그렇다면 당시 교사들은 도대체 이 글을 왜 가르쳤어야 했을까요? 당연히 교과서, 그것도 국정 교과서에 나온 글이니까 가르쳤겠죠. 그렇다면 당시 교과서 집필자들은 왜 이 글을 교과서에 수록했을까요? 독립운동 정신을 기리기 위해? 옛날 어휘를 익히도록 하기 위해? 문학성이 뛰어난 작품이어서? 아마도 학생들이 이 글을 배웠다고 해서 독립운동의 정신을 더 잘 이해하게 될 것 같지도 않고, 그렇다고 옛날 어휘에 대한 이해나 문학성을 높이지도 못할 것 같습니다. 그저 옛날 말을 달달 외우느라 지겨웠던 기억뿐이었을 겁니다. 물론「기미독립선언서」는 우리 역사에서 매우 중요한 사료입니다. 하지만 이런 방식으로 교육과정이 운영되는 것은 바람직하지 않습니다.

저도 고등학교 국어 교사 시절에 이 글을 학생들에게 가르쳐 본 경험이 있습니다. 그런데 처음부터 끝까지 구절 풀이만 하는 데에 5시간은 꼬박 걸리고, 대부분의 학생들이 너무 힘들어 했던 기억이 납니다. 그래서 다음 해에는 아예 이 글을 빼고 진도를 나갔습니다.

그러다 도대체 이 글이 왜 교과서에 수록되어 있는지 궁금해서 교육과정 문서를 살펴보았습니다. 그랬더니 이 글이 수록된 이유가 "상황과 목적에 따라 효과적으로 상대방을 설득하는 방법을 알아본다." 즉, '선언문의 특징'을 이해하는 것이 이른바 성취기준 목표였습니다. 저는 설득하는 방법, 선언문의 특징을 이해하기 위해서 이렇게 어려운 글을 읽어야 하는지, 오히려 옛날 말 풀이하고 외우느라 고생만 하게 하는 것은 아닌지 도저히 이해가 되지 않았습니다.

그래서 학생들이 선언문의 특징을 더 잘 이해하는 데에 도움이 되는 자료가 무엇이 있을까 살펴보았습니다. 그때는 마침 미국에서 최초의 흑인 대통령 오바마가 당선되던 때였습니다. 그래서 흑인 민권운동 관련해 좋은 글을 떠올리게 되었습니다. 마틴 루터 킹의 「나에게는 꿈이 있습니다」라는 글이었습니다.

"나에게는 꿈이 있습니다. 조지아 주의 붉은 언덕에서 노예의 후손들과 노예 주인의 후손들이 형제처럼 손을 맞잡고 나란히 앉게 되는 꿈입니다. 나에게는 꿈이 있습니다. 이글거리는 불의와 억압이 존재하는 미시시피 주가 자유와 정의의 오아시스가 되는 꿈입니다. 나에게는 꿈이 있습니다. 내 아이들이 피부색을 기준으로 사람을 평가하지 않고 인격을 기준으로 사람을 평가하는 나라에서 살게 되는 꿈입니다."

선언문의 특징을 이해하기에는 「기미독립선언서」보다 이 글이 훨씬 좋지요? 학생들이 이해하기 좋으면서도, 반복, 점층, 비유 등 문학적인 표현법이 돋보이면서도, 작품의 내용을 우리 사회의 문제에 확장시켜 생각해 보게 하는 글입니다. 이 글의 원제는 「I have a dream」입니다. 원문을 살펴보니 고등학생들도 웬만큼 이해할 만한 수준이더군요. 그래서 영어 선생님께 원문의 일부를 영어 시간에 다룰 수 있겠느냐고 부탁드렸습니다. 영어 선생님도 취지를 흔쾌히 이해해 주셔서 국어 시간과 영어 시간에 동시에 이 글을 다루게 되었습니다. 영어 선생님은 영문을 해석해 주셨고, 국어 교사인 저는 이 글의 내용을 다루었습니다. 그리고 나서 학생들에게 이 글을 패러디하여 '나에게는 꿈이 있습니다'라는 글을 써 보도록 하였습니다. 다음은 어느 학생의 글입니다.

"나에게는 꿈이 있습니다. 자라나는 어린이의 마음에 희망이 가득하게 하는 꿈입니다. 나에게는 꿈이 있습니다. 가난 때문에 가족과 헤어질 수밖에 없는 사람들이 매일 나란히 둘러앉아 식사를 함께 하는 꿈입니다. 나에게는 꿈이 있습니다. 나라와 나라 간에 아무 조건 없이 베풀고 베풀게 하는 꿈입니다. 이렇게 된다면 우리가 사는 지구는 행복과 꿈이 넘쳐날 것이고, 슬픔과 가난이라는 말을 생소하게 느끼게 될 것입니다."

사실 저는 그 당시 '교육과정 재구성'이라는 말을 들어 보지도 못했습니다. 이 말은 혁신학교 운동이 확산된 이후에 널리 쓰인 것이니까요. 하지만 저는 저도 모르게 교육과정 재구성을 실천한 셈이었습니다. 교과서에 나온 글을 무작정 가르치던 단계에서 일부의 내용을 생략하는 단계로(내용 생략), 부적절한 글을 더 적절한 글로 바꾸는 단계로(자료 대체), 교과와 교과를 연결하는 단계로(교과 통합), 교과와 학생들의 삶을 연결하는 단계(삶과의 연계)로 나아갔던 것이지요.

교육과정 재구성, 왜 하나?

선생님들의 경험도 저의 경험과 크게 다르지 않을 겁니다. 교과서를 살펴보면 우리 학생들에게는 너무 어려운 내용도 있고, 진도를 모두 나가기에는 분량도 많지요. 그래서 교과서를 모두 진도 나가기보다는 일부 내용을 빼기도 하고, 더 좋은 자료로 대체하기도 하는 게 일반적이지요.

　그런데 가끔 이런 걱정도 하실 겁니다. 내 맘대로 교과서 내용을 빼도 되나, 혹시 학생이나 학부모들이 항의하지 않나, 교육청 감사 때 지적받지는 않을까 하는 걱정 말입니다. 하지만 그런 걱정은 하지 않아도 됩니다. 이미 교육부에서 고시한 교육과정 문서에 아래와 같이 명시되어 있으니까요.

> "교과와 창의적 체험활동의 내용 배열은 반드시 학습의 순서를 의미하는 것은 아니므로, 지역의 특수성, 계절 및 학교의 실정과 학생의 요구, 교사의 필요에 따라 각 교과목의 학년군별 목표 달성을 위한 지도 내용의 순서와 비중, 방법 등을 조정하여 운영할 수 있다."
>
> _「2015 개정 교육과정 총론」

　사실 우리나라 교육과정은 전 세계적으로도 유례가 없을 정도로 국가가 거의 모든 것을 일일이 규제하고 있는 중앙집권적, 획일적 교육과정입니다. 정작 학생들을 직접 가르치는 교사들이 가르칠 내용을 스스로 결정할 수 있는 권한은 거의 없습니다. 교과서 제도 역시 매우 획일적입니다. 초등학교의 경우 주요 교과에서 모두 국정 교과서가 사용되고 있으며, 중등학교의 경우 엄격한 기준에 따라 만들어진 검정 교과서가 사용되고 있습니다. 그렇기 때문에 전국의 모든 학교에서 거의 비슷한 내용을 가르치고 있는 실정입니다.

　그나마 조금 숨통을 트이는 것이 "지도 내용의 순서와 비중, 방법 등을 조정하여 운영할 수 있다."는 규정입니다. 이에 따라 교사들은 일부 내용을 생략하기도 하고 순서를 바꾸기도 하는 정도의 교육과정 재구성 작업을 하고 있습니다. 사실 이 정도 차원의 재구성은 '교육과정 재구성'이라기보다는 '교과서 재구성'에 가깝습니다.

아무리 훌륭한 교육과정, 완벽한 교과서가 있다 하더라도 그것이 전국의 모든 학교에 딱 들어맞을 리는 없습니다. 지역마다 사정이 다르고, 학교마다 학생들의 수준이나 관심사가 다를 수밖에 없습니다. 그래서 교육과정 재구성은 필연적일 수밖에 없습니다. 다시 말해 교육과정 재구성이란 "이미 정해진 교육과정의 취지나 한계를 성찰하고, 학생들에게 의미 있는 배움의 과정을 제공하기 위해 학교나 교사 차원에서 교육과정을 새롭게 구성하는 것"이라 할 수 있습니다.

하지만 이 취지를 이해하는 교사들도 여전히 교육과정 재구성을 힘들어 하십니다. 어떤 선생님들은 "국가가 교육과정과 교과서를 똑바로 만들어 놓으면, 교사들이 이렇게 힘들게 재구성 작업을 할 필요가 없지 않으냐?"고 말씀하십니다. 하지만 저는 이렇게 말씀드리고 싶습니다. "교육과정 재구성은 전문가로서의 교사의 권리입니다."

우리 선생님들은 모두 최고의 교육 전문가입니다. 우리 학생들에게 필요한 것이 무엇인지, 우리 학생들의 발달단계에 맞는 교육과정은 무엇인지에 대해서 그 누구보다 잘 아는 사람은 우리 학생들을 직접 가르치는 교사일 수밖에 없습니다.

앞 장에서도 말씀드렸듯이 전문가의 속성은 크게 보아 '전문성', '자율성', '윤리성'으로 나누어 볼 수 있습니다. 이 중에서 교육과정 재구성과 관련된 속성은 '자율성'입니다. 즉, 교사가 학생들에게 가르칠 내용을 스스로 결정할 수 있는 권한을 의미합니다. 자기가 하는 행위를 자기가 스스로 결정하지 못하고, 위에서 시키는 대로 혹은 매뉴얼에 나와 있는 대로 하는 사람은 전문가가 아니라 기능인입니다. 예를 들어 교과서 회사에서 제공한 CD 자료대로 수업을 하는 교사, 예전 초등학교에서 많이 사용했던 'ㅇㅇㅇ크림', '티ㅇㅇ'을 클릭하면서 수업을 하는 교사를 '클릭 교사'라고 부르지 전문가라고 부르지 않습니다. 가르치는 행위는 단순한 기능의 반복이 아니라 고도의 전문적 행위이기 때문에 '자율적인 권한'이 반드시 필요합니다.

따라서 '교육과정 재구성'은 '전문가로서의 교사가 마땅히 누려야 할 권한'이라고 할 수 있습니다. 현재 우리 교사들에게 이러한 자율권이 충분히 보장되어 있지 못한 것이 사실이지만, 이러한 자율권이 더욱 보장되도록 국가에 요구해야 하며, 현재 주어진 조건 속에서도 자율권을 더욱 확장할 수 있도록 스스로 노력해야 합니다.

물론 교사들이 교육과정 재구성에 전념하기에는 여러 여건이 여전히 열악합니다. 학생 수와 수업 시수가 많습니다. 불필요한 행정업무에 시달리느라 정작 수업 준비를 할 시간적 여유가 부족합니다. 이러한 여건은 반드시 개선되어야 하지만, 그때가 되기만을 기다릴 수는 없습니다. 교사들도 '과거로부터 익숙해져 왔던 관행'에서 벗어나기 위한 성찰이 필요합니다.

초등학교, 중학교, 고등학교마다 조금씩 사정이 다릅니다. 초등학교는 입시의 영향력이 없습니다. 그러니 교사의 의지에 따라 얼마든지 교육과정 재구성을 하기에 수월할 것 같습니다. 그런데 제가 보기에 의외로 초등학교에서 중고등학교보다 '교과서대로 수업하는' 관행이 뿌리 깊은 것 같습니다. 중등교사 출신인 저로서는 참 이해하기가 어려웠습니다만, 초등학교 수업을 관찰하다가 몇 가지 흥미로운 사실을 발견하게 되었습니다.

중등교사들은 한 번 준비한 수업 내용을 여러 학급에 걸쳐 여러 번 활용할 수 있습니다. 그러나 초등교사들은 한 번 준비한 수업 내용을 자기 학급에서만 활용할 수 있습니다. 대신 거의 모든 과목의 수업을 다 준비해야 합니다. 그러다 보니 수업 준비할 시간이 부족하여, 매년 비슷한 내용을 반복하거나 'ㅇㅇㅇ크림', '티ㅇㅇ' 등에 의존하려는 유혹을 뿌리치기 어렵습니다.

또 한 가지 중요한 이유는 초등학교의 교과서가 대부분 국정 교과서라는 점에 있습니다. 음악, 미술, 체육, 실과, 영어를 제외한 교과는 여전히 국정 교과서입니다. 초등 선생님들은 이 사실을 당연하게 여기지만, 중등 선생님들께 초등 교과서가 아직도 국정 교과서라는 사실을 알려 드리면 다들 놀라십니다. 국정 교과서가 초등학교 수업에 미치는 영향은 매우 큽니다. 국가가 교과서를 하나로 정해 놓았기 때문에, 교과서에서 벗어나는 수업을 자유롭게 진행할 수 있다는 관념이 형성되기 어렵습니다.

초등학교 교과서 뒤편에 있는 '붙임 딱지'에 대해서도 낯설게 바라보아야 합니다. 중등 선생님들께서는 잘 모르시겠지만, 이는 교과서 본문에 제시된 학습활동 문제에 학생들이 정답을 찾아 붙이도록 되어 있는 스티커입니다. 나이 어린 초등학생들이 학습활동에 쉽게 접근할 수 있도록 도와주는 친절한 매체라고 볼 수도 있지만, 뒤집어 생각하면 전국의 모든 초등학교 교실에서 동일한 학습활동을 하도록 사실상 강제하고 있는 장치이기도 합니다. 이 때문에 '붙임 딱지'를 모두 붙이지 않으면 교과서를 배우지 않은 것 같은 느낌이 들게 됩니다. 이처럼 초등학교에서는 '교육과정-교과서-학습활동의 매체'가 하나의 세트로 정해져 있기 때문에, 교과서를 있는 그대로 다루는 관행이 매우 뿌리가 깊습니다.

중등학교는 초등학교에 비해 '분절적 교육과정'이 뿌리 깊습니다. 초등학교에서는 담임교사가 거의 모든 과목을 담당하기 때문에 이들 과목을 학생들 입장에서 통합적으로 다루는 것이 수월합니다. 하지만 중등학교에서는 각 과목을 담당하는 교사가 모두 다르고, 교사들이 타교과의 교육과정을 거의 모르기 때문에 교과를 넘나드는 통합적 교육과정을 구성하는 것이 매우 어렵습니다.

특히 고등학교의 경우 '교육과정' 위에 '대학입시'가, '교과서' 위에 '문제집'이 군림하고 있습니다. 그래서 역설적으로 '교과서로부터 가장 자유로운 수업'이 이루어지는 것이 고등학교입니다. 고3 교실에 가면 아예 교육과정과 교과서를 무시하고 오로지 문제집 풀이를 하는 경우가 허다합니다.

이러한 현실에도 불구하고 우리 학생들의 올바른 성장과 행복을 원하시는 선생님들은 어려운 조건 속에서도 교육과정 재구성을 조금씩 모색해 나가고 계십니다. 하지만 교육과정 재구성의 원칙과 방법이 무엇인지 여전히 혼란스러운 것도 사실입니다.

교육과정 재구성의 원칙-무엇을 살리고 버릴 것인가

많은 분들께서 교육과정 재구성의 필요성에는 동의하시지만, 막상 무엇부터 손을 대야 할지 막막해하시는 경우도 있습니다. 저는 교육과정 재구성의 시작은 "무엇을 살리고 무엇을 버릴 것인지"를 정하는 것이라고 생각합니다.

'살리는 것'과 '버리는 것', '채우는 것'과 '비우는 것' 중 무엇이 먼 저일까요? '버리는 것, 비우는 것'이 먼저일 겁니다. 먼저 비워야 그 자 리에 무언가를 채울 수 있지요. "비본질적인 것을 비운 자리에 본질 적인 것을 채우는 것"이야말로 혁신의 시작입니다. 이를 '무용無用의 유용有用성', '쓸모없음의 쓸모 있음'이라 할 수 있겠지요. 마치 유리잔 에 텅 빈 부분이 있기 때문에 그곳에 물을 채울 수 있는 이치와 마찬 가지라고 할 수 있습니다.

교육과정 재구성에서도 마찬가지입니다. 가르칠 내용이 너무 많다 면 새로운 내용을 가르칠 수 없습니다. 학생들 머릿속에 너무나도 많 은 것을 우격다짐으로 채워 넣는다면 그 가운데 제대로 기억해 낼 수 있는 것은 거의 없을 것입니다. 따라서 교육과정 재구성의 출발점은 역설적으로 "무엇을 가르칠 것인가"를 정하는 것이 아니라 "무엇을 비 울 것인가"를 결정하는 것입니다.

그렇다면 무엇을 먼저 비워야 할까요? 그것은 학생들 입장에서 너 무 어려운 내용, 너무 많은 분량의 교육과정일 것입니다. 이것을 비워 내는 작업을 '교육과정 적정화'라고 합니다. 이 점에 대해서는 잠시 후 에 자세히 말씀드리도록 하겠습니다.

비본질적인 것을 비워 낸 자리에는 본질적인 것을 채워야 합니다. 다시 말해 '교사가 반드시 가르쳐야 할 것', '학생들이 반드시 배워야 할 것'을 살려야 합니다. 살려야 할 것은 크게 보아 교육이념과 교과별 성취기준 두 가지라 할 수 있습니다.

교육과정에서 반드시 살려야 할 것은 우선 '교육이념'입니다. 교육 이념이란 우리 사회가 지향하는 공교육의 기본 정신, 학교에서 길러야 할 인간상을 철학적으로 표현한 것이지요. 우리나라의 교육이념이 무엇인가요? 교육기본법과 국가교육과정에서는 이를 '홍익인간'이라고 표현하고 있습니다.

> "우리나라의 교육은 홍익인간의 이념 아래 모든 국민으로
> 하여금 인격을 도야하고, 자주적 생활능력과 민주시민으로
> 서 필요한 자질을 갖추게 함으로써 인간다운 삶을 영위하게
> 하고, 민주국가의 발전과 인류공영의 이상을 실현하는 데에
> 이바지하게 함을 목적으로 한다."
>
> _「교육기본법」 제2조 및 「2015 교육과정」 총론

우리나라의 교육이념인 '홍익인간弘益人間'이 다소 추상적이고 고루한 느낌을 줄 수는 있습니다. 하지만 이 이념을 현대적이고 적극적인 의미로 해석할 필요가 있습니다. 추상적인 개념은 그 반대말을 생각해 보면 그 의미가 명확해집니다. '세상을 널리 이롭게 하는 인간'의 반대말은 '세상을 좁게 이롭게 하는 인간', '즉 자기만 이롭게 하는 이기적인 인간'이지요. 따라서 '홍익인간'은 '나'라는 좁은 울타리를 넘어 타인을 배려하고 더불어 사는 공동체를 만들어 가는 연대 의식을 가진 인간입니다. 따라서 '홍익인간'을 기르는 교육은 요즘 우리가 흔히 쓰는 '민주시민교육'과 다르지 않습니다.

교육과정 재구성에서 반드시 살릴 것은 바로 이러한 교육이념입니다. 즉 '홍익인간', '민주시민'을 기르는 것이야말로 교육과정 재구성의 핵심적인 지표이자 잣대입니다. 아무리 그럴듯한 교육과정 재구성 작업이 이루어지더라도, 그러한 교육과정을 통해 궁극적으로 '세상을 널리 이롭게 하는 민주시민'을 기르고 있는지 아니면 '자기만 이롭게 하

는 이기적이고 경쟁적인 인간'을 기르고 있는지를 생각해 보아야 합니다. 물론 이러한 교육이념이 실현되었는지를 가시적으로 살피기는 어렵습니다만, 일상적인 교육실천 속에 홍익인간이라는 지향점이 담겨 있는지를 일상적으로 성찰해야 할 것입니다.

다음으로 교육과정 재구성에서 반드시 살려야 할 것은 '성취기준'입니다. 성취기준을 반드시 다루어야 하는 것은 국가교육과정에 담긴 법적 의무 사항입니다. 물론 '성취기준'이라는 개념 자체가 타당한지, 현재 국가교육과정에서 제시하고 있는 성취기준이 적절한지, 교사가 성취기준을 반드시 따르는 것이 정당한지, 성취기준을 염두에 둔 교육과정이 반드시 효과적인지 등에 대해서는 별도로 논의해야 합니다.[2]

'성취기준'은 간단히 말해서 '정상적인 교육과정을 이수한 학생이라면 누구나 알아야 하고 할 수 있어야 하는 최소한의 기준'을 말합니다. 국가교육과정에 이러한 성취기준이 제시되어 있는 이유는 어느 지역, 어느 학교를 다니더라도 모든 학생이 최소한의 공통적 교육 목표에 도달해야 하기 때문입니다.

'성취기준'을 중심으로 교육과정을 재구성한다는 것은 교사가 가르쳐야 하는 내용이 '교과서가 아닌 성취기준'이라는 의미이기도 합니다. 이 말을 더욱 적극적으로 해석하자면 "성취기준만 다룬다면 교과서는 다루지 않아도 된다."라고 말할 수 있습니다. 교과서는 성취기준을 구현하는 예시자료에 불과하기 때문이지요. 따라서 '교과서가 아닌 성취기준'을 살펴본다는 것은 교과서 영역이나 단원이 어떤 성취기준을 다루기 위해 구성된 것인지를 살핀다는 의미이기도 합니다.

---

2. 이 책의 제2부 3장 '교육과정, 목적지로 가는 길 또는 길 위에서의 경험'에서 '성취기준'의 개념, 역사적 맥락, 도입 배경, 타당성을 자세히 다루도록 하겠습니다.

따라서 교육과정 재구성에서 성취기준을 살린다는 것은, 모든 학생들이 공통적으로 도달해야 할 기준을 반드시 다룬다는 의미이기도 하지만, 동시에 교사의 교육과정 자율성을 확보하는 의미이기도 합니다. 실제로 교육과정 재구성 역량이 높은 선생님은 교과서를 보지 않고 성취기준만 보고도 수업을 설계하는 경우가 있습니다. 물론 교육과정 재구성을 할 때 현실적으로 교과서를 보기 마련이지만, 교과서에만 얽매이지 않고 성취기준을 중심으로 교과서를 재구성하는 것이 필요합니다.

향후에는 교사가 성취기준 중 일부를 취사선택하거나 성취기준을 직접 개발할 수 있는 권한이 부여되어야 합니다. 그러기 위해서는 그만큼 교사의 교육과정 전문성이 향상되어야 하며, 국가교육과정 차원에서 교사에게 교육과정 자율성을 더 많이 부여해야 합니다.[3]

교육과정 재구성의 방향

범주	대상	지향
살릴 것	교육이념	'홍익인간', '민주시민' 등 보편적 가치
	성취기준	학생들이 도달해야 할 최소한의 목표
버릴 것	고난도, 과도한 분량	소외되는 학생이 없는 교육과정
	단편적 지식 위주의 교육과정	학생의 전인적 성장을 위한 교육과정
새로 할 것	교육과정 적정화	
	통합 교육과정 운영	

---

3. 이 책의 제1부 8장 '교육과정과 교과서, 입시를 어떻게 바꿔야 하는가?'에서 교사의 자율성 부여를 위한 국가교육과정 개선 방안을 자세히 다루도록 하겠습니다.

교육과정 재구성의 방향 1:
교육과정 적정화(덜어 내기)

　교육과정 재구성의 시작은 '교육과정 적정화'입니다. 교육과정 적정화란 '교육과정의 분량이나 난이도를 학생의 발달단계에 따라 적절하게 조정하는 것'을 의미합니다. '적정하지 않은 교육과정'이란 '교육과정의 분량이 너무 많거나 난이도가 너무 높은 교육과정'을 의미합니다.

　우리나라의 교육과정은 전 세계적으로 볼 때에도 분량이 많고 난이도가 높은 교육과정으로 볼 수 있습니다. 이는 비단 고등학교만의 문제가 아닙니다. 초등학교 1학년 국어 교과서의 내용은 입학 전에 한글을 배울 기회가 없는 학생들이 제대로 따라오기 어려운 수준이며, 초등학교 2학년 수학 교과서에 나온 문장(스토리텔링 수학)은 오히려 국어 교과서의 문장보다 어려운 수준입니다.

　너무 많고 너무 어려운 교육과정, '적정하지 않은 교육과정'은 다음과 같은 문제점을 안고 있습니다. 우선 교사의 입장에서 볼 때 적정하지 않은 교육과정은 '진도 나가기 식 수업'을 유도합니다. 정해진 진도가 있고 그 분량이 너무 많다 보니 "진도 나가기 바빠서 학생들이 제대로 배우고 있는지를 살필 여유가 없다."는 하소연이 나올 법합니다. 그러다 보면 수업시간에 질문을 하는 학생들을 묵살하기 쉽고, 잠을 자거나 딴짓을 하는 학생들을 독려하며 수업에 참여시키기 어렵습니다. 다양한 모둠활동이나 토의·토론 활동 등 학생 참여형·협력형 수업을 할 만한 시간을 확보하기 어렵습니다. 교사들에게 마음의 여유가 없다 보니, 학생들과 충분히 소통하고 공감하며 수업을 진행을 할 여지가 없습니다.

이러한 '진도 나가기 식 수업'은 자연스럽게 '수업과 평가의 분리 현상'을 낳습니다. 학기 초에는 수업시간에 다양한 학습활동을 진행하다가도 중간고사나 기말고사 때가 다가오면 정신없이 시험 범위에 맞춰 진도를 나가면서 일제식·주입식 수업을 하게 됩니다. 즉 수업의 과정에서 다양한 수행평가 등 과정 중심 평가를 진행하기가 어렵고, 학생 참여 수업과 일제식 수업을 오가는 현상이 생기는 것이지요.

학생들 입장에서는 고난도의 교육과정, 많은 분량의 교육과정 때문에 일찌감치 수업 참여를 포기하는 학생이 생깁니다. 이른바 '영포자(영어 포기자)', '수포자(수학 포기자)'가 생기는 이유는 그 학생의 개인적인 학력 문제라기보다는 '적정하지 않은 교육과정'의 문제입니다. 더욱 큰 문제는, 고난도의 교육과정에 적응하지 못하는 학생, 이른바 '배움이 느린 학생'[4]이 대체로 사회경제적으로 불리한 학생, 가정의 돌봄을 받지 못하는 학생이라는 점입니다. 그렇기 때문에 "적정하지 않은 교육과정이 교육 불평등을 구조적으로 재생산하고 있다."고 할 수 있습니다. 적정하지 않은 교육과정은 소위 공부를 잘하는 학생에게도 그다지 도움이 되지 않습니다. 무언가 많은 것을 배운 것 같기는 하지만, 정작 단편적 지식을 머릿속에 쏟아부었을 뿐 사실상 남는 것이 없습니다. 그래서 최근에는 단편적인 지식을 많이 가르치는 것보다 핵심 개념을 깊이 탐구하도록 함으로써 미래 사회에 필요한 역량을 기르도

---

4. 과거에는 학업에 어려움을 겪는 학생들을 '학습부진아'라고 불렀습니다. 그러나 이러한 용어는 학생들에게 자칫 부정적인 낙인 효과를 줄 수 있습니다. 그래서 요즘은 '배움이 느린 학생', '배움 찬찬이'라는 용어를 쓰기도 합니다. 일부에서는 '대기만성(大器晩成)형 학생(지금 이 학생이 학업에 어려움을 겪는 이유는 나중에 더 큰 인물이 되기 위함이다)'이라는 용어를 쓰기도 합니다. 우리가 사용하는 언어에는 우리의 철학이 담겨 있기 때문에, 학교에서 흔히 사용하는 언어의 윤리성에 대해 늘 성찰해야 할 것입니다.

록 하는 것이 중요하다는 논의가 활발히 이루어지고 있습니다.

이와 반대로 '적정한 교육과정'은 배움이 느린 학생도 배려하는 난이도와 분량을 유지하는 교육과정입니다. 물론 기초학력이 현저히 부족한 학생에게는 별도의 지원이 필요하지만, 현재의 난이도와 분량을 어느 정도 조정하는 것만으로도 학습부진을 어느 정도 예방할 수 있으며, 수업시간에 소외되는 학생들을 최소화할 수 있습니다.

교육과정 적정화는 또한 교사가 진도 나가느라 급급해하지 않는 정도의 분량과 난이도를 유지하는 것입니다. 그래야 교사들이 자신의 전문성과 자율성을 발휘하여 교육과정을 재구성할 수 있는 여유가 생깁니다. 교사 입장에서 '적정한 교육과정'이란 곧 '여백이 있는 교육과정'입니다.

이는 수업시간에 학생 중심 활동과 수행평가를 진행할 수 있는 시간을 확보하는 것이기도 합니다. 예를 들어 예전에는 3시간 동안 정신없이 진도 나갔던 분량을 4시간 동안 여유 있게 다루고, 이 중 1시간은 다양한 모둠활동, 토의토론 등 학생 중심 활동을 진행하고, 이러한 활동 자체가 수행평가로 연결될 수 있도록 하는 것입니다. 요즘 '과정 중심 수행평가'가 강조되고 있는데, 이를 위한 필수 조건이 바로 교육과정 적정화라 할 수 있습니다.

혹시 분량과 난이도를 적정화하면 학생들의 학력이 떨어질까 걱정하는 분도 있을 수 있습니다. 교육과정 적정화는 단지 '쉽게' 가르친다는 것을 의미하지 않습니다. 교육과정 적정화는 "더 적게 가르치고 더 많이 배우게 한다."는 원리에 부합되는 것입니다. 이는 2015 개정 교육과정의 "교과의 학습은 단편적 지식의 암기를 지양하고 핵심 개념과 일반화된 지식의 심층적 이해에 중점을 둔다."는 규정과 관련이 깊습니다. 다시 말해 '많은 것을 얄팍하게 배우는 것'이 아니라 '적은 것을 깊이 있게 배우는 것'을 의미합니다. 그래야 학생들의 머릿속에도 배운 내용이 오래 남을 수 있으며, 그것을 바탕으로 여러 상황에 적용하거나 새로운 것을 스스로 탐구할 수 있는 능력이 생길 수 있습니다.

교육과정 적정화가 제대로 이루어지기 위해서는 현재 국가교육과정 자체가 바뀌어야 합니다. 무엇보다도 학년별·교과별 난이도를 조정하는 것이 시급한 과제입니다. 학생의 발달단계에 따른 난이도를 가장 잘 아는 사람은 현장 교사일 수밖에 없기에, 향후에는 현장 교사들이 직접 교육과정의 난이도를 점검하고 이를 조정하는 데에 참여하도록 보장되어야 합니다.

국가교육과정이 개정되기 이전이라도 학교와 교사 차원에서 교육과정을 적정화하는 노력이 필요합니다. 요즘 강조되고 있는 '초등학교 한글교육 책임교육제'가 교육과정 적정화의 대표적인 예입니다.

예전의 초등학교에서는 학생들이 입학 전에 한글을 모두 깨우치고 들어온다는 전제하에 국어 수업을 하는 경우가 많았습니다. 유치원이나 가정에서 한글을 배우는 아이들이 대다수인 것이 사실이죠. 하지만 유치원에 다니지 않는 아이들, 가정에서 한글을 배우지 못한 아이들은 사실상 한글을 제대로 배울 기회를 얻지 못할 수 있습니다. 이 아이들을 방치한다면 공교육의 책임을 다하지 못하는 셈이죠.

설사 대다수의 아이들이 유치원에 다닌다 하더라도, 한글을 완벽하게 가르치는 것이 유치원 교육의 의무는 아닙니다. 유치원 교육과정인 누리과정에 의하면 만 5세 아동들에게 가르쳐야 할 성취기준은 "자신의 이름이나 주변의 친숙한 글자에 관심을 갖고 써 본다."일 따름입니다. 만약 유치원에서 아이들에게 한글을 완벽하게 가르치려고 애쓴다면, 이는 현행 선행교육금지법 위반 사항에 해당합니다.

따라서 초등학교에서는 아이들이 입학 전에 한글을 배울 기회가 충분히 없었다는 것을 전제로 하여, 한글을 기초부터 천천히 가르쳐야 합니다. 다행히 2015 개정 교육과정에서는 한글교육 시수를 대폭 확대하여 초등학교 1학년에서 총 62시간 이상 한글을 가르치도록 규정하고 있습니다.

중등학교에서도 마찬가지입니다. 교사가 국가교육과정에서 제시한 성취기준 자체를 바꾸는 것은 불가능하지만, 교과서 내용을 모두 가르치는 것이 아니라 성취기준을 중심으로 분량을 덜어 내는 것은 가능합니다. 교과서의 일부 내용을 덜어 내는 것을 통해 학생 참여형·협력형 수업을 활성화하고 과정 중심 수행평가를 내실화하는 것이 중등 교육과정 적정화의 핵심입니다. 그래야 배움이 느린 학생들도 수업에서 소외되지 않을 수 있으며, 모든 학생의 배움을 보장할 토대를 마련할 수 있습니다.

물론 교과의 특성에 따라 교육과정 적정화가 원활할 수도 있고, 그렇지 않을 수도 있습니다. 전직 국어교사 출신인 제 경험에서 볼 때 중등학교에서 교육과정 적정화가 가장 수월한 교과는 국어 교과입니다. 국어 교과는 보통 일주일에 4단위가 배정되어 있어 시간도 넉넉한 편이고, 교과서에 수록된 일부 바탕글을 다루지 않아도 별 문제가 되지 않습니다. 그래서 모둠활동, 토의토론 활동, 글쓰기 활동 등 다양한 학습활동이 활발히 이루어지는 편입니다.

반면에 수학처럼 지식의 위계가 분명한 교과, 역사처럼 다루어야 할 지식과 정보의 양이 많은 교과는 교육과정 적정화가 수월하지 않습니다. 이렇게 개별 교과 차원에서 적정화가 이루어지기 어려운 경우, 교과 간 통합을 통해 교육과정 적정화를 해야 합니다. 예를 들어 국어 시간에 국어 교과서에 나온 내용만 가지고 토의토론, 글쓰기 활동을 하는 것이 아니라 사회 교과에서 다루고 있는 내용을 국어 교과와 통합하여 토의토론, 글쓰기 활동을 하는 것입니다. 이러한 통합 교육과정 운영에 대해 상세히 말씀드려 볼까 합니다.

교육과정 재구성의 방향 2: 통합 교육과정 (합치기, 의미 찾기)

통합 교육과정이라는 말은 기존의 교육과정이 '분절적 교육과정'이기 때문에 이를 통합적으로 재구성해야 한다는 필요성 때문에 나왔습니다. 사실 현대인의 삶 자체가 매우 분절적입니다. 노동과 여가가 분리되어 있고, 하루의 일과가 시간의 단위에 따라 분리되어 있습니다. 학교 교육과정 역시 근대적 시공간의 질서에 따라 분리되어 있습니다. 초등과 중등이 분리되어 있고, 교과와 교과가 분리되어 있으며, 학습과 체험, 지식과 가치관이 분리되어 있습니다. 교육과정을 통합하자는 말은 이러한 분절적 교육과정을 넘어 학생의 전인적 성장을 위한 교육과정을 추구하자는 뜻입니다.

'분절적 교육과정'은 크게 두 가지 차원으로 나누어 볼 수 있습니다. 우선 '교과와 교과의 분리'입니다. 즉 '국어 따로, 사회 따로, 과학 따로' 배우다 보니 학생들이 통합적 이해를 하지 못하는 것입니다. 또 하나는 '교과와 삶의 분리'입니다. 학교에서 배우는 내용이 학생의 삶과 연결되지 못하고, 우리가 사는 사회와 연결되지 못하는 현상입니다. 그러다 보니 머리와 마음, 몸이 따로 움직이고, '아는 것(지식)', '행하는 것(실천, 가치)', '되어야 하는 것(인격, 존재)'이 분리되게 됩니다.

반면에 '통합적 교육과정'은 우선 '교과와 교과의 통합'을 지향합니다. 교과 지식 위주의 교육과정을 넘어 학생의 삶의 경험이나 바람직한 가치를 중심으로 교과와 교과가 서로 연계되도록 합니다. 또한 '통합적 교육과정'은 '교과 내 통합', '교과와 삶의 통합', '교과와 사회의 통합'을 지향합니다. 그렇게 함으로써 '지식-기능-태도(가치)'를 통합적으로 기르고, 학생들이 배운 내용을 자신의 삶과 사회 속에서 실천하는 경험을 하도록 하며, 바람직한 가치를 지향하며 전인적인 존재로 성장하도록 합니다.

통합 교육과정 운영의 방향

범주	지향
교과 내 통합	'지식-기능-태도(가치)'가 유기적으로 연결되어 있어, 학생들이 배운 내용을 실천하고 바람직한 가치를 지향한다.
교과와 교과의 통합	교과와 교과 사이에 통합적인 연계가 형성되어 있어, 학생들이 각 교과에서 배우는 내용의 관련성을 주제 중심으로 인식한다.
교과와 학생의 통합	학생의 실생활 경험과 관련된 내용이 편성되어 있어, 학생들은 배우는 내용이 자기의 삶에 어떤 의미가 있는지 이해한다.
교과와 사회의 통합	교과의 내용이 사회적 가치와 관련이 있어, 학생들은 사회적 가치에 관심을 갖고 실천 활동에 참여한다.

이러한 통합 교육과정은 아무래도 중등보다 초등에서 수월하게 이루어지고 있습니다. 초등학교에서는 담임교사가 모든 교과를 가르치시다 보니 교사의 머릿속에 이미 교과와 교과 사이에 통합적인 연계성이 구축되어 있습니다. 또한 초등학교 교사들은 자기 학급 학생들을 대상으로만 가르치다 보니 학생들과 친밀한 관계성 속에서 그 학생들

의 삶과 상황에 적합한 교육과정을 재구성하기가 쉽습니다. 그러다 보니 '배움'과 '돌봄'이 통합되고, '수업'과 '학급운영'이 통합적으로 이루어집니다.

반면 중등학교는 전혀 다른 교육과정이 운영됩니다. 학생들 입장에서는 초등학교를 졸업하고 중학교에 입학하는 순간 매우 낯선 풍경이 벌어집니다. 우선 담임교사가 교실에 늘 있지 않고, 수업시간마다 서로 다른 교사들이 교실에 들어오는 것에 적응하기 어렵습니다. 더욱이 각 교과 교사마다 서로 강조하는 것이 다릅니다. 예컨대 어떤 교사는 학생 참여형·협력형 수업을 진행하면서 다양한 학습활동에 적극적으로 참여하라고 강조하고, 어떤 교사는 일제식 수업을 진행하면서 혼자 조용히 공부할 것을 강조한다면 학생들 입장에서는 매우 혼란스러울 수밖에 없습니다. 초등학교에 비해 중등학교에서는 '배움'과 '돌봄'이 분리되고, '교과'와 '교과'가 분리되는 구조입니다. 그래서 중등학교에서는 통합 교육과정을 운영하는 것이 여전히 어색합니다.

교사들의 입장에서도 각 교과별 전공 구조가 워낙 확고하다 보니, 자신의 교과 전문성은 매우 높지만 다른 과목에서 학생들이 무엇을 배우는지는 거의 모릅니다. 또한 진도 부담이라든가 평가, 입시 등의 이유로 교과 내용을 학생 삶과의 연계성 속에서 재구성하기가 쉽지 않습니다. 즉 중등학교에서는 '교과 교육과정'은 있지만 학생의 성장 발달단계를 중심으로 한 '학년 교육과정'은 없는 셈입니다. 초등학교에서는 '동학년 협의회'가 중요하지만 중등학교에서는 여전히 '동교과 협의회'가 중시되는 것도 이와 관련이 깊습니다.

그럼에도 불구하고 많은 학교에서는 통합 교육과정을 운영하기 위해 애를 쓰고 있습니다. 상대적으로 초등학교에서는 통합 교육과정이 활발하게 이루어지고 있고, 중등학교에서도 이제 혁신학교의 확산, 자유학기제 도입 등을 계기로 통합 교육과정이 부분적으로 이루어지고 있습니다.

요즘 각 학교에서는 대략 다음과 같은 절차에 따라 통합 교육과정을 운영하고 있습니다.

> 교육과정 문서(성취기준) 확인하기 → 핵심 성취기준 정하기 → 교과별 핵심 성취기준 연결하기 → 통합 교육과정 주제 선정하기 → 수업 및 평가 계획 수립하기

우선 교과서를 보기 이전에 교육과정 문서에 나온 성취기준을 확인해야 합니다. 그래야 교과서 구성의 원리도 이해할 수 있고, 교과서에서 벗어난 교육과정 재구성 작업이 가능합니다.

그런데 문제는 성취기준이 너무 많다는 점입니다. 물론 국가교육과정에서 제시한 성취기준을 모두 다루어야 하지만, 모든 성취기준을 동일한 비중과 분량으로 다룰 필요는 없습니다. 중요한 성취기준은 오랜 시간에 걸쳐 충분히 다루되, 어떤 성취기준은 간략히 다루어도 상관없습니다.

그래서 나온 개념이 핵심 성취기준입니다. 2009 교육과정 시절에 교육부에서는 기존 성취기준 가운데 무엇이 핵심 성취기준인지까지 표시한 자료를 제공한 적도 있지만, 교사들의 입장에서 중요하다고 생각하는 성취기준을 핵심 성취기준으로 선정하면 됩니다. 핵심 성취기준의 선정 기준은 대략 '학생들이 길러야 할 핵심역량 함양에 도움이 되는 성취기준', '학생들의 실생활, 흥미와 연결된 성취기준', '타 교과와

연결하여 다루기 좋은 성취기준', '학생 참여형·협력형 수업을 설계하는 데에 적절한 성취기준' 등으로 볼 수 있습니다.

핵심 성취기준을 연결하다 보면 자연스럽게 통합 교육과정 주제가 도출될 수 있습니다. 교과 간 성취기준을 연결하되, 학교교육이 지향하는 철학과 연결된 주제, 학사 일정이나 창의적 체험활동과 연결된 주제 등이 도출될 수 있습니다. 예를 들어 다음과 같은 연간 통합 교육과정 주제가 도출될 수 있습니다.

통합 교육과정 주제 선정 및 운영 방안(예시, 중등)

시기	주제	운영 방안
3~4월	배려와 우정	•중심 교과: 사회, 도덕, 국어 •중점 사항: 학년 초 학생들의 관계성 형성에 중점을 두고 운영 •연계 활동: 학생인권교육, 학교폭력예방교육
5~6월	생태와 환경	•중심 교과: 과학, 기술·가정, 도덕 •중점 사항: 교과 학습과 체험활동을 연계하여 운영 •연계 활동: 농촌봉사활동
9~10월	지역사회와 공동체	•중심 교과: 사회, 도덕, 미술, 국어 •중점 사항: 프로젝트 수업 등과 연계하여 운영 •연계 활동: 학교축제, 마을교육공동체
11~12월	진로와 꿈	•중심 교과: 진로와 직업, 국어 •중점 사항: 교과와 진로 활동을 연계하여 운영 •연계 활동: 자유학기 활동, 학년말 진로 활동

초등학교에서는 통합 교육과정을 운영하는 것이 좀 더 원활합니다. 담임교사가 여러 과목의 성취기준을 살펴본 후, 핵심 성취기준을 선정하고 이들을 연결하여 실제 수업에서는 범교과적 활동을 진행하게 됩니다.

〈통합 교육과정 주제 선정 및 운영 방안〉(예시, 초등)

▶ **핵심 성취기준 선정**

[4사03-06] 주민 참여를 통해 지역 문제를 해결하는 방안을 살펴보고, 지역 문제의 해결에 참여하는 태도를 기른다.

[4사03-01] 지도의 기본 요소에 대한 이해를 바탕으로 우리 지역 지도에 나타난 지리 정보를 실제 생활에 활용한다.

[4도03-01] 공공장소에서 지켜야 할 규칙과 공익의 중요성을 알고, 공익에 기여하고자 하는 실천 의지를 기른다.

[4국03-01] 중심 문장과 뒷받침 문장을 갖추어 문단을 쓴다.

▶ **주제 설정**

지역사회와 공동체

▶ **학습 활동**

• 우리 동네 지도를 통해 우리 지역의 특징과 주민들의 생활상을 이해한다.
• 우리 동네에 살면서 불편했던 점에 대해 토의한다.
• 불편함을 느꼈던 지역을 지도에 표시한다.
• 우리 지역의 문제를 해결하기 위해 건의하는 글을 쓴다.

위에 제시한 내용은 2015 개정 교육과정에 제시된 초등학교 4학년 성취기준을 바탕으로 구성한 것입니다. 처음 보시는 분들은 과연 초등학교 4학년 학생들이 이걸 해낼 수 있을지 의문을 품으실 수도 있습니다. 하지만 사실 이와 유사한 학습활동이 실제로 진행되었던 사례는 제법 많습니다.

서울 수송초등학교 배성호 선생님이 펴낸『안전 지도로 우리 동네를 바꿨어요!』라는 책을 보면 이와 관련된 활동이 자세히 나옵니다. 선생님은 학생들에게 우리 동네에서 안전한 곳, 위험한 곳을 직접 탐방해 보고 이를 동네 지도에 표시하도록 합니다. 학생들은 길이 좁고 차량이 많아 위험한 곳, 자전거 도로가 없어서 위험한 곳, 쓰레기 불법 투기가 심한 곳 등을 직접 찾아 동네 지도에 표시를 합니다. 그리고 왜 이렇게 위험한 곳이 없어지지 않는지 토론을 하고, 구청장님에게 직접 편지를 써서 부칩니다. 그랬더니 놀랍게도 구청장님으로부터 직접 위험한 곳을 개선하겠다는 답장을 받아 내는 성과를 거둡니다.^{배성호, 2017}

강원도 포남초등학교 선생님들이 펴낸『배움의 공동체를 만들다, 학교를 바꾸다!』라는 책에도 이와 유사한 사례가 나옵니다. 이 초등학교 정문 앞의 길이 좁고 늘 주민들의 차량이 주차되어 있어 아이들이 차 사이를 오가며 등하교를 하느라 무척이나 위험했다고 합니다. 아무리 시청에 민원을 내도 주차난에 시달리는 주민들의 원성 때문에 불법 주차 문제가 해결되지 않자, 초등학교 학생들이 직접 편지를 써서 불법 주차된 차량 앞에 올려놓습니다. 이 편지를 본 주민들이 스스로 학교 앞 주차를 하지 않게 되는 결과를 가져옵니다.^{포남초등학교 교사들, 2016}

이처럼 현재 초등학교에서는 통합 교육과정 운영이 어느 정도 활발하게 이루어지고 있습니다. 그러나 중등학교에서는 이러한 통합 교육과정이 여전히 낯섭니다. 그나마 중학교에서는 자유학기제의 영향으로 통합 교육과정이 조금씩 이루어지고 있습니다. 그래서 저는 중등학교에서 강의를 진행할 때마다 꼭 부탁드리는 것이 있습니다. "우리 학생들이 요즘 다른 과목에서 무엇을 배우고 있나?"에 관심을 갖고, 다른 과목의 교과서를 읽어 보시라는 겁니다. 예를 들어 국어 선생님이 라면 국어 교과서만 보지 마시고, 사회·도덕 등 인근 교과의 교과서를 살펴보시면, 그 속에서 자연스럽게 통합 교육과정에 대한 관점을 키울 수 있습니다. 그러기 위해서는 도서관에 있는 교과서를 학년별로 학년부 교무실에 비치하여, 틈나는 대로 인접 과목의 교과서를 살피는 것이 중요합니다.

학교마다 이러한 통합 교육과정의 모습은 다양할 수 있습니다. 중요한 것은 학교 교육과정의 통합적 운영을 통해 학생들이 스스로 문제를 탐구하고 해결하는 능력을 기를 수 있다는 점입니다. 여러 교과 수업시간에 통합적으로 배우는 지식과 기능을 자신들의 삶의 문제와 연결시키고, 또한 지역사회의 문제와 공공선에 적극적으로 참여하는 태도까지 배울 수 있습니다. 이런 과정을 통해 우리 학생들이 알게 모르게 성숙한 민주시민으로 성장하게 될 것입니다.

시 쓰는 농부, 철학하는 노동자를 위하여

지금까지 말씀드린 통합 교육과정 운영도 쉬운 과제는 아닙니다만, 이런 통합 교육과정의 근본적 지향점에 대해서 생각해 볼 필요가 있습니다. 통합 교육과정에서 말하는 '통합'이란 단순히 '교과와 교과'의 통합만이 아닌, '머리'와 '마음'과 '몸'이 하나 되는 전인적 통합을 의미합니다. '세상에서 가장 먼 거리는 머리에서 가슴까지의 거리'라는 말이 있습니다. 즉 머리로는 이해하지만 그것을 마음으로 느끼기는 어렵습니다. '가슴에서 팔 다리까지의 거리'도 굉장히 멉니다. 타인의 고통을 마음으로 느낄 수는 있어도, 그들을 돕기 위해 실천하는 것은 상당히 어렵습니다. 통합 교육과정은 바로 인식과 감성과 실천이 하나되는 교육과정을 지향합니다.

통합 교육과정에 대한 상상력을 좀 더 확장하면 인문교육과 직업교육의 분리를 극복하고, 궁극적으로 육체노동/정신노동, 지성/인성/감성/사회성이 통합된 전인적인 인간상에 대한 꿈을 꿀 수 있습니다.

스칸디나비아라든가 뭐라구 하는 고장에서는 아름다운 서양 대통령이라고 하는 직업을 가진 아저씨가 꽃리본 단 딸아이의 손 이끌고 백화점 거리 칫솔 사러 나오신단다. 탄광 퇴근하는 광부鑛夫들의 작업복 뒷주머니마다엔 기름묻은 책 하이데거 럿셀 헤밍웨이 장자莊子. 휴가여행 떠나는 국무총리 서울역 삼등대합실 매표구 앞을 뙤약볕 흡쓰며 줄지어 서 있을 때 그걸 본 서울역장 기쁘시겠오라는 인사 한마디 남길 뿐 평화스러이 자기 사무실 문 열고 들어가더란다. (중략) 이름은 잊었지만 뭐라군가 불리우는 그 중립국에선 하나에서 백까지가 다 대학 나온 농민들 트럭을 두 대씩이나 가지고 대리석 별장에서 산다지만 대통령 이름은 잘 몰라도 새이름 꽃이름 지휘자 이름 극작가 이름은 휜하더란다.

_신동엽의 시 「산문시 1」 중에서

이 시가 쓰인 시기인 1960년대는 아직 핀란드, 스웨덴 등 북유럽 사회민주주의 복지국가모델이 널리 알려지기 이전입니다. 그럼에도 불구하고 신동엽 시인은 스칸디나비아 국가에 대한 풍문을 듣고 아름다운 상상력을 펼쳐 냅니다. 그리고 그 상상력 속에는 우리나라의 현실에 대한 비판 의식이 담겨 있습니다.

대통령이라는 직업을 가진 사람은 아주 소탈한 모습으로 장을 보러 나옵니다. 국무총리 역시 아무런 특권 없이 기차표를 끊고 여행을 떠납니다. 더욱 놀라운 것은 광부와 농민들의 모습입니다. '작업복 뒷주머니마다 기름 묻은 철학책을 꽂고 있는 광부', '대통령 이름은 몰라도 새 이름, 꽃 이름, 지휘자 이름, 극작가 이름은 훤한 농부', 바로 우리가 지향해야 할 교육적 인간상을 시적으로 표현한 구절이 아닐까요?

우리 학생들이 모두 변호사나 의사가 될 수 없을뿐더러, 모든 사람이 변호사나 의사가 되는 사회가 바람직한 것도 아닙니다. 광부나 농부, 환경미화원도 인간으로서의 존엄성을 누리는 사회가 더욱 아름답습니다. 교육은 자기 삶의 존엄성을 인식하고 끊임없이 인문학적 교양을 기르는 사람, 노동을 통해 사회에 기여하며 보다 아름다운 사회를 일구는 사람, '시 읽는 농부', '철학하는 노동자'를 길러내는 과정이어야 합니다.

3.

학교에서 배운 거짓,
학교에서 배우지 못한 진실[5]
- '잠재적 교육과정'과 '영 교육과정'

학교에서 배운 거짓 - '잠재적 교육과정'

인생의 일 할을 나는 학교에서 배웠지.

아마 그랬을 거야.

매 맞고 침묵하는 법과 시기와 질투를 키우는 법.

그리고 타인과 나를 끊임없이 비교하는 법과 경멸하는 자

를 짐짓 존경하는 법.

그중에서도 내가 살아가는 데 가장 도움을 준 것은

이 많은 법들 앞에 내 상상력을 최대한 굴복시키는 법.

_유하의 시, 「학교에서 배운 것」

이 시는 영화감독으로도 활동했던 유하 시인의 시입니다. 이 시를 모티프로 영화 〈말죽거리 잔혹사〉가 만들어졌습니다. 이 영화는 1970년대 암울했던 유신 독재 시절, 서울 강남의 어느 사립남자고등학교

---

5. 이 글은 이형빈(2015b)을 수정 보완한 것입니다.

를 배경으로 합니다. 온갖 학교폭력과 체벌, 경쟁과 비리로 얼룩진 학교의 모습이 우울하게 담겨 있습니다. 이 영화의 엔딩 크레디트에서는 유하의 시 〈학교에서 배운 것〉의 내용이 래퍼 김진표 씨의 거친 랩으로 쏟아져 나옵니다. 관심 있는 분들은 래퍼 김진표 씨의 〈학교에서 배운 것〉을 찾아 들어 보시기 바랍니다.

이 시에서 화자는 자신이 '학교에서 배운 것'이 '매 맞고 침묵하는 법', '시기와 질투를 키우는 법', '타인과 나를 비교하는 법', '경멸하는 자를 존경하는 법', '상상력을 최대한 굴복시키는 법'이라고 단언합니다. 우리 선생님들의 학창 시절을 되돌아보면, 그리고 영화 〈말죽거리 잔혹사〉의 내용을 떠올려 보면 크게 틀린 말은 아닐 것 같습니다.

지금의 학교에서 우리 학생들은 과연 무엇을 배우고 있을까요? '매 맞고 침묵하는 법'일까요 '불의에 저항하는 법'일까요, '타인과 나를 비교하는 법'일까요 '타인과 협력하는 법'일까요, '상상력을 최대한 굴복시키는 법'일까요 '상상력을 발휘하는 법'일까요?

물론 교사들이 학생들에게 부정적인 교육과정을 의도적으로 가르치지는 않았습니다. 다만 그 학교의 관행이나 문화 등을 통해 학생들이 알게 모르게 배운 것들이지요. 이처럼 학교나 교사가 명시적으로 가르치지는 않았지만 학생들이 알게 모르게 실질적으로 배운 것을 가리켜 '잠재적 교육과정'이라고 합니다. 그리고 이는 우리 학교의 문화나 관행, 교사들의 교육적 실천을 성찰하는 데에 매우 유용한 개념입니다.

잭슨이라는 교육학자는 "학생들은 권위를 가지고 있는 사람의 계획과 정책이 비합리하고 불분명할지라도 그것에 따르는 것을 배운다."고 하고 있습니다.Jackson, 1990 잠재적 교육과정이 무서운 이유는 학생들이 학교의 문화나 관행 속에서 바로 '권위의 비합리성에 복종하는 법'을 배운다는 것이죠. 그는 이러한 잠재적 교육과정이 실현되는 원천을 '학교의 규칙, 상과 벌, 권장과 금지, 물리적 배치, 차별과 편견' 등으로 보고 있습니다.

가장 대표적인 예가 체벌일 것입니다. 체벌이 비교육적인 이유는 이 것이 단지 육체에 고통을 가하고 마음에 상처를 준다는 것뿐만 아니라 "힘센 자의 말을 따르지 않으면 매를 맞게 된다."는 복종의 논리, "나의 말을 따르지 않는 사람은 때려도 된다."는 폭력의 논리를 알게 모르게 학생들이 배우기 때문일 것입니다. 지금은 체벌이 법적으로 금지되어 있지만, 70년대만 하더라도 체벌은 당연한 것으로 여겨졌습니다. 그리고 영화 〈말죽거리 잔혹사〉에 잘 묘사되어 있듯이, 국가의 구조적 폭력이 학교의 억압적 구조를 낳고, 학교의 억압적 구조가 체벌을 낳고, 교사의 체벌이 학생 간 학교폭력으로 이어졌습니다.

그런데 이러한 잠재적 교육과정은 눈에 잘 보이지 않습니다. 체벌처럼 눈에 확 드러나는 것이 아닌 일상적인 영역에서도 잠재적 교육과정은 실현됩니다. 예를 들어 '학교의 물리적 배치'를 통해서도 잠재적 교육과정이 형성됩니다. '교문, 운동장, 구령대, 일자형 건물'은 마치 군대와 같은 배치를 연상하게 합니다. 교실 공간 배치도 마찬가지입니다. 여전히 일부 학교에서 남아 있는 교단은 권위와 통제의 상징입니다. 교사를 향해 모든 학생이 일자로 앉아 있는 좌석 배치는 '학생은 교사의 가르침을 수동적으로 수용하는 존재'라는 점을 잠재적으로 가르칩니다. 그래서 일부 학교에서는 요즘 교실의 좌석 배치를 'ㄷ'자로 하여 학생 간 소통과 협력이 원활하게 이루어지게 합니다. 이러한 'ㄷ'자 배치 자체가 '협력과 소통'을 알게 모르게 배우게 되는 잠재적 교육과정을 형성합니다.

상당수의 혁신학교에서 교실에서의 공간 배치가 변화하고 있습니다. 그러나 혁신학교에서도 교무실 공간 배치는 변함이 없습니다. 교장실이 별도의 공간으로 분리되어 있는 것은 물론이고, 교무실 한 중앙에는 교감의 자리가 있습니다. 놀라운 것은 직급상 같은 평교사임에도 불구하고 부장교사의 자리는 부원교사를 한눈에 바라볼 수 있도록 배치되어 있습니다. 감시와 지시가 일상적으로 이루어지는 좌석배치입니다. 이 속에서 수평적인 교사문화, 협력적 공동체 문화가 이루어질 수 있을지 의문입니다.

일상적인 수업에서는 어떠한 잠재적 교육과정이 실현되고 있을까요? 토론 수업을 예로 들어 보겠습니다. 가장 대표적인 토론 수업의 방식이 찬반토론입니다. 찬반토론은 학생들이 세상을 다양한 눈으로 바라보고 스스로 비판적 사고력을 키울 수 있도록 하는 수업 방법입니다. 그런데 찬반토론이 어설프게 진행되면 오히려 부정적 의미의 잠재적 교육과정이 실현될 수 있습니다. 찬반토론이 진행되는 가운데 학생들이 실제로 상대방의 논리를 꺾는 근거를 찾는 데에만 열중한다면 오히려 학생들은 '나와 다른 생각을 가진 사람을 수용하지 않는 법'을 배울 수도 있습니다. 혹은 찬반토론 과정에서 서로 다른 의견을 조율하여 더 나은 대안을 찾아가는 과정을 배우는 것이 아니라 '어설픈 중립'을 추구하는 가운데 '중도는 항상 옳고, 양극단은 불온하다'는 논리를 배우게 되는 잠재적 교육과정이 실현될 수도 있습니다. 때로는 내 의견이 소수라 할지라도 자신의 신념을 지키는 모습이 훌륭할 수도 있기 때문입니다.

따라서 협력학습이든 모둠활동이든 중요한 것은 그 수업의 형태가 아니라 그 과정에서 학생들이 실질적으로 배우게 되는 잠재적 교육과정입니다. 겉으로는 협력학습의 형태를 띨 수도 있지만 실질적으로 학생들은 그 속에서 경쟁하는 법을 배울 수도 있기 때문입니다. 요즘 초등학교에서 모둠 간 경쟁의 결과에 따라 스티커를 부여하는 관행을 극복하기 위해 노력하는 것도, 이러한 성찰에서 나온 결과입니다. 경쟁적 찬반토론의 대안으로 비경쟁 토론이 강조되는 것도, 이러한 점에서 의미 있는 학습활동입니다.

학교에서 배우지 못한 진실...'영 교육과정'

앞에서 말씀드렸던 유하의 시 〈학교에서 배운 것〉에서 '잠재적 교육과정'의 개념을 찾을 수 있다면, 이승기의 노래 〈음악시간〉에서 '영 교육과정'의 개념을 찾을 수 있습니다.

학교에서는 내가 원하는 음악을 무시해.
걸핏하면은 자습하라며 음악을 무시해.
음악을 하고 싶은 우리들은 어디에서 배워야 하나.
클래식 말고 가곡 말고 내가 하고 싶은 음악 어디서 하나.
왜 우리는 다 다른데 같은 것을 배우며 같은 길을 가게 하나.
왜 음악을 잘하는데 다른 것을 배우며 다른 길을 가게 하나요.

_이승기 노래, 〈음악시간〉

학교의 시간표에는 국·영·수의 비중이 음·미·체의 비중보다 4배 이상 높습니다. 그렇다고 해서 음·미·체보다 국·영·수가 4배 이상 중요한 것은 아닐 겁니다. 또한 학교 교육과정에는 '농사'나 '목공' 같은 노작교육은 거의 배제되어 있습니다. 이러한 현상에 대해 교육학자 아이즈너는 "학교에서 몇몇 교과를 다른 대안적인 교과에 대한 면밀한 검토 없이 그저 전통적으로 가르쳐 온 교과이므로 계속해서 가르치고 있다. 그 과정에서 우리는 종종 학생들에게 매우 유용하다고 입증된 교과를 가르치지 않는다."라고 비판하고 있습니다.Eisner, 1979 이처럼 학생들에게 매우 유용하지만 학교 교육과정에서 소홀히 다루거나 아예 배제되는 교육과정을 '영 교육과정'이라고 합니다.

여기서 말하는 '영'이란 'null, zero'를 의미합니다. 즉 '있어야 마땅하나 존재하지 않는 것'을 의미합니다. 이러한 영 교육과정 개념은 학교의 교육과정 전반, 그리고 각 교과의 세부 교육과정을 성찰하는 데에 많은 도움이 됩니다. 학교에서 음악이나 미술과 같은 심미적 영역의 교과가 소홀히 다루어지는 이유는 전통적인 국영수 위주의 주지 교과를 중시하는 관행, 그리고 주지 교과를 통해 학생을 변별하려는 입시 풍토 때문일 것입니다. 그러나 때로는 기득권 집단의 이해관계 때문에 의도적으로 특정한 교과나 교육 내용이 배제되는 경우도 있습니다.

대표적인 것이 '노동교육'일 것입니다. 현재 사회과 교육과정을 살펴보면 노동자의 권리, 노동조합 등에 대해 다루는 비중이 1%도 되지 않는다고 합니다. 반면 프랑스의 사회과 교육과정을 보면 초등학교부터 고등학교까지 체계적으로 노동자의 권리, 노동조합의 역할 등에 대해 배우게 됩니다.[6] 우리나라의 교육과정에 이렇게 노동교육이 철저히 배제된 이유는 특정 집단의 이해관계가 교육과정에 작용했기 때문일 것입니다.

조너선 코졸의 『교사로 산다는 것』이라는 책에서는 이와 관련해 아주 흥미로운 내용을 다루고 있습니다.[Kozol, 1981] 요약해서 인용해 보겠습니다.

> 교과서에 따르면, 눈도 멀고 귀도 멀었지만 읽고 쓰고 말할 수 있었던 헬렌 켈러는 세계적으로 유명했던 인물이다. 그녀는 엄청난 시련에도 불구하고 열심히 공부했고, 그녀 옆에는 언제나 그녀의 충직한 친구이자 선생님이 계셨다. 학생들은 대체로 5, 6학년쯤에 이런 내용을 배운다. 하지만 그녀의 업적 가운데 가장 주목해야 할 점은, 그녀가 죽을 때까지 힘없고 가난한 사람들을 위해 투쟁했다는 사실이다.
>
> "나는 노동착취가 일어나는 공장과 혼잡한 빈민가를 방문했다."고 그녀는 썼다. 그녀의 글은 이렇게 이어진다. "이 사회는 정복과 착취를 기반으로 세워졌다. 이렇게 그릇된 원칙을 기반으로 세워진 사회질서는 틀림없이 모든 발전을 저해하게 될 것이다."
>
> 교육 관료들은 불의에 맞서 오래도록 힘겹게 싸워 온 이 용감한 여성들의 진실한 생각을 학생들이 알게 된다면 자신들이 위태로워지리라는 것을 알고 있다. 교과서는 학생들에게 헬렌 켈러가 보는 법을 배웠다고 알려 준다. 그러나 그녀

---

6. 구체적인 내용은 EBS 지식채널ⓒ 〈그 나라의 교과서〉를 찾아보시기 바랍니다.

가 무엇을 보았는지는 알려 주지 않는다. 교과서는 학생들에게 그녀가 말하는 법을 배웠다고 알려 주지만, 무엇을 말했는지는 알려 주지 않는다.

선천적 장애를 극복한 인물 헬렌 켈러가 위대한 이유는, 그가 선천적인 장애를 극복했다는 것뿐만 아니라 장애를 극복한 이후에 평생을 여성운동가, 장애인권운동가, 노동운동가로 살았다는 점입니다. 그러나 미국 교과서는 이 점을 알려 주지 않습니다. 교과서는 그가 '보는 법, 말하는 법'을 배웠다고 알려 주지만 그가 '무엇을 보았고, 무엇을 말하고자 했는지'에 대해서는 알려 주지 않습니다. 이것이 지배집단이 의도적으로 배제한 '영 교육과정'의 사례입니다. 공식적 교육과정에서 의도적으로 배제된 영 교육과정을 성찰하고 이를 학생들에게 알려 주는 것은 교사의 몫입니다.

지금 우리 학교에서 시급히 찾아내야 할 영 교육과정은 무엇일까요? 최근 생태, 인권, 노동, 평화 등의 가치를 중심으로 적극적으로 교육과정을 재구성하려는 노력이 활발히 이루어지고 있습니다. 이것도 그동안 국가교육과정에서 배제되어 온 영 교육과정을 성찰하는 흐름이라 할 수 있습니다.

예를 들어, 국어과 교육과정에서 성찰해야 할 영 교육과정에는 무엇이 있을까요? 참 어려운 문제입니다. 국어과 교육과정의 영역은 '듣기·말하기/읽기/쓰기/언어/문학'으로 분류됩니다. 이 속에서 우리가 놓치고 있는 것은 없을까요?

각 지역에는 나름의 지역 교육과정이 있습니다. 예컨대 광주의 학교에서는 5·18 민중항쟁을 범교과적으로 활발히 다룹니다. 하지만 광주의 학교에서도 국어 시간에는 이른바 '현대에 교양 있는 서울 사람이 쓰는 말'인 '표준어'를 가르칩니다. 지방 사투리는 공식적 교육과정에서 배제됩니다. 모든 학교가 각 지방의 사투리를 공식적 교육과정에 반영한다면, 그래서 광주 사람들이 대구 사람과 의사소통을 나누는 것이 어색하지 않다면, 우리의 말글살이가 훨씬 풍요롭게 되지 않을까요?

그리고 현재의 국어 교육과정에는 '비장애인의 언어'만을 다루고 있습니다. 국어 교육과정에 '장애인의 언어'인 수화나 점자가 반영되어 있다면, '장애이해교육', '장애통합교육'이 더욱 내실 있게 이루어지지 않을까요? 이 속에서 타인에 대한 이해와 배려를 우리 학생들이 자연스럽게 배울 수 있지 않을까요?

학교교육과정에 이러한 영 교육과정을 보완하기란 쉽지 않습니다. 하지만 고교학점제는 우리에게 새로운 기회와 가능성을 줄 수 있습니다.

2025년부터 모든 고등학교에서 고교학점제가 시행될 예정입니다. 일부 학교에서는 고교학점제에 선도적으로 대응하기 위해 지금부터 다양한 교육과정을 편성하여 학생들의 과목 선택권을 보장하고 있습니다.

고교학점제의 핵심은 무엇일까요? 다양한 과목을 개설하고 학생들의 선택권을 보장하는 것이 핵심일까요? 저는 그렇지 않다고 생각합니다. 아무리 많은 과목을 개설하더라도 그것이 기존의 국영수 중심의 과목을 심화시킨 과목이라면 큰 의미는 없습니다.

저는 고교학점제를 바람직하게 운영하기 위해서는 '새로운 과목 개설의 상상력'이 핵심이 되어야 한다고 봅니다. 이러한 과목은 대입 위주의 교육과정 속에서 배제되어 왔던 영 교육과정을 보완하는 것이어야 합니다. 대입 준비를 위한 국영수 중심의 교육과정을 넘어 보편적 인문교육, 삶의 역량을 기르는 과목을 새롭게 개발하는 것입니다.

이미 많은 고등학교에서 이러한 과목을 운영하고 있습니다. 이 중에는 시도교육청 차원에서 많은 교사들을 참여시켜 개발한 과목도 있고, 학교에서 선생님들이 스스로 개발한 과목도 있습니다. 현재 시도교육청의 승인을 받아 NEIS에 등재된 신설과목 중 몇 가지를 제시하면 다음과 같습니다.

> 마음공부, 국토순례, 문화체험, 명상과 요가, 실천윤리학의 이해, 텃밭 가꾸기, 삶과 철학, 생활과 헌법, 환경과학, 미래주제 연구, 인문사회과학 책 쓰기, 청소년을 위한 건강춤, 사회적 경제, 리더십, 인문학의 창을 통해 본 미술, 문학적 감성과 상상력, 생활 속의 수학적 사고, 생활 속의 융합적 사고, 현대사회의 윤리적 쟁점, 비판적 사고와 철학 등.

이러한 과목들은 보편적 인문교양, 비판적 사고능력, 몸과 마음의 건강, 노작활동, 사회 참여 등을 강조하고 있습니다. 기존의 교육과정에서는 찾아보기 어려운 영 교육과정에 해당합니다. 기존의 주지 교과, 예체능 교과에 더하여 이러한 과목까지 편성되어야 학생의 전인적 성장을 풍부히 기르는 교육과정이라 할 수 있겠습니다.

고등학교에는 대학에 진학하려는 학생들만 다니는 것이 아닙니다. 고등학교에는 대학 이외의 진로를 모색하는 학생, 아직까지 진로를 명확히 정하지 못하고 갈등을 겪고 있는 학생, 학업에 뜻이 있으나 학교에서 배우는 내용이 너무 어려워 힘겨워하는 학생 등 다양한 학생이 있습니다. 따라서 고등학교는 이들 모든 학생의 탁월성을 기르는 종합적·보편적 교육과정을 운영해야 합니다. 그러기 위해서는 위에서 열거한 과목처럼 보편적 인문교양을 기르는 과목, 삶의 역량을 기르는 과목, 진로직업 모색에 도움이 되는 과목 등을 풍부하게 개발하는 것이 필요합니다.

향후 고교학점제는 단순히 과목 수를 늘리는 것이 아니라 기존 교육과정의 한계를 넘어서는 '새로운 과목 신설에 대한 상상력'을 충분히 발휘하는 방향으로 재구조화되어야 합니다. 이는 우리 선생님들에게 매우 어려운 일일 수 있습니다. 하지만 선생님들께서 자기 교과를 바탕으로, 혹은 학생들에게 진정으로 필요하다고 판단하는 교육 내용을 바탕으로 새로운 과목을 개발할 때, 교사의 교육과정 전문성이 한층 신장될 수 있습니다. 그러할 때 선생님들께서도 학생들의 전인적 성장을 직접 목격하실 수 있고, 교사로서의 보람, 전문가로서의 자긍심도 느낄 수 있을 것입니다.

교육과정 재구성, 한 발짝 더 나아가기 위하여

요즘 '교육과정 재구성'이라는 말이 유행하고 있습니다. 그러나 이제는 교육과정 재구성이라는 개념도 보다 적극적으로 확장할 필요가 있다고 봅니다.

소극적 차원의 교육과정 재구성은 기존의 교육과정의 틀 안에 교사의 자율적 전문성을 일부 발휘하는 것입니다. 교과서를 있는 그대로 모두 가르치는 것이 아니라 교사의 판단에 따라 뺄 것은 빼고, 더

할 것은 더하고, 바꿀 것은 바꾸는 것입니다. 이는 주로 동교과 안에서 이루어지는 교육과정 재구성입니다.

이보다 적극적인 차원의 교육과정 재구성은 학교 차원의 통합 교육과정 설계입니다. 교과의 경계를 넘어 하나의 주제나 가치를 중심으로 모든 교과가 함께 참여하여 학생들에게 의미 있는 학습 경험을 제공하는 것입니다. 특정한 시기를 정하고, 특정한 주제를 중심으로 모든 교과의 수업에서 동일한 학습 주제를 다루는 방식입니다. 이는 국가수준의 교육과정에서 크게 벗어나지 않은 선에서도 교과 간 경계를 넘어 학교 수준의 교육과정을 새롭게 구성한다는 점에서 매우 의미가 큽니다.

보다 적극적인 차원의 교육과정 재구성은 그동안 국가수준 교육과정에서 배제된 영 교육과정을 살려 내는 것입니다. 앞에서 말씀 드린 보편적 인문교육, 삶의 역량을 기르는 교육을 위한 신설과목을 중심으로 고교학점제를 운영하는 것이 대표적인 예입니다. 또한 국가수준 교육과정에서 설정한 교과 중심 교육과정 체제를 넘어, 학생들의 실제 경험 세계와 우리 사회가 지향해야 할 가치를 적극적으로 반영한 교육과정 체제 수립을 위한 논의를 시작해야 할 것입니다.

또한 실제 교육의 장에서 학생들이 알게 모르게 배우게 되는 잠재적 교육과정에 대한 성찰이 필요합니다. 우리가 학생들에게 참여와 협력, 배려와 소통의 가치를 가르치기를 원할 때 이는 공식적 교육과정의 영역에서 이루어진다기보다는 잠재적 교육과정의 영역에서 이루어지는 경우가 훨씬 많습니다.

존 듀이는 학교에서 가르쳐야 할 민주주의란 '교육 내용으로서의 민주주의'가 아니라 '삶의 방식, 마음의 습관으로서의 민주주의'가 되어야 한다고 말했습니다.[Dewey, 1923] 연애를 책으로만 배우는 사람은 정작 연애를 잘할 수 없듯이, 민주주의를 지식으로만 배우는 사람이 반드시 민주적 시민으로 성장하는 것은 아닙니다. 수업시간에 민주주의를 가르치면서 수업의 방식이 비민주적이라면, 예를 들어 교사가 일방적으로 가르치는 내용에 대해 학생이 반론을 제기할 수 없다면, 학생들은 사실상 '권위에 복종하는 비민주적 태도'를 배우게 됩니다. 따라서 수업의 내용뿐만 아니라 수업의 방식까지 민주적이어야 민주주의를 제대로 배우게 됩니다.

토론 수업도 마찬가지입니다. 교사들이 학생들에게 가르쳐야 할 것은 토론의 절차와 방법, 주장과 설득의 방법뿐만 아니라 토론을 통해 다른 사람의 의견을 존중하고, 참과 거짓을 분간하는 안목을 기르며, 숙의민주주의를 통해 우리 사회의 성숙도를 높여 가는 태도입니다. 이는 '잠재적 교육과정'을 '명시적'으로 바꾸려는 노력이라 할 수 있습니다.

요즘 교육과정 재구성에 대한 실천 사례가 봇물처럼 쏟아지고 있습니다. 중요한 것은 교육과정 재구성의 방법론이 아니라 교육과정 재구성을 통해 우리가 어떤 인간, 어떤 사회를 지향할 것인가 하는 점입니다. 그러기 위해서는 기존 교육과정이 무엇을 은폐하고 배제해 왔는지, 새로운 교육과정에는 어떠한 가치와 인간상을 담아낼 것인지에 대해 근본적인 고민이 필요합니다.

4.

학생들은 왜 수업시간에 잠을 자는가?[7]
– 수업에 대한 현상학적 접근

수업시간에 자는 학생들-'수업 소외'의 대표적 현상

수업시간에 적지 않은 학생들이 잠을 잡니다. 어느 날 참다못한 선생님이 "거기 자는 애 좀 깨워라."고 말합니다. 그랬더니 어떤 학생이 "재운 사람이 깨우시죠."라고 말을 합니다. 그 선생님은 기가 막혀 어쩔 줄을 모릅니다.

도대체 학생들은 왜 수업시간에 잠을 자는 걸까요? 어떤 학생은 지난밤 내내 컴퓨터 게임을 하느라 교실에서 자는 것일 수도 있습니다. 아니면 교사의 수업 방식이 너무 지루해서 자는 것일 수도 있습니다. 어떻게 하면 이 학생들을 깨울 수 있을까요? 교사가 개그맨처럼 재미있게 말을 하면 잠깐 일어나 듣다가도 다시 잠을 잡니다. 절대 잠을 자지 못하도록 엄격하게 대하면, 그 시간에 못 잔 잠을 다른 수업시간에 마저 잡니다.

'수업시간에 잠을 자는 현상'은 좀 더 거시적으로 바라볼 필요가 있

---

7. 이 글은 이형빈(2014)을 수정 보완한 것입니다.

습니다. 예를 들어 미국의 고등학교에는 수업시간에 잠을 자는 학생이 거의 없다고 합니다. 수업시간에 잠을 잘 만한 학생들은 아예 학교에 나오지 않기 때문이지요. 미국은 고등학교를 중간에 자퇴해 버리는 중도탈락률이 20%를 넘기도 합니다.

반면에 한국 학생들은 대부분 학교에는 나옵니다. 대신 수업시간에 잠을 잡니다. 미국과 달리 한국 고등학생들은 의무교육도 아닌데 무려 99%나 학교에 나옵니다. 어쩌면 학교에 나와 잠을 자는 학생들을 대견하다고 여겨야 할지도 모릅니다. 이 학생들이 학교에라도 나오지 않으면 어디 가서 어떤 일을 할지 알 수가 없으니까요.

'수업시간에 잠을 자는 현상'은 개인의 문제가 아닌 사회학적 문제로 바라볼 필요가 있습니다. '배움의 공동체'로 유명한 일본의 교육학자 사토 마나부는 이 문제를 '배움으로부터 도주'하는 현상으로 보았습니다.佐藤 學, 2000a 사토 마나부가 보기에 일본교육 위기의 핵심은 '배움으로부터 도주하는 아이들'이며, 이는 일본만의 문제가 아니라 일본과 유사한 역사적 경험을 갖고 있는 한국 등 동아시아 국가의 공통적인 문제입니다.

한국에서 2000년대 초반 '교실 붕괴'라는 담론이 유행했습니다. 학생들이 교사의 지시를 거부하고 수업시간에 딴짓을 하며 왕따를 저지르는 등의 문제가 어느 시기에 갑자기 폭발하기 시작했습니다. 일본도 예외는 아니었습니다. 우리에게 '왕따'가 있다면 일본에는 '이지매'가 있었습니다. 우리 학생들이 수업시간에 잠을 잔다면 일본 학생들은 아예 학교에 나오지 않는 '부등교' 현상이 심각한 문제였습니다. 사토 마나부 교수는 이러한 현상을 묶어 '배움으로부터 도주'하는 현상이라고 칭하였고, 이는 '압축적 근대화와 경쟁 원리'로 대표되는 '동아시아 교육 모델의 종언'에서 비롯되었다고 진단하였습니다.

학생이 학교에 일부러 나오지 않는 것을 '수업 거부' 현상이라고 한다면, 수업시간에 잠을 자는 것은 '수업 소외' 현상이라고 부를 수 있습니다. 즉 수업시간에 배우는 내용이 자기의 삶에 별다른 의미가 없다고 느끼기 때문에, 어쩔 수 없이 몸은 교실에 있지만 사실상 교실에 존재하지 않는 것이나 다를 바 없는 상태입니다. 다소 과장을 하자면 이들은 '교실 내 투명인간'이나 마찬가지입니다.

사토 마나부는 수업의 패러다임을 근본적으로 바꾸는 것, 즉 '공부에서 배움으로의 전환'이 필요하다고 말합니다. 이것이 '배움의 공동체'론의 등장 배경입니다.[8] '배움의 공동체'가 만들어지기 위해서는 교사와 학생 사이에, 학생과 학생 사이에 '서로 배우는 관계'가 형성되어야 한다는 것이 핵심입니다.

교실 수업은 진공 상태에서 이루어지는 것이 아니라 '관계성의 시공간'에서 이루어집니다. 이때 말하는 관계성은 다시 '교사와 학생의 관계', '학생과 학생의 관계'로 나눌 수 있습니다. 따라서 우리가 주목해야 할 것은 '교사의 수업 기술'이 아니라 '교실에서의 관계성'입니다. 수업시간에 잠을 자는 학생을 깨우기 위해서는, 다시 말해 '수업 소외'를 극복하기 위해서는 '관계성의 회복'이 필요합니다.

---

8. 사토 마나부의 '배움의 공동체'론에 대해서는 제2부 4장 '배움의 공동체, 수업 모델을 넘어 민주주의 공동체로'에서 자세히 다루도록 하겠습니다.

학생과 똑같은 입장에서 수업에 참여해 보면?
-'중학생 체험기'

저는 학생들이 수업시간에 왜 자는지, 그 현상을 탐구하기 위해 '중학생 체험'을 해 본 적이 있습니다. 고등학교는 워낙 수능을 포기하는 학생이 많으니까 수업시간에 잠을 자는 것이 이해가 되지만, 왜 중학교에도 자는 학생이 있는지 궁금했습니다. 그래서 아예 두 학교를 선정하여, 조회시간, 1~7교시, 종례시간까지 한 교실에서 하루 종일 수업을 참관해 보았습니다.

중학생과 똑같은 입장에서 수업에 참여해 보니 몇 가지 재미있는 현상이 발견되었습니다. A학교와 B학교는 서로 구분되는 일관된 패턴이 발견되었습니다. A중학교는 대체로 1교시에서 4교시로 갈수록 잠을 자는 학생들이 늘어나더니 5~6교시에는 열 명이 넘는 학생들이 잠을 자다가 종례 직전에는 한두 학생을 빼고 모든 학생들이 다시 깨어났습니다. 거의 모든 학생들이 조는 수업시간에는 저도 깜빡 잠이 들었습니다. 그런데 놀랍게도 B중학교에서는 5교시에 한두 명의 학생이 잠깐 졸 뿐 거의 자는 학생이 없었습니다.

저는 이러한 현상이 왜 일어나는지 궁금했습니다. 단지 교사 개인의 특징에 따라 학생들의 모습이 달라지는 것만은 아니었습니다. 그래서 교사의 수업 방식이 아닌, 학생들의 경험 세계를 엿보려 하였습니다.

이러한 현상을 분석하기 위해 제가 도움을 받은 것은 '현상학적 방법론'입니다. 수업에서 중요한 것은 '교사의 의도'보다 '학생들이 실제로 경험한 세계'입니다. 30명의 학생이 교실에 있다면 여기에는 30개의 서로 다른 '경험 세계'가 존재합니다. 연구자는 이 경험 세계의 본질을 통찰하는 눈이 있어야 합니다. 이 경험의 의미를 밝히는 학문 분야가 '현상학'입니다.

학생의 수업 경험을 탐구한다는 것은?
─현상학적 연구방법론

현상학의 출발은 '현상학적 환원'입니다. 이 말은 연구자가 편견이나 선입관을 최대한 배제한 채 어떤 현상을 있는 그대로 생생하게 관찰하고 기록하는 것을 의미합니다. 이것이 말처럼 쉽지는 않습니다. 수업을 바라볼 때 교사의 의도나 나의 경험을 배제하고 최대한 학생들의 입장에서 수업을 있는 그대로 경험해 보는 것입니다. 우리 선생님들도 다른 선생님들의 수업을 참관하실 때, 가능한 '학생들과 똑같은 입장에서' 수업을 바라보는 것이 필요합니다. 똑같은 수업이라 할지라도 어떤 학생은 그 수업이 의미 있게 다가올 수도 있고, 어떤 학생은 그저 지루하게 시간만 때우는 수업으로 다가올 수도 있습니다.

매넌이라는 학자는 인간은 '시간성', '공간성', '신체성', '관계성'의 범주에 따라 외부 세계를 경험한다고 보았습니다.Manen, 1990

'시간성'이란 시계가 나타내는 물리적 시간이 아니라 인간이 주관적으로 체험하는 시간입니다. 동일한 물리적 시간이라 할지라도 상황에 따라 빠르게 흐를 수도 있고 더디게 흐를 수도 있습니다. 아무런 의미 없이 그저 시간만 때울 수도 있고, 인생에서 잊지 못할 짜릿한 순간을 맞이할 수도 있습니다. 예를 들어 사랑하는 사람과의 첫 번째 데이

트는 너무나 짜릿하면서도 빠르게 흘러가고, 군대에서의 하루는 마치 일 년처럼 길게만 흘러갑니다. 또한 사람들은 과거에 대한 '회상'이나 미래에 대한 '기대' 속에 자신의 삶을 디자인합니다. 이렇듯 시간성은 인간의 존재론적 기반이 됩니다.

'공간성'은 물리적인 공간이 아니라 인간이 특정한 공간 속에서 느끼는 주관적인 경험입니다. 사람들은 특정 장소에서 안락함이나 성스러움, 혹은 낯설음이나 위협을 느끼게 됩니다. 예를 들어 어린 시절 뛰놀던 고향집 골목, 지치고 힘들 때마다 찾아가 보는 예배당이나 사찰, 해직 노동자가 땀 흘려 일했던 사업장, 아는 이 아무도 없는 낯선 도시 등에서 느끼는 경험이 이에 해당합니다. 이렇게 공간성은 인간의 체험과 관련된 실존적 주제를 드러냅니다.

'신체성'은 어떤 대상을 접하면서 느끼게 되는 생생한 경험을 의미합니다. 사람들은 어린 시절 엄마의 따뜻한 품, 날카로운 첫 키스의 추억, 낯선 타인의 시선에 노출된 두려움, 자유를 빼앗긴 포로의 결박된 몸 등을 통해 생생한 신체적 경험을 하게 됩니다. 인간의 몸뚱이는 가장 직접적이고 생생한 경험의 장소입니다.

'관계성'은 타인과의 관계를 통해 형성되는 경험의 의미를 말합니다. 이는 부모와 자녀, 교사와 학생, 친구나 부부와 같은 인간관계 속에서 형성되는 경험을 깊게 반추해 볼 때 드러나게 됩니다. 예를 들어 대부분의 사람에게 부부관계는 천국의 경험이겠지만 어떤 사람에게는 그 관계가 지옥 같을 수도 있습니다. 자신이 만났던 수많은 교사 중에 특정 시기의 담임교사와의 관계가 아주 특별한 의미를 지닐 수 있습니다. 어느 대중가요의 가사처럼 '별처럼 수많은 사람들 그중에 그대를 만나', 어느 시의 구절처럼 '그에게 다가가 그의 꽃'이 될 수 있습니다.

이렇듯 '관계성'은 타자와의 관계 속에서 자신의 존재 가치를 확인하는 실존적 기반이 됩니다.

그렇다면 학생들이 수업시간에 겪는 경험의 의미는 무엇일까요? 우리 학생들은 수업에서 어떤 '시간성', '공간성', '신체성', '관계성'을 경험하고 있을까요?

시간성: '빠른 속도의 직선적 시간성' vs '적절한 속도의 반복과 변화의 시간성'

학교의 물리적 시간은 '시간표'로 상징됩니다. 학교 시간표의 가장 두드러진 특징은 '분절성'입니다. 고등학교에서는 1교시부터 7교시까지 50분 단위로 수업시간이 나눠져 있습니다. 이는 교실에 앉아 있어야 하는 학생들 입장에서는 굉장한 인내력을 요구하는 시간 배치이고, 인간의 자연스러운 신체적 리듬과 맞지 않습니다. 초등학생들도 마찬가지입니다. 유치원 때까지는 지루하면 놀고, 졸리면 자면서 지내던 어린아이들이 초등학교에 입학하자마자 갑자기 40분 동안 가만히 앉아 있어야 하고, 정해진 시간에만 놀아야 합니다.

이러한 시간 배치는 근대 자본주의의 속성과 관련이 깊습니다. 자본주의는 최소 비용으로 최대 이윤을 얻고자 합니다. 그러기 위해 노동자들의 움직임을 정확한 시간 단위로 통제하게 됩니다. 이를 사회학에서는 '테일러리즘'이라고 부릅니다. 테일러리즘은 노동자에 대한 '시간 관리'와 '동작 관리'를 통해 최대 이윤을 창출하는 인간을 만들어

냅니다.

학교 시간의 두 번째 특징은 '인위성'입니다. 매 시간마다 서로 다른 과목이 임의적으로 배치되어 있다는 겁니다. 왜 1교시에 수학 문제를 풀다가 갑자기 2교시에 체육 활동을 하고 다시 3교시에 과학 실험을 해야 하는지 그 논리적 근거를 찾을 수 없습니다. 이 속에서 학생들은 실제로 쉬는 시간 10분 사이에 전혀 다른 세계로 넘나드는 경험을 하게 됩니다.

제가 수업 참관을 했던 A학교나 B학교는 모두 이러한 '분절적·인위적' 시간성을 지니고 있습니다. 이것은 전국의 모든 학교가 마찬가지입니다. 하지만 이 속에서도 A학교와 B학교의 수업은 조금 다른 시간성을 보였습니다.

A학교는 거의 모든 교사들이 일제식 수업을 진행하는 학교였습니다. 이 학교 수업의 특징은 시간적 측면에서 볼 때 '직선적 시간의 흐름', '빠른 속도의 진도'로 볼 수 있습니다.

'직선적 시간의 흐름'이란 수업시간 45분 내내 교사의 일방적인 설명 위주의 수업이 진행되었다는 뜻입니다. 교사들은 대부분 "지난 시간에 어디까지 했지?"라는 말로 수업을 시작합니다. 이는 지난 시간과 이번 시간 사이에 매듭이나 마무리가 존재하지 않은 채 시간이 흘러갔다는 뜻입니다. 교사의 일방적인 강의가 시작된 후 10분 정도가 지나자 자는 학생이 생겨나기 시작했고, 수업이 진행될수록 자는 학생들이 늘어 갔습니다. 수업 중간에 교사가 학생들에게 몇 가지 질문을 던지지만 그 질문에 응답하는 학생은 극히 소수였습니다. 수업 중간에 학생들의 흥미를 끌 만한 동영상 등 학업자료가 제시되었을 때 자던 학생들 몇 명이 일어나 동영상을 보았으나, 이내 다시 잠을 자기 시작했습니다.

이 학교의 수업은 또한 '빠른 속도의 진도'가 특징적이었습니다. 교사들은 많은 분량의 진도를 염두에 둔 듯, 학생들의 반영을 살필 여유가 없이 빠른 속도로 진도를 나갔습니다. 이럴 경우 수업에서 소외되는 학생들은 더 많아질 수밖에 없습니다. 마치 영화 〈모던 타임즈〉에서 공장 컨베이어 벨트를 빠른 속도로 돌리자, 주인공 찰리 채플린이 그 속도에 적응하지 못한 채 톱니바퀴에 끼어 버리는 듯한 모습이었습니다.

저는 학교에서 늘 잠만 자는 학생과 대화를 나눠 봤습니다.

연구자	학교 오면 늘 잠만 자네요?
형주	네. 체육시간이 없는 날은 그냥 잠만 자요.
연구자	잠만 자면 그 시간이 아깝지 않아요?
형주	타임머신 탔다고 생각해요. 학교 와서 쭉 자다가 점심 먹고, 다시 쭉 자면 끝날 시간이 되는 거죠.
연구자	학교 수업이 도움 되는 건 없어요?
형주	솔직히 말해, 없어요.

이 학생은 나름 꿈이 많은 학생입니다. 컴퓨터 게임 프로그래머가 되어 현실에서 불가능한 세계를 가상공간에 구현하고 싶어 하는 학생입니다. 하지만 안타깝게도 학교 수업은 자기에게 전혀 도움이 되지 않는다고 말합니다. 그래서 학교에서는 잠만 자고 학교가 끝나면 늦은 밤까지 컴퓨터 게임을 합니다. 이 학생에게 학교에서 경험하는 시간성은 '타임머신 타는 시간', 사실상 '존재하지 않은 시간'이나 마찬가지입니다.

반면에 B학교에서는 놀랍게도 수업시간에 잠을 자는 학생이 거의 없었습니다. 이 학교는 교사 대부분이 학생 참여형·협력형 수업을 하고 있는 혁신학교입니다. 이 수업의 특징은 '시간성'의 측면에서 볼 때 '변화와 반복의 시간성', '적절한 속도의 진도'라 할 수 있습니다.

'변화와 반복의 시간성'은 45분의 수업시간 동안 교사의 일방적인 강의만 진행되는 것이 아니라 '교사의 안내 → 학생의 개별 학습 → 학생들의 모둠활동 → 학생의 발표와 피드백 → 교사의 정리' 등의 흐름이 이루어진다는 것입니다. 이 과정을 통해 유사한 개념과 원리가 서로 다른 방식으로 반복되기도 하고 심화되기도 하는 다양한 변주가 이루어지고 있습니다. 45분이라는 물리적 시간이 10~20분 정도의 단위를 이루고 변화를 형성하면서 서로 다른 시간성이 나타납니다. 그렇기 때문에 학생들이 지루해하지 않고 능동적으로 수업에 참여하고 있었습니다.

또한 이 학교의 수업은 대체로 적절한 진도 속도를 보이고 있었습니다. 교사들은 교육과정 재구성을 적극적으로 하여 분량을 덜어 내고, 그 자리에 학생들의 참여와 협력이 이루어질 수 있는 시간적 여유를 확보하였습니다. 이러한 시간적 여유는 이후에 설명드릴 공간성, 신체성, 관계성 형성의 토대가 됩니다.

공간성:
'단절적·고정적 공간성' vs '관계적·유동적 공간성'

학교의 시간성을 대표하는 것이 '분절적 시간표'라면, 학교의 공간성을 대표하는 것이 '일렬로 배치된 책상'입니다. 푸코라는 유명한 학자는 학교와 군대, 감옥에 공통적으로 나타나는 공간적 특징에 주목합니다.Foucault, 1975 이 공간에서 '감시와 통제'가 작동합니다. 예를 들어 판옵티콘(원형 감옥)에서는 중앙에서 감시하는 간수의 시선이 곧 죄수에 대한 통제입니다. 학교도 이와 유사합니다. 교사가 교탁 앞에 서서 수업을 하고 모든 학생들이 일렬로 앉아 이를 듣는 공간 형태 자체가 일종의 권력관계를 형성합니다. 그 속에서 의미 있는 소통이 이루어질 수 없고, 학생은 수동적 존재가 되어 버립니다.

A학교의 교실 배치는 이른바 '시험 대형'이었습니다. 학생들이 각각 짝꿍도 없이 혼자 앉아 교사의 설명만 듣는 공간 배치였습니다. 아마도 이 학교에서는 학생들이 서로 잡담을 하지 못하도록 이런 좌석 배치를 선호하고 있는 것 같았습니다. 그렇기 때문에 수업시간에 잡담을 하는 학생들은 거의 없었습니다. 하지만 상당수의 학생들은 잠을 자거나 멍하니 앉아 딴 생각을 하는 표정이었습니다. 학생들이 몸을 움직이거나 공간을 이동하는 기회는 거의 없었습니다. 이러한 '단절적·고정적 공간성'은 비유컨대 '무인도에 혼자 앉아 머릿속으로 다른 공간을 상상하는 공간성'이라고 할 수 있습니다. 이러한 공간성은 '교사와 학생, 학생과 학생 사이의 단절이 형성되는 고정적 공간 배치'라 할 수 있었습니다.

반면에 B중학교의 교실 배치는 요즘 혁신학교에서 흔히 볼 수 있는 'ㄷ 자 배치'였습니다. 이로 인해 새로운 공간성이 형성되었습니다. 'ㄷ 자 배치'는 학생들이 일상적으로 서로의 얼굴을 마주보면서 대화를 나누기에 적절한 배치입니다. 또한 이 배치는 조금만 움직여도 쉽게 4명씩 한 모둠을 편성하기에 쉬운 구조입니다. 학생들은 교사의 강의가 진행되는 순간에도 질문에 적극적으로 대답을 하고, 이에 대해 서로 이야기를 주고받는 모습을 보였습니다. 또한 교사의 강의를 경청하다가도 교사의 지시에 따라 익숙한 모습으로 모둠을 편성하였습니다. 모둠이 편성되면 교사가 제시한 학습과제에 대해 서로 의논을 나누었습니다. 때로는 '작은 ㄷ 자 배치'가 '큰 ㄷ 자 배치'로 바뀌기도 했습니다. 예를 들어 국어 시간에 모둠별로 나와 간단한 연극공연을 할 때에는, 'ㄷ 자' 가운데를 크게 비워 무대로 활용하고 학생들은 마치 관객처럼 자신의 책상에 앉아 공연을 관람하였습니다.

연구자   여러분들은 이렇게 'ㄷ 자'로 앉는 게 좋아요?

준희   처음에는 어색했는데, 좀 지나고 나니 익숙해졌어요.

영철   앞을 보고 앉으면 선생님만 쳐다보게 되는데, 이렇게 앉으면 다른 아이들과 생각을 많이 나눌 수 있어서 좋아요.

연구자   내가 보니 수업시간에 자는 애들이 거의 없네요. 늘 그런가요?

영철   어쩌다 한두 명이 있지, 거의 없어요.

준희   모둠활동 할 때 참여 안 하는 아이가 가끔 있는데, 그러면 우리가 계속 말도 걸어 주고 참여시켜요.

이러한 공간 배치는 '학생 사이에 의사소통이 원활하게 이루어지는 관계적 공간', '교실 내에서 다양한 이동이 가능한 유동적 공간'이라 할 수 있습니다. 이러한 공간성은 교사 주도의 강의식 수업과 학생 참여의 협력학습이 적절히 조화를 이루는 토대가 됩니다. 그리고 이는 학생들이 적절히 몸을 움직이는 신체성, 학생 사이에 협력적 소통이 이루어지는 관계성 형성의 토대가 됩니다.

신체성:
'억압적 신체성' vs '활동적 신체성'

어린아이들은 대부분 몸을 움직이는 것을 좋아합니다. 유치원 교육은 대부분 율동이나 놀이를 통해 이루어지고, 요즘 초등학교에서는 중간놀이 시간이 주어져 마음껏 뛰어논 후에 수업에 집중하도록 하고 있습니다. 잘 놀 줄 아는 아이들이 공부도 잘할 수 있다는 믿음 때문이지요. 중학생들도 마찬가지입니다. 대부분의 중학생들이 체육 과목을 가장 좋아하는 이유가 여기에 있습니다.

하지만 학교의 시간성과 공간성은 기본적으로 신체적 움직임을 억압하고 있습니다. 학생들은 45분 동안 가만히 앉아 있다가 쉬는 시간만 되면 정신없이 뛰어다니고 다시 수업시간이 되면 고정된 자리에 앉아 있게 됩니다. 학생들은 이러한 시공간 속에서 딴짓을 하며 신체적 움직임을 회복하려 하든가, 아니면 잠을 자면서 별도의 시공간으로의 탈출을 시도하게 됩니다.

A중학교 학생들은 대체로 이러한 패턴을 보이며 하루 일과를 반복하고 있었습니다. 그러다가 특정한 계기가 주어지면 억눌려 있던 신체성을 폭발하며 부정적인 혼란을 보입니다. 예를 들어 교실에서는 잠을

자거나 멍하니 앉아 있던 학생들이, 교과교실로 이동하고 나면 교사가 수업을 진행하기 어려울 정도로 소란스러운 모습을 보입니다.

> 연구자　아까 과학 시간에 왜 이렇게 아이들이 떠들었던 것 같아요?
>
> 대성　음, 그냥, 일단은 교실을 벗어났다는 생각 때문에? 교실에서는 자기 자리가 있지만, 과학실에 가면 친한 친구들끼리 모여 앉아 떠들게 돼요. 그리고 아이들이 과학 선생님 수업 방식을 별로 좋아하지 않아요.

위 학생이 말했듯이, 학생들은 일단 '교실에서 벗어났다는 생각' 때문에 억압되어 있던 신체성을 폭발하면서 매우 소란스러운 분위기를 연출하였습니다. 특히 과학 수업의 경우, 학생들이 교과교실로 이동을 했음에도 불구하고 특별히 실험실습을 하지 않은 채 교사의 강의식 수업이 내내 이어졌습니다. 이처럼 적절한 학습활동이 부여되지 않거나 협력학습이 이루어지지 않는 경우에는 신체적 움직임이 곧 부정적 혼란으로 이어지기 마련입니다.

관계성:
'단절과 고립' vs '소통과 협력'

수업은 관계의 공간입니다. 수업에서는 특히 교사와 학생, 학생과 학생 사이의 관계가 중요합니다. 나아가 수업에서 배우는 내용이 자신의 삶과 어떠한 관계가 있는지도 중요합니다.

전통적인 일제식 수업에서는 우선 '교사와 학생 사이의 단절'이 나타납니다. 소수의 학생만 수업에 참여할 뿐 대다수의 학생들은 멍하니 있기, 딴짓하기, 잠자기 등의 형태로 수업에서 소외되어 교사와 학생 사이에 단절이 생깁니다. A학교의 대부분 수업에서 이러한 모습을 확인할 수 있었습니다. 학생과 학생 사이의 관계성도 수업 참여에 큰 영향을 미칩니다. A학교처럼 학생들이 혼자씩 일렬로 앉아 교사의 설명을 듣기만 해야 하는 상황에서는 '학생과 학생 사이의 고립'이 나타납니다.

이런 상황에서는 "수업에서 배우는 내용이 나에게 의미가 있다."는 느낌이 생겨나기 어렵습니다. 이는 '교과와 학생 사이의 단절'을 의미합니다. "수업시간에 나에게 도움이 되는 것은 전혀 없다."고 말한 형주처럼, 대부분의 수업이 자신과 아무런 관계가 없는 것으로 느껴집니다. 그래서 형주는 거의 매 시간 잠을 자며 '배움으로부터 도피'하고 있었습니다.

B중학교에서는 대부분의 수업에서 '교사와 학생의 소통', '학생과 학생의 협력'이 나타나고 있었습니다. 앞에서 말씀드린 '변화와 반복의 시간성', '관계적·유동적 공간성', '활동적 신체성'은 이러한 관계성의 토대가 되었습니다. 교사들은 때로는 강의식 수업을 진행하고, 때로는 협력수업을 진행하면서 변화와 반복이 있는 수업을 진행했습니다. 그 속에서 학생들은 교사의 설명에 경청하기도 하고, 모둠활동을 진행하기도 하고, 학습 결과를 발표하며 공유를 하기도 했습니다. 이 학교 교실의 'ㄷ 자 배치'는 그 자체로 학생 사이에 협력이 형성되는 토대가

되었습니다. 서로 생각을 나누고 참여를 독려하는 문화가 일상적으로 형성되었습니다. 이 속에서 학생들은 때로는 차분하게 앉아 있기도 하고 때로는 적절히 몸을 움직이며 수업에 참여하였습니다. 이 속에서 배움으로부터 소외되는 학생은 거의 없었습니다.

> 연구자　　1학년 때 배운 것 중에 가장 기억에 남는 것이 뭔가요?
>
> 주영　　　지역사회 도움 주기 프로젝트였어요. 여러 과목이 교과 통합으로 함께 하는 거예요. 우리 모둠은 깨끗한 환경 만들기 프로젝트를 했어요. 저희가 무엇인가 도움이 된 것 같아서 뿌듯했어요.
>
> 연구자　　이 학교에서 배운 게 여러분에게 어떤 의미가 있는 것 같아요?
>
> 주영　　　살아가는 데 필요한 것을 배워요. 모둠활동을 하면서 친구들과 협력하고, 우리 학생들이 우리 동네를 위해 무언가 할 수 있는 일이 있다는 걸 알게 되었어요.[9]

　중학교 1학년 학생의 말이라고 믿기지 않을 정도로 성숙한 모습입니다. 이 학생은 '살아가는 데 필요한 것'을 학교에서 배웠다고 말합니다. 친구들과 협력을 하고 지역사회를 위해 기여하는 법을 배우는 모습에서 '교과와 학생 삶의 통합'을 엿볼 수 있습니다. 이렇게 "학교에

---

9. 이형빈(2015a)에서 인용하였습니다.

서 배우는 것이 나에게 의미가 있다."는 것을 깨달을 때, 배움으로부터 도피하는 현상이 사라질 수 있습니다.

깨워야 할 대상은 잠자는 학생이 아니다

지금까지 말씀드렸던, A학교와 B학교의 학생들의 수업참여양상을 현상학적으로 분석하면 다음과 같습니다.

범주	A학교	B학교
시간성	직선적 시간성 빠른 진도	변화와 반복의 시간성 적절한 속도의 진도
공간성	단절적 공간성 고정적 공간성	관계적 공간성 유동적 공간성
신체성	억압적 신체성 무질서한 신체성의 폭발	활동적 신체성 관계 형성을 위한 신체성
관계성	교사 주도의 일방성 학생 사이의 고립 교과와 학생 삶의 단절	교사와 학생의 소통 학생과 학생의 협력 교과와 학생 삶의 통합

위의 표는 두 학교의 수업 양상을 다소 이분법적으로 구분해 본 것입니다. 물론 A학교에서도 B학교와 같은 양상이 나타나기도 하고, B학교에서도 간혹 A학교와 같은 모습이 나타나기도 합니다. 중요한 차이는 B학교 교사들이 수업혁신의 철학을 공유하려 노력하고 있기 때문에, 학생의 수업 참여와 협력이 일상적으로 나타나고 있다는 점입니다.

이 글을 읽으시는 선생님의 수업은 어느 쪽에 가까울까요? 물론 모든 선생님들이 좋은 수업을 위해 노력하십니다만, 중요한 것은 교사의 선의와 달리 학생들이 실제로 수업시간에 겪고 있는 경험 세계는 다를 수 있다는 점입니다. 교사들이 아무리 좋은 내용의 수업을 준비하시더라도, 수업에서 구조적으로 소외되는 학생들이 생길 수도 있습니다.

교실에 30명의 학생들이 있다면, 그 속에는 30개의 경험 세계가 존재합니다. 이 속에서는 수업에 의미를 발견하고 적극적으로 참여하는 학생, 수업을 이해하지만 그 의미는 발견하지 못하는 학생, 수업에 열심히 참여하지만 전혀 이해하지 못하는 학생, 눈은 뜨고 있지만 머릿속은 딴 세상에 가 있는 학생, 눈을 감고 있지만 잠은 자지 않는 학생, 아예 대놓고 잠을 자는 학생 등 정말 다양한 학생들이 있습니다. 물론 이 모든 학생들을 교사 혼자서 다 책임질 수는 없겠지요.

하지만 대부분의 학생들이 잠을 자는 수업에서는 학생들은 물론이고 교사도 무척이나 자괴감이 들 겁니다. 이에 대처하는 교사의 방법도 다양할 겁니다. 아예 잠자는 학생들을 무시하고 그냥 수업을 진행하는 교사도 일부 있겠죠. 그래도 대부분의 선생님들은 잠을 자는 학생들을 깨우려고 노력하실 겁니다.

잠자는 학생들을 깨우는 낮은 수준의 방법은 이 학생들을 무섭게 혼내거나 개그맨 흉내를 내며 흥미를 돋우는 방법입니다. 중간 수준의 방법은 다양한 참여형·협력형 수업을 도입하여 학생들의 상호작용을 높이는 방법입니다. 가장 높은 수준의 방법은 모든 학생이 존중받는 수업의 문화를 구축하고, 학교 교육과정이 학생들의 삶에 의미가 있는 것이 되도록 하는 것입니다.

그럼에도 불구하고 냉정하게 인정해야 할 것은, 수업의 변화나 학교의 노력만으로는 치유될 수 없는 영역이 존재한다는 것입니다. 학교가 사회적 선별 장치로 존재하는 한, 다시 말해 승자와 패자를 골라내는 역할을 충실히 수행하는 한, 패자가 될 수밖에 없는 운명에 처해 있다는 것을 간파하는 학생이 있을 겁니다. 이들 학생이 설령 수업시간에 눈을 뜨고 있다 하더라도 사실상 잠들어 있는 존재나 마찬가지입니다.

그러므로 깨워야 할 것은 잠자는 학생들이 아닙니다. 깨워야 할 것은 학교의 규범과 문화, 그리고 불편한 진실을 애써 눈감고 있는 우리 사회의 구조적 문제점입니다.

누군가 나를 깨울 때까지[10]

안정선

내가 잠들었다고 해서 아주 세상을 등지려는 것은 아니외다.

누군가 나를 흔들어 깨울 사람을 기다리고 있소.

언젠가 내가 스스로 깰 때까지든,

누군가 진짜로 내 잠을 깨울 자가 나타날 때까지든

나는 잠시 엎디어 있을 테요.

그렇다고 아주 잠들었다고는 생각지 마오.

이렇게 납작 엎드려서도 세상을 다 보고 있소.

이렇게 딴 세상을 꿈꾸는 듯 보여도 세상에 귀를 기울이고 있소.

우리는 주워듣고도 큰다오.

---

10. 안정선(2013)에서 인용하였습니다.

그러니 우리를 그냥 버려 두지는 마오.
그러니 제발 우릴 버리지는 마오.

5.

익숙한 수업을 낯설게 보는 법
-수업혁신을 위한 교사의 협력

모든 선생님의 고민, 수업

우리 선생님들이 학교에서 해야 할 일은 참 많습니다. 요즘 학교업무정상화 정책으로 불필요한 행정업무가 줄었다고는 하나, 여전히 바쁘기는 마찬가지입니다. 그러다 보니 수업 준비할 시간이 없습니다.

하지만 대한민국 교사 누구를 붙잡고 물어봐도 교사에게 가장 중요한 일은 '수업'이라고 이야기를 할 겁니다. 요즘 '수업혁신'이 대세입니다. 수업혁신과 관련된 온갖 연수가 진행되고 있습니다. '교원학습공동체'가 중요하다고도 이야기합니다. 다른 선생님들과 함께 책도 읽고 수업에서 어려운 점이나 학생들 이야기를 하다 보면 도움이 되기는 합니다.

그런데 자꾸 수업을 공개하라고 합니다. 내 수업에 누가 들어와서 본다고 생각하니 거부감부터 듭니다. 마치 내 오장육부를 만천하에 드러내는 것 같고, 나만 간직하고 있는 일기장을 누군가 엿보는 것 같습니다. 이미 서른 명이 넘는 학생들에게 늘 수업을 공개하고 있는 셈인데, 동료 교사들까지 내 수업을 본다면 뭐라고 할지 걱정되기도 합니다.

수업에 협력이 필요한 이유

전통적인 교직문화의 특징은 '고립과 단절'이라고 할 수 있습니다. 교육과정 자체가 교사들이 서로 다른 학년에서 각기 다른 과목을 나누어 가르치도록 되어 습니다. 초등학교는 '학급 사이에 보이지 않는 벽'이 존재합니다. 초등학교에서는 교사가 하루 종일 자기 학급에만 머무르는 것이 가능한 구조입니다. 그래서 초등 교실은 '담임교사의 왕국'이라는 표현도 가능합니다.

중등학교는 대부분의 교사가 교무실에 근무하므로 초등학교에 비해 서로 얼굴 보고 지내는 시간이 많습니다. 하지만 중등학교는 초등학교와 달리 '교과 사이에 보이지 않는 벽'이 존재합니다. 중등교사는 애당초 교과별로 임용이 되어, 타 교과의 교육과정에 대해 제대로 알 기회가 없습니다. 교무실에 모여 근무하더라도 각자의 수업 준비와 업무에 바빠서 수업에 대해 이야기를 나누는 경우는 흔하지 않습니다.

로티라는 학자는 이러한 구조 속에 팽배해 있는 분위기를 '보수주의', '개인주의', '현재주의'로 보았습니다.Lortie, 1975 교원양성과정에서 새로운 수업방법을 습득할 기회가 없었던 신임교사는 그들이 학창시절에 경험했던 수업 관행을 내면화하여 '배운 대로 가르치는' 관행을 답습하게 됩니다. 이러한 '보수주의'는 특히 학급별·교과별 체제 속에서 "나만 잘하면 된다.", "다른 사람을 신경 쓰는 것은 불필요한 간섭이다."라는 '개인주의'와 맞물리게 됩니다. 외부에서 새로운 변화의 바람이 불어오더라도 "이 또한 지나가리라."는 심정으로 '당장 눈앞에 보이는 성과', '비슷비슷한 변화'를 추구하는 '현재주의'를 선호하게 됩니다.

하지만 교사도 자신의 속내를 털어놓을 대상이 필요합니다. 교사가 의존할 수 있는 사람은 결국 '동료 교사'입니다. 동료 교사의 지원을 받지 못하기 때문에 교사는 외롭습니다. 더욱이 교사들이 매일 마주하는 대상은 '아직 나이 어린 학생들'입니다. 우리 학생들은 누구나 놀라운 잠재력과 가능성을 가진 소중한 존재이지만, 그 가능성이 활짝 꽃 피어나기까지는 어느 시인의 구절에 나오듯 '천둥과 먹구름'이 필요합니다. 교사는 '학생의 성장'을 통해 궁극적인 보람을 찾지만, 그 결실을 얻기까지 '동료 교사의 지원'이 필요합니다.

더욱이 공교육 교사는 '공적 존재'입니다. 공교육 교사는 자신의 교육활동의 결과에 따라 우리 사회의 미래가 좌우될 수도 있는, 두려운 임무를 숙명적으로 마주친 존재입니다. 따라서 '나의 수업'은 곧 '우리 모두의 수업'이고, '우리 반 학생들'은 '우리 모두의 학생들'입니다.

이처럼 교사들은 '단절적, 개인주의적 문화' 속에서 '공적인 임무'를 수행하는 모순적 상황에 놓여 있습니다. 따라서 우리가 지향해야 할 교직문화는 '교사 전문성을 위한 협력'입니다. 좋은 수업을 위해 교사들의 협력이 필요한 이유가 여기에 있습니다.

새로운 수업의 원리

요즘 수업혁신과 관련된 연수나 서적이 차고 넘칩니다. 배움의 공동체, 거꾸로 교실, 하부루타 수업, 협동학습, 프로젝트 수업, PBL, PCK 등등 그 흐름을 따라잡기도 어려울 정도입니다. 그런데 이러한 수업혁신 담론들이 대체로 '수업 기법'에 치중되어 있다는 문제제기도 있습니다. 중요한 것은 '수업 기법'이 아니라 '수업 철학'입니다. '수업 철학'

이라는 표현이 너무 거창하다면 '수업을 보는 눈'이라고 달리 표현해도 좋을 것 같습니다.

혁신학교 운동 이후 가장 널리 확산되고 있는 '배움의 공동체' 수업에 대해서 생각해 보겠습니다. '배움의 공동체' 수업 하면 우선 'ㄷ 자 배치'부터 생각납니다. 심지어 어떤 교육청에서는 "모든 학급의 책상을 ㄷ 자로 배치하라."는 공문을 학교에 보냈다고 합니다. 이야말로 관료주의의 전형을 보여 주는 것이자, 알맹이가 아닌 껍데기만 보는 발상이라 하겠습니다.

'배움의 공동체'론은 수업 기법이 아니라 학교를 공동체로 재구조화는 전략이자, 이 속에서 '만남과 대화'가 이루어지도록 하는 철학입니다.[11] 다음은 '배움의 공동체' 수업에서 흔히 활용하는 '수업을 보는 관점'입니다.[12]

> **(1) 학생의 '배움의 과정'을 관찰합니다.**
> - 학생들은 어느 순간에 수업에 몰입하고, 어느 순간에 참여하지 않는지?
> - 수업에서 소외되는 학생은 누구이고, 그 이유는 무엇인지?
> - 학생들은 모르는 것을 질문하거나 자신의 생각을 잘 표현하고 있는지?
>
> **(2) '교사와 학생의 관계', '학생과 학생의 관계'를 관찰합니다.**
> - 수업의 분위기는 편안하고 서로 존중하는 관계인지?

---

11. 자세한 내용은 이 책의 제2부 4장 '배움의 공동체, 수업 모델을 넘어 민주주의 공동체로'에서 다시 다루도록 하겠습니다.
12. 손우정(2012)에 나온 내용을 재구성하였습니다.

- 교사가 학생 한 명 한 명에게 주목하고 있는지?
- 학생들은 서로의 말을 들어 주는 관계가 이루어져 있는지?
- 어려운 주제를 함께 해결해 가는 모둠별 협력활동이 잘 이루어지고 있는지?

(3) 모든 학생에게 질 높은 배움이 이루어지고 있는지 관찰합니다.
- 수업의 분량이나 학습활동은 적절한 수준인지?
- 이 수업에서 가장 의미 있는 순간은 언제인지?
- 학생들이 주제에 대해 탐구하고 표현을 공유하는지?
- 학생들이 수업 속에서 새로운 생각, 새로운 세상과 만나고 있는지?

요즘 위와 비슷한 항목을 나름대로 개발하여 동료 교사의 수업을 참관하는 학교가 늘어나고 있습니다. '수업 장학'이나 '수업 공개'라는 용어보다는 '수업 나눔'이나 '수업 성찰'이라는 용어가 널리 쓰이고 있습니다. 이에 따라 수업을 보는 관점이 달라지고 있습니다.

우선 '교사의 가르치는 행위'가 아닌 '학생의 배움의 과정'을 중시합니다. 과거에는 체크리스트를 갖고 교사가 지도안을 제대로 작성했는지, 발문은 적절한지, 판서는 구조화되었는지, 수업 목표를 명확히 제시했는지 등을 일일이 체크했습니다. 하지만 교사의 의도가 곧 학생의 배움으로 이어지는 것은 아닙니다. 교사의 눈높이가 학생의 수준과 맞지 않을 수도 있고, 교사가 가르치는 내용이 학생들의 삶에는 별다른 의미가 없을 수도 있으며, 학급의 분위기나 학생들 사이의 관계로 인해 학생들이 수업에 전념하지 않을 수도 있습니다. 그렇기 때문에 가장 유의해서 바라보아야 할 것은 '실제로 학생들에게 의미 있는 배움이 이루어지고 있는지' 여부입니다. 요즘 널리 사용되고 있는 '배움 중심 수업'이라는 용어가 이러한 뜻입니다.

다음으로 중요한 것은 '관계성'입니다. 교실에서 이루어지는 수업이 자율학습이나 인터넷 수강과 다른 점은 '교사와 학생', '학생과 학생' 사이에 대면적, 인격적 만남이 이루어진다는 점입니다. 이러한 관계성은 학생들에게 의미 있는 배움이 이루어질 수 있는 토대가 됩니다. 예를 들어 어떤 학급에서는 잘 이루어지던 모둠활동이 다른 학급에서는 이상하게도 제대로 이루어지지 않는 경우가 있습니다. 이는 교사의 수업 진행 방식에 문제가 있다기보다도, 학생 사이의 관계성이 깨진 것에 원인이 있다고 볼 수 있습니다. 만약 그 학급에 이른바 '왕따' 학생이 있다면, 먼저 해결해야 할 과제는 학생 사이의 관계성을 회복하는 것이지 교사의 수업 방식을 바꾸는 것은 아닐 겁니다. 또한 모든 학생들이 자신이 모르는 것을 편안하게 드러내는 분위기, 협력해서 문제를 해결하는 분위기가 형성될 때 모둠활동이 원활하게 이루어질 수 있습니다. 그렇기 때문에 새로운 수업의 원리는 무엇보다도 '관계성'을 중시합니다.

마지막으로 생각해 보아야 할 것은 '학생들에게 질 높은 배움'이 이루어지고 있는지 여부입니다. 요즘 웬만한 학교에서는 교사 주도의 일제식 수업을 넘어 학생 활동 중심 수업이 활발하게 이루어지고 있습니다. 그런데 가만히 그 수업을 관찰을 해 보면, '뭔가 시끌벅적한 활동은 이루어졌는데, 그 속에 과연 학생들이 제대로 배운 것이 있는지' 의심스러운 경우도 있습니다. 즉 '활동을 위한 활동, 흥미만을 위한 활동'이 이루어지는 경우도 적지 않습니다. 그럴 바에는 차라리 교사의 신념이 가득 묻어나고 감동이 넘치는 강의식 수업이 나을 수도 있습니다.

그렇다면 '질 높은 배움'이란 무엇일까요? 이에 대해서는 여러 가지 표현이 가능하지만, 쉽게 말해 '생각이 깊어지고, 자아가 확장되며, 새로운 만남이 이루어지는 배움'이라고 할 수 있습니다. 이에 대해 사토 마나부 교수는 '공부'와 '배움'의 차이란 '만남과 대화가 있느냐 없느냐'에 달려 있다고 하면서, 여기서 말하는 만남을 '자기와의 만남, 타인과의 만남, 세계와의 만남' 등 세 차원으로 구분했습니다.佐藤 學, 2000b 우리가 수업을 바라볼 때 학생들에게 '새로운 생각, 새로운 세계와의 만남'이 이루어지는지를 성찰하는 것도 매우 의미가 있을 듯합니다.

수업혁신을 위한 교원학습공동체

앞에서 말씀드린 관점에 따라 다른 교사의 수업을 참관한 후에는 각자의 생각을 나누는 '수업 성찰 협의회'를 진행하게 됩니다. 이 협의회의 일반적인 진행 방식은 다음과 같습니다.[13]

> ▶ 순서
> 1) 수업 담당자: 자기 성찰
>   • 수업의 목적, 흐름, 강조점 소개, 수업의 실제 진행 과정에 대한 자기 소감 발표

---

13. 구미숙(2016)에 나온 내용을 재구성하였습니다. 많은 학교에서 이와 유사한 방식으로 수업 나눔 협의회를 진행하고 있습니다.

2) 모둠 토의
  - 모둠별로 자신들이 관찰한 모둠의 학생들의 학습활동 관찰 경험 나눔
  - 모둠 토의 후 대표자가 모둠 토의 결과 발표
3) 전체 토의
  - 모둠별 발표에서 나온 주요 사항에 대한 전체 토의
4) 수업 담당자: 마무리 소감 발표
5) 수업 전문 컨설턴트 발언 (필요시)

▶ **함께 지켜야 할 사항**
- 수업 담당자에게 지적하지 않기: 교사의 '수업'이 아닌 학생의 '배움'을 중심으로 성찰하기
- 수업 담당자와 1대 1로 대화하지 않기: 의문점에 대해 모두가 함께 토의하는 분위기 형성
- 특정 학생의 문제에 대해 모두가 함께 책임지는 자세로 이야기하기
- 모든 문제를 자신의 문제로 성찰하여 발언하기
- 모든 사람이 최소 한 번 이상 말하기, 발언이 편중되지 않도록 하기

이러한 절차에 따라 교사들은 학생들의 배움의 과정을 관찰함과 동시에 자신의 수업을 성찰하게 됩니다. 즉, 수업 진행 교사에게 '조언할 내용'을 찾는 것이 아니라, 그 수업을 통해 '내가 배울 점'을 찾는 것입니다. 예를 들어 동일한 학생들이 자신의 수업과 다른 교사의 수업에서 서로 다른 참여 양상을 보인다면, 그 차이가 무엇으로부터 나타난 것인지, 이를 통해 자신이 무엇을 배워야 할지 등에 대해 성찰하게 됩

니다. 혹은 수업에 적극적으로 참여하지 않는 학생이 있다면 그 원인은 무엇이고, 그 학생을 지원하는 방법은 무엇인지에 대해 교사들이 함께 성찰하게 됩니다.

교사 1   제 수업시간에 ○○이는 늘 말이 없고 조용한 아이였어요. 다른 아이들이 도와주려고 해도 잘 따라하지 않는 학생이었어요. 하지만 이번 수업시간에는 ○○이가 중요한 이야기를 많이 해서 모둠활동이 활발히 이루어졌어요. 아, 이 아이가 이런 모습이 있구나 하며 반성을 했어요. 제 수업시간에도 이 아이의 가능성을 믿고 많이 돌봐 줘야겠다는 생각을 했어요.

교사 2   그 아이는 사실 자존감이 무척 낮은 아이예요. 집안에 어려운 사정도 있고요. 그 아이가 학교에서 유일하게 친하게 지내는 아이는 □□이에요. 그래서 저는 □□이를 ○○와 같은 모둠에 편성시켜 줘요. 그러면 ○○이도 곧잘 따라 해요.

교사 3   모둠 편성을 어떻게 해야 할지가 늘 고민이에요. 교사가 일일이 개입할 수도 없고, 그렇다고 그냥 랜덤 방식으로 섞는 것도 께름칙하고. 다양한 아이들과 섞이면서 두루 친하게 지내도록 해야 학급운영도 잘되는데, 좋은 방법이 없을까요?[14]

---

14. 이형빈(2015a)에 나온 내용을 재구성했습니다.

앞의 장면에는 교사들의 수업 성찰과 나눔, 고민의 내용이 고스란히 담겨 있습니다. 이러한 대화 속에서는 '학생의 배움'을 중심으로 한 교사의 성찰이 담겨 있습니다. 그리고 '특정 학생의 문제'를 '담당 교사 개인의 문제'로 돌리는 것이 아니라 '모든 교사의 문제'로 함께 책임지려는 모습이 나타나 있습니다. 어떤 학생이 수업의 과정에서 소외되는지, 그 학생이 적극적으로 수업에 참여하는 시점은 어떤 상황인지, 그 학생에게 도움을 주기 위해서는 무엇을 해야 하는지 등이 드러나 있습니다. 놀라운 것은, 이러한 수업 성찰을 하다 보면 수업에 대한 논의가 학생의 심리적 상태를 포함하여 학생들의 관계성에 대한 논의로 이어지고, 결국 학생상담, 생활교육, 학급운영 등의 문제로 확대된다는 것입니다. "수업이 바뀌면 학교가 바뀐다."는 명제가 실현되는 장면입니다.

또한 이러한 수업 나눔과 성찰을 통해 통합 교육과정이나 학년교육과정에 대한 논의로 이어지게 됩니다.

> **연구자** 이 학교에서는 수업 나눔 모임을 어떻게 진행하세요?
>
> **교사** 수업 나눔을 하기 전에 여러 교과 선생님이 함께 공부하면 좋겠다고 생각했어요. 그래서 수업 공개 이전에 학습활동지를 사전에 검토하는 모임을 하고 있어요.
>
> **연구자** 어떤 방식으로 모임을 진행하나요?
>
> **교사** 다른 교과 선생님이 만든 학습활동지를 보게 되면 자기가 중고등학교 때 배웠던 경험으로 그 내

용을 검토하게 돼요. 그러면 보통 "이거 너무 어려워요.", "이 활동을 왜 해야 하는지 모르겠어요."라는 의견을 드리게 돼요. 다른 교과 선생님의 눈으로 학습활동지를 보니 자연스럽게 학생의 눈으로 보게 되는 거죠. 그 결과 학습활동지를 수정하고 공개 수업을 진행해요. 그리고 나니 수업을 보는 눈이 더 좋아지게 되는 것 같아요.

연구자　　이런 방식의 모임이 어떤 도움이 될까요?

교사　　　우리 학생들이 타 교과 시간에 무엇을 배우는지 알게 되는 계기가 되었어요. 그러면서 자연스럽게 자기 교과 시간에 타 교과의 교육과정을 염두에 두면서 수업을 준비하게 되죠.[15]

　이러한 모임의 장점은 위의 선생님이 말씀하셨듯이 '다른 교과 교사의 눈'으로 수업을 바라보니 자연스럽게 '학생의 입장'에서 수업을 바라보게 된다는 것입니다. 중등교사들은 초등교사들과 달리 아무래도 '교과 전문성'을 중시하는 성향이 강합니다. 그러다 보니 수학 선생님은 "이렇게 쉬운 문제를 왜 학생들이 못 푸는지 이해를 못 하겠다."고 하시고, 국어 선생님은 "이렇게 쉬운 작품을 왜 학생들이 이해하지 못하는지 이해가 안 된다."고 하십니다. 그렇기 때문에 '타 교과 교사의 입장'에서 수업을 바라보는 것은 곧 '학생들의 시각'을 빌리는 셈이 되며, 이것이 '낯익은 수업을 낯설게 보고, 객관화하는 방법'이 됩니다.

---

15. 이형빈(2015a)에 나온 내용을 재구성했습니다.

또한 이러한 모임은 교사들이 타 교과의 교육과정을 이해할 수 있는 중요한 계기가 됩니다. 요즘 주제 중심 통합 교육과정이 확산되고 있습니다만, 모든 교과를 담임교사가 담당하는 초등학교와 달리 중등학교에서는 통합 교육과정 운영이 쉽지 않습니다. 중등학교에서 통합 교육과정을 운영하려면 '요즘 우리 학생들이 다른 교과 시간에 무엇을 배우는지'를 아는 것이 매우 중요합니다. 그렇기 때문에 이러한 수업 나눔 모임을 통해 타 교과에서 배우는 내용을 이해하고 이를 자신의 교과와 연계시키려는 노력이 일상적으로 이루어지도록 할 필요가 있습니다.

　여기서 특히 중등학교 '학년부 체제'의 중요성이 부각됩니다. 요즘 많은 학교에서 '교무부, 연구부, 학생부' 등 업무 중심의 부서 체제보다 '1학년부, 2학년부, 3학년부'와 같은 학년 중심의 부서 체제를 갖추려고 노력하고 있습니다. 애초에 학년부 체제가 강조된 것은 '학교업무정상화', 즉 담임교사는 가급적 행정 업무를 맡지 않고 수업과 학급 운영에만 전념하기 위한 것이었습니다. '학교업무정상화' 차원에서 시작된 학년부 체제가 점차 '학생생활교육' 차원으로 진화되었습니다. 즉 문제상황이 발생하면 이를 담임교사의 몫으로만 돌리거나 학생부 업무로 떠넘기는 것이 아니라, 학년에서 그 학생의 문제를 함께 책임지는 방식으로 변화했습니다. 요즘에는 '학년부 체제'를 통해 '수업' 및 '학년 교육과정'에 대한 논의가 활발히 이루어지고 있습니다. 즉 한 학급에 들어가는 모든 교사들이 함께 수업을 참관하고 이에 대해 협의하는 문화가 형성되고 나니, 자연스럽게 그 학급의 수업 분위기를 모든 교사들이 함께 논의하게 되고, 나아가 교과의 장벽을 넘어선 교육과정에 대한 논의로 확산되고 있는 것입니다. 그런 점에서 중등학교의 '학년부 체제'는 '학교업무정상화'와 '전문적 학습공동체'를 연결하는 핵심적인 매개체라고 할 수 있습니다.

요즘 웬만한 학교들은 '전문적 학습공동체'를 운영하고 있습니다. 물론 이 중에는 지극히 형식적으로 운영되는 사례가 적지 않습니다. 교사들의 취미 동아리나 문화생활을 하는 것을 전문적 학습공동체라 칭하는 경우도 있고, 외부 강사를 초청해 연수를 진행하는 경우도 있습니다. 물론 취미 동아리나 외부 강사 연수도 필요합니다만, 중요한 것은 전문적 학습공동체를 통해 실질적인 '철학의 공유', '학교혁신을 위한 협력'이 이루어지는 것입니다.

수업 나눔 모임도 마찬가지입니다. 저는 개인적으로 전문적 학습공동체의 꽃은 수업 나눔 모임이라고 생각합니다만, 이것도 위에서 아래로 강요되는 방식으로는 그 취지가 살아나지 못합니다. 억지로 수업을 공개하라고 강요하면 오히려 심리적 위축과 거부감만 불러일으킵니다. 중요한 것은 수업 나눔을 통해 개인이 해결할 수 없는 어려움을 동료 교사들과 함께 해결하는 경험입니다. '낯익은 수업을 낯설게 보는 관점'을 배우고, '나의 수업'이 아니라 '우리 모두의 수업'으로 관점을 바꾸는 것이 중요합니다. 교사의 보람은 '수업'에 있고, 수업을 통해 보람을 느끼는 방법은 '학생과의 관계성 형성', '동료 교사와의 협력'에서 찾을 수 있습니다. 이것이 '수업을 통한 교사의 성장'입니다.

수업 전문성의 재정립

교사는 최고의 수업 전문가입니다. 그런데 이른바 '스타 강사' 식의 수업 전문성과 공교육 교사로서의 수업 전문성은 차이가 있습니다.

'스타 강사' 식의 수업 전문성은 철저히 개인적 차원의 전문성입니다. 교사인지 연예인인지 분간하기 어려울 정도의 유머 감각으로 학생들의 동기를 유발하고, 시험에 나올 내용을 핵심적으로 요약해 주고, 그 결과 학생들의 인기를 독차지하는 것이 이들의 수업 전문성입니다.

그러나 공교육 교사의 수업 전문성은 동료 교사와의 협력을 통해 학생들의 전인적 성장을 돕고 공교육의 보편적 이념을 실현할 수 있는 전문성입니다. 이러한 수업 전문성은 다음과 같은 명제로 정리할 수 있습니다.[16]

- 자신이 배우지 않은 방식으로도 가르칠 수 있다.
- 동료 교사와 학습공동체를 통해 배움에 대한 철학적 사유를 할 수 있다.
- 자신의 수업 방식이 학생의 가정 배경에 따른 격차를 늘릴 수도 또는 줄일 수도 있다는 사실을 잘 알고 있다.
- 학습 소외 현상을 극복하는 다양한 방법의 수업을 설계하고 진행할 수 있다.
- 수업을 통해 학생들에게 사랑과 배려의 모습을 실천할 수 있다.

이 명제 하나하나가 묵직하면서도 어렵게 다가옵니다. 이 중 몇 가지만 제 나름의 관점으로 짚어 보겠습니다.

"자신이 배우지 않은 방식으로도 가르칠 수 있다."는 명제야말로 가장 중요한 수업 전문성이라 하겠습니다. 우리 선생님들은 초중고, 대학

---

16. 성열관 외(2014)에서 제시된 명제 중 몇 가지를 인용했습니다.

시절을 통해 '학생 참여형·협력형 수업'을 몸소 경험하지 못하셨을 수 있습니다. 대학교에서도 조별 발표(일명 '팀플')가 이루어집니다. 하지만 대학생들은 대체로 '팀플'을 싫어합니다. 초중등 수업에서는 모둠활동이 수업의 과정 속에서 이루어지지만, 대학의 '팀플'은 학생들이 별도의 시간을 내어 따로 모이는 경우가 많습니다. 그러다 보니 이른바 '무임승차자 현상' 때문에 학생들 사이에 갈등이 생기고, '보이지 않는 학점 경쟁'이 이루어지기도 합니다.

교사들은 일제식 수업, 경쟁교육에 익숙해 있습니다. 그렇기 때문에 수업혁신은 '자기를 부정하는 것'과 맞먹는 과정입니다. 따라서 '익숙한 수업을 낯설게 보는 눈'이 필요합니다. 그렇기 때문에 "동료 교사와 학습공동체를 통해 배움에 대한 철학적 사유를 할 수 있다."는 명제가 중요합니다.

수업을 사회학적으로 바라보면 "수업 방식이 학생의 가정 배경에 따른 격차를 늘릴 수도 또는 줄일 수도 있다."는 명제가 성립됩니다. 예를 들어 '어렵고 많은 내용'을 '빠른 속도'로 진행하는 일제식 수업은 배움이 느린 학생을 소외시킵니다. 반면에 '적절한 수준과 분량'을 '여유 있는 속도'로 진행하는 참여형·협력형 수업은 배움이 느린 학생들도 수업에 참여시킬 수 있습니다. 물론 수업의 방식 자체가 교육 불평등을 완전히 해소하지 못하지만 이를 부분적으로 완화시킬 수는 있습니다. 이를 위해 "학습 소외 현상을 극복하는 다양한 방법의 수업을 설계하고 진행하는 것"이 교사들이 가져야 할 수업 전문성입니다.

중요한 것은 이러한 수업을 통해 "학생들에게 사랑과 배려의 모습을 실천"하는 것입니다. 우리 선생님들은 누구나 학생들을 사랑하십니다. 그런데 이러한 사랑을 학급운영이나 상담을 통해서만 실천하는 것이 아니라 수업의 방식, 곧 '교사와 학생의 관계', '학생과 학생의 관계' 속에서 구현하는 것이 최고의 수업 전문성입니다. 수업에서 소외되는 학생이 없도록 하는 것, 수업시간에 학생들끼리 우정과 협력을 경험하도록 하는 것, 학생들이 수업을 통해 학교에 다니는 의미를 깨닫게 하는 것이야말로 진정한 사랑과 배려가 아닐까요? 이 어려운 일을 매일 해내고 계시는 선생님들께 존경의 인사를 드립니다.

6.

평가가 바뀌어야 수업이 바뀐다
- 중등 평가 혁신의 방향

책을 퍼다 버리다[17]

조향미

수능 끝난 다음 날
학교 운동장에 커다란 트럭이 왔다.
3학년 교실은 쓰레기장이다.
아이들은 책을 질질 끌고 나온다.
아이들은 책을 푹푹 상자째 퍼다 버린다.
일 년 아니 삼 년 내내 생을 걸고
풀고 또 풀던 교과서 문제집들
끼고 다니며 베고 자며 눈물 콧물 묻어 있는
책들을 하루아침에 미련 없이 던져 버린다.
산더미 같은 책 더미 트럭은 금방 넘친다.
내 한숨과 꿈이 서린 소중한 책들
시험 끝나면 책은 보물은커녕 오물이다.

---

17. 조향미(2006)에 나온 원시(原詩)의 일부 구절을 분량상 생략했습니다.

배우고 때로 익히면 또한 즐겁지 않으냐고?

공자님은 모른다.

배우고 매일 문제 풀면 정말 신물이 난다는걸.

갈수록 숲이 성글고 공기 가빠지는 이유도

수능 끝난 다음 날 고3 교실에 와 보면 알 것이다.

수능이 끝난 다음 날 고등학교의 풍경을 묘사한 시입니다. 너무나 생생하지 않나요? 3년 내내 목숨 걸고 풀던 교과서며 문제집이 하루 아침에 쓰레기로 변합니다. 경주 지역 지진으로 수능이 일주일 연기되었던 2017년에 학생들은 내다 버린 문제집을 다시 찾느라 또다시 난리가 난 적이 있었습니다. 도대체 우리 고등학생들은 무엇을 위해 그토록 목숨을 걸고 문제집을 풀어야만 했던 것일까요?

대한민국은 가히 입시공화국이라 할 만합니다. 고등학생뿐만 아니라 중학생, 심지어 초등학생도 대학입시의 영향력에서 자유롭지 못합니다. 초등학교와 중학교에서는 혁신학교가 확산되고 있지만, 고등학교의 문턱을 넘기 어렵습니다. 고등학교에서는 교육과정 재구성은 고사하고 교과서조차도 문제집의 위력에 밀려납니다. '기-승-전-입시'입니다.

그래서 많은 분들은 대학입시가 바로잡히지 않는 한 공교육 정상화는 어렵다고 이야기합니다. 맞는 말씀입니다. 대학입시를 개선해야 하고, 그러기 위해서는 대학서열화체제와 학벌사회가 해소되어야 하며, 그러기 위해서는 노동이 존중되는 사회를 만들어야 합니다. 이는 교사들이 시민의 한 사람으로서 마땅히 나서야 할 사회적 과제입니다. 그러나 교사들은 학교 안에서도 해야 할 일이 있습니다. 대학입시가 당장 개선되지 않더라도, 학교 안 평가를 자신의 수업에서부터 개선해야 합니다. 고등학교 평가 개선의 속도가 느리다면 먼저 중학교와 초등학교부터라도 평가 혁신에 나서야 합니다. 고등학교 중간고사·기말고사 등 일제식 지필평가에서는 어찌할 수 없더라도, 적어도 수행평가에서는 평가의 본질을 회복해야 합니다.

수업의 변화도 어렵습니다. 그럼에도 불구하고 많은 학교 교사들이 수업혁신의 모범사례를 만들어 내고 있습니다. 하지만 수업은 바뀌는데 평가는 바뀌지 않는 경우가 많습니다. 수업에서는 협력을 하는데 평가에서는 경쟁을 합니다. 학생들도 수업시간에는 참 착한 모습을 보이다가도 시험 기간만 다가오면 갑자기 서로 경쟁하며 점수에 목숨을 거는 모습을 보입니다. 수업혁신의 노력이 평가라는 괴물 앞에 '훅 날아가는' 경우가 비일비재합니다.

그래도 조금씩 평가가 바뀌고 있습니다. 초등학교에서는 이제 대부분의 학교에서 중간고사·기말고사와 같은 일제식 지필평가가 폐지되고, '학생의 성장과 발달을 돕는 평가'라는 개념이 확산되고 있습니다. 요즘은 중학교에서도 평가의 변화가 활발히 이루어지고 있습니다. 2012년에 '성취평가제'라는 이름의 절대평가가 도입되면서 이제 중학교에서는 더 이상 석차를 매기지 않습니다. 2016년에 전면 도입된 '자유학기제'에서는 중간고사·기말고사 등 일제식 평가를 시행하지 않게 되었으며, 다른 학기에서도 수행평가만으로 평가를 시행하는 것이 가능해졌습니다. 고등학교 평가도 조금씩 변화하고 있습니다. 대입에서 학교생활기록부 전형이 확대되었습니다. 학교생활기록부에 다양한 학생활동사항이 기록되기 위해서는 수업시간에 다양한 학생활동이 이루어져야 하며, 교사가 수행평가를 통해 학생들의 다양한 특징을 확인해야 합니다.

이처럼 대학입시제도의 변화, 학교현장에서의 '교육과정 재구성 및 학생 참여형·협력형 수업 활성화'로 인해 평가 혁신의 가능성이 확대되고 있습니다. 그래서 이제는 평가 혁신을 위한 목적의식적인 노력이 필요합니다. 사토 마나부는 "수업이 바뀌면 학교가 바뀐다."라고 말했지만, 저는 "평가가 바뀌어야 수업이 바뀐다."라고 말씀드리고 싶습니다.

그럼 먼저 중등평가 혁신의 방향부터 말씀드리겠습니다. 초등학교 선생님들도 중등평가에 대해 관심을 가지셔야 합니다. 그래야 초-중-고 평가의 큰 흐름 속에서 초등평가의 방향을 모색해 볼 수 있습니다.

중등평가 혁신의 방향

1) '상대평가'에서 '절대평가'로

평가 혁신의 첫 번째 방향은 상대평가에서 절대평가로의 변화입니다. '학생의 서열'을 확인하는 상대평가보다 '목표 도달 여부'를 확인하는 절대평가가 평가의 본질에 가깝다는 것을 부정할 사람은 없을 겁니다. 그러나 우리나라에서는 대학입시로 인한 경쟁 때문에 오랫동안 상대평가가 당연시되어 왔습니다. 중학교는 2012년도에서야 비로소 절대평가(성취평가)가 도입되었고, 고등학교는 여전히 절대평가(성취평가)와 상대평가(석차등급제)가 병행되고 있습니다.

그런데 문제는 절대평가가 도입된 중학교에서도 여전히 상대평가적 요소가 많이 남아 있다는 점입니다. 학교생활기록부에는 석차가 나오지 않지만, 과목 석차에 따라 시상을 하기도 하고 학생들은 자기 학급에서 누가 1등인지를 암암리에 알고 있습니다. 고등학교에서도 '과목별 석차등급'만 산출되지만, 여전히 학급 석차, 전교 석차에 대한 관심이 높습니다. 그래서인지 초등학교 학부모는 물론 초등학교 교사들까지도 중학교에 가면 석차를 당연히 매기는 것으로 아는 분들이 많습니다. 제가 초등학교 교원연수에서 여러 차례 직접 확인해 본 결과, 초등학교 교사들의 절반 이상이 현재 중학교에서 여전히 상대평가를 시행하는 것으로 알고 계시더군요.

'외면적 상대평가'는 사라지거나 상당히 완화되었어도 '내면적인 상대평가'는 여전히 남아 있습니다. 평가 혁신의 출발은 '내면적 상대평가'를 극복하는 것입니다. 학생들이 석차에 민감하면 할수록 평가 혁신은 어려워지고, 이로 인해 협력수업도 원활히 이루어질 수 없게 됩니다. 이를 극복하기 위해서는 학교마다 남아 있는 불필요한 관행을 없애야 합니다. 예를 들어 별다른 이유 없이 학급별 평균을 비교하는 자료, 각종 수상자를 선정하기 위해 학생 전교 석차를 산출하는 관행 등을 극복해야 합니다. 그리고 교사들이 알게 모르게 학생들의 성적을 서로 비교하는 언행을 지양하는 등 언어적 민감성, 윤리성을 회복해야 합니다.

물론 학교만의 문제는 아닙니다. 우리 사회의 일상적인 경쟁구조가 학교의 문화에 영향을 미치고 있습니다. 예를 들어 TV의 예능 프로그램에서 연예인 지망생들의 순위를 매기는 등의 일상적 문화가 학교 안 '내면적 상대평가'를 확대재생산하고 있습니다. 그렇기 때문에 교사들이 먼저 이러한 상대평가적 관행에 민감하게 반응해야 합니다. 학교혁신 운동은 수업 및 평가, 학생활동 등 모든 영역에 협력적 문화가 자리 잡도록 하는 데에 목적이 있습니다. 학교의 일상적 문화와 수업의 방식이 협력적일수록 평가 혁신도 상대적으로 수월하며, 반대로 협력적 평가가 이루어져야 협력적 수업도 가능합니다.

2) '양적 평가'에서 '질적 평가'로

절대평가가 도입된 중학교에서도 석차는 사라졌지만 점수는 여전히 남아 있습니다. 하지만 점수가 우리 학생들에 대해 의미 있는 정보를 알려 주지는 않습니다. 예를 들어 '도덕 85점과 86점의 차이'는 무엇일까요? 86점을 받은 학생이 85점을 받은 학생보다 1% 도덕성이 높은 것일까요?

생텍쥐페리의 『어린 왕자』에는 이런 구절이 나옵니다. "중요한 것은 눈에 보이지 않아. 사막이 아름다운 이유는 그 어딘가에 오아시스를 감추기 있기 때문이야." 우리 학생들도 마찬가지입니다. 중요한 것은 학생이 몇 점을 받았느냐가 아니라, 그 학생의 내면에 감추어져 있는 잠재력과 가능성을 발견하고 성장할 수 있도록 도와주는 것입니다. 따라서 이제는 점수를 중시하는 '양적 평가'가 아니라 학생의 다양한 자질을 중시하는 '질적 평가'로 전환되어야 합니다.

중등학교에서 질적 평가는 여전히 낯선 영역입니다. 하지만 교육부의 「학교생활기록 작성 및 관리 지침」에 의하면 학교생활기록부의 '세부능력 및 특기사항'에 "과목과 관련된 세부능력 및 수행평가, 학습활동 참여도 및 태도 등 특기할 만한 사항"을 입력할 수 있도록 되어 있습니다. 이러한 제도를 적극 활용하여 질적 평가를 활성화해야 합니다.

최근에는 대입에서 학교생활기록부 전형이 확대되면서 '세부능력 및 특기사항' 기록에 대한 관심이 높아지고 있습니다. 그러나 단지 입시에 유리하다는 이유로 이를 활성화하는 것은 바람직하지 않습니다. 과거에는 소위 상위권 학생들을 중심으로 이를 기록하는 것이 관행이었으나, 이제는 의미 있는 성장을 보인 학생이라면 누구에게나 이를 기록하는 것이 중요합니다. 오히려 석차 등급이 낮은 학생들을 격려하는 차원에서라도, '성적'을 넘어선 '성장'에 대한 기록이 필요합니다. 그래야 질적 평가의 취지가 살아날 수 있습니다. 그리고 이러한 질적 평가가 이루어지기 위해서는 수행평가를 활성화해야 합니다.

3) '결과 중심 평가'에서 '과정 중심 평가'로

중간고사·기말고사와 같은 결과 중심 평가는 학생들의 성적만 확인할 뿐 그것이 교사나 학생에게 의미 있는 정보를 제공하기 어렵습니다. 이러한 결과 중심의 평가로 인해 '수업과 평가의 분리' 현상이 일어납니다. 예를 들어 학기 초에는 수업시간에 다양한 모둠활동, 토의토론식 수업이 진행되다가도 중간고사 시기가 다가오면 진도 나가기식 수업이 이루어지는 것이 수업과 평가 분리 현상의 대표적인 예입니다. 특히 기말고사가 끝나면 정상적인 수업이 이루어지기 어려울 정도로 교육과정 운영에 파행이 일어나고, 기말고사 결과가 교수학습에 피드백되는 일은 거의 일어나지 않습니다.

반면에 '과정 중심의 평가'란 평가가 수업의 과정과 유기적으로 결합되는 형태를 말합니다. 교육학적 용어로는 진단평가와 형성평가가 과정 중심 평가에 해당되며, 현재의 평가 제도 상으로는 수행평가가 과정 중심 평가에 해당됩니다. 물론 과거에는 수행평가가 교수학습 과정과 무관한 '과제 부여 식'으로 진행되는 경우도 많았습니다만, 이는 이제 극복해야 할 대상입니다.

과정 중심 평가가 활성화되기 위해서는 우선 지필평가의 비율을 줄이고 수행평가의 비율을 늘려야 합니다. 그러나 수행평가의 비율을 늘리는 것만이 능사는 아니고, 수행평가를 과정 중심 평가답게 시행하는 것이 중요합니다. 이에 대해서는 이후에 자세히 말씀드리도록 하겠습니다.

4) '일제식 평가'에서 '교사별 평가'로

흔히 '일제고사'라고도 하는 일제식 평가는 '모든 학생이 동일한 평가문항을 동시에 치르는 평가'를 의미합니다. 수능시험이 대표적인 일제식 평가이며, 학교 내의 중간고사, 기말고사 식의 지필평가도 일제식 평가에 해당합니다. 이러한 일제식 평가는 교사별, 학급별로 교육과정 및 수업이 동일하다는 것을 전제로 합니다.

하지만 최근에는 교육과정 재구성, 학생 참여형·협력형 수업이 활발히 이루어지고 있습니다. 이러한 교육과정과 수업의 변화는 일제식 평가와 어울리지 않습니다. 오히려 획일적인 일제식 평가는 교사의 평가 자율권 및 교육과정 재구성 권한을 심각히 침해합니다. 예를 들어 A교사가 1~4반을 담당하고 B교사가 5~8반을 담당했음에도 불구하고 모든 학급이 똑같은 날에 똑같은 시험을 치르는 것이 일제식 평가입니다. 그렇게 되면 모든 학급이 진도 범위나 학습 내용이 동일해야 하고, 교사의 자율성이나 학급의 특성에 따른 교육과정 재구성은 불가능해집니다. 따라서 교육과정 재구성이 활발히 이루어지고 학급마다 다양한 수업이 진행되기 위해서는 교사별 평가 자율권이 보장되는 교사별 평가가 이루어져야 합니다.

중등학교에서는 교사별 평가가 아직 제도적으로 보장되어 있지 않습니다. 이는 "지필평가는 교사 간 공동출제로 학급 간 성적차를 최소화한다."는 교육부의 「학교생활기록 작성 및 관리 지침」 때문입니다. 하지만 수행평가에서는 교사별 평가가 가능합니다. 일부 시도교육청의 「학업성적관리 시행지침」에는 "수행평가는 교사별 평가로 할 수 있다."고 명시하고 있습니다. 물론 이러한 지침이 명시되지 않은 시도에서도 수행평가를 교사별 평가로 시행하는 것이 가능합니다. 따라서 지금 단계에서는 중등학교에서 수행평가를 최대한 활성화하고, 이를 교사별 평가 방식으로 진행하는 것이 매우 중요한 평가 혁신의 과제라 할 수 있습니다.

중등 수행평가의 방향

1) 절대평가로서의 수행평가: 평가등급 완화하기

이처럼 평가 혁신의 방향은 절대평가, 질적 평가, 과정 중심의 평가, 교사별 평가로 요약할 수 있습니다. 이러한 방향이 정착되어야 평가의 궁극적인 목표인 '성장과 발달을 돕는 평가'로 나아갈 수 있습니다. 하지만 이는 현재의 중간고사·기말고사와 같은 일제식 지필평가에서는 실현되기가 거의 어렵습니다. 그러나 수행평가에서는 이러한 원리를 실현하는 것이 가능합니다. 따라서 현 단계에서 중등 평가 혁신의 당면과제는 '수행평가를 수행평가답게 시행하는 것'이고, 이는 수행평가에서 절대평가, 질적 평가, 과정 중심 평가, 교사별 평가의 취지를 충분히 살리는 것입니다.

수행평가에서 절대평가의 취지를 살리는 방법은 '평가등급을 완화하는 것'입니다. 절대평가는 학생들의 교육 목표 도달 정도를 확인하는 데에 목적이 있습니다. 따라서 절대평가는 점수를 촘촘히 산출하는 것보다는 평가등급을 완화하는 것이 바람직합니다. 선다형 문항 중심으로 되어 있는 지필평가로는 이러한 절대평가의 취지를 살리기가 어렵습니다. 관행적으로 지필평가 총점을 100점으로 하고 있으며, 정답이 분명히 정해진 선다형 문항의 특성상 학생들의 점수 차이가 명확히 나누어지기 때문입니다.

그러나 수행평가는 학생들의 평가등급을 완화하는 것이 가능합니다. 그동안 수행평가 영역별 만점을 30점으로 했다면 향후에는 10점으로, 그동안 5단계 평가를 했다면 향후에는 3단계 평가로 완화하는 것이 절대평가의 취지에 부합됩니다. 평가등급을 세부적으로 나눌수록 채점 기준은 엄격해지기 마련이어서 수행평가의 본질을 훼손할 우려가 있기 때문입니다. 반대로 평가등급을 완화해야 학생들이 성적에 대해 덜 민감하게 되고, 학생의 다양한 잠재력과 가능성을 확인하는 질적 평가가 가능해지기 때문입니다.

이러한 절대평가의 취지에 공감하시면서도 몇 가지 우려를 제기하시는 선생님도 계십니다. 교육청이나 학교에서는 늘 '채점의 공정성'을 중시하기 때문에 엄격한 채점 기준을 준비할 수밖에 없다는 질문이 제기될 수 있습니다. 하지만 채점 기준을 엄격히 하면 할수록 그 기준에서 벗어나는 답안은 오히려 많아지게 됩니다. 아무리 창의적인 답안을 쓴 학생도 그 기준에서 벗어나면 여지없이 감점을 해야만 하는 모순에 빠지게 됩니다. '채점 기준'을 엄격히 하는 것은 학생이나 학부모의 민원의 소지를 없애기 위한 방어적 절차일 따름이지, 이 덫에 빠지면 결코 평가의 본질을 회복할 수 없게 됩니다. 따라서 향후에는 '채점의 엄격성'이 아닌 '정답의 개방성'을 중시해야 합니다. 그래야 평가의 본질을 회복할 수 있을 뿐만 아니라, 학생들이 '자기가 몇 점을 받았는지'가 아니라 '자기가 무엇을 잘하고 무엇이 부족한지'에 대해 관심을 갖게 됩니다. 평가의 본질은 "우리 학교 교육과정이 잘 편성되고 이에 따라 수업이 원활히 진행되었는지", "우리 학생들이 무엇을 어려워하는지, 교사들이 무엇을 지원해 주어야 하는지"를 확인하는 절차입니다.

다음으로 흔히 제기되는 질문은 "평가등급을 완화하면 중학교 A~E등급이나 고등학교 1~9등급을 산출하는 것이 어렵지 않으냐?" 하는 점입니다. 과거의 관행처럼 수행평가를 한두 차례 형식적으로 진행하면서 평가의 등급을 완화하는 것은 바람직하지 않습니다. '부담 없는 수행평가를, 수업의 과정 속에서, 여러 번' 시행하되, 수행평가 개별 영역에서의 평가등급은 3등급 정도로 완화하는 것이 바람직합니다. 그래야 학생들의 심리적 부담과 교사의 채점 부담을 줄이면서도, 절대평가의 취지를 살릴 수 있습니다.

2) 질적 평가로서의 수행평가: 다양한 잠재력과 가능성 확인하기

선다형 문항 위주의 지필평가로는 학생들의 성적만 알 수 있을 뿐 그 학생의 가능성과 잠재력까지 확인하는 것이 불가능합니다. 그러나 수행평가를 통해서는 학생들의 다양한 특성을 확인하는 것이 가능합니다. 수업시간에 다양한 학습활동을 수행하고, 수행평가를 통해 그 과정과 결과를 확인하고, 그 결과를 학교생활기록부 '세부능력 및 특기사항'에 기록하는 것이 질적 평가의 과정입니다.

예를 들어 평소에는 두각을 나타나지 않던 학생도 다양한 수행평가를 하다 보면 "저 학생이 저런 면이 있었나?" 싶을 정도로 새로운 모습을 보여 줄 수도 있습니다. 학기 초에는 글쓰기를 무척 어려워하던 학생도 학기 말에는 글쓰기 능력이 놀랍게 향상될 수도 있습니다. 지필평가 성적은 별로 좋지 않은 학생도 토의·토론 수행평가에서는 남다른 논리력과 사고력으로 두각을 나타낼 수도 있습니다. 그리고 이러한 과정에서 '숫자로는 표현할 수 없는 다양한 잠재력과 가능성'을 확인할 수 있습니다.

그러나 대부분의 학교현장에서는 여전히 폐쇄적인 기준에 의한 평가 관행이 남아 있어 질적 평가의 취지를 살리지 못하고 있는 듯합니다. 명시적이고 세부적인 성취기준과 성취수준에 따라 평가를 시행하는 관행, 그리고 평가 결과에 대한 민원의 소지를 없애기 위해 명확한 채점 기준을 세우는 관행이 뿌리 깊기 때문입니다. 그렇기 때문에 학생의 다양하고 창의적인 사고력을 측정하기 위한 논술형 평가조차 매우 폐쇄적인 기준으로 시행되고 있는 실정입니다.

질적 평가로서의 수행평가가 활성화되기 위해서는 무엇보다도 '세부적인 목표, 구체적인 과제, 객관적 채점기준'을 중시해 온 평가의 관행이 바뀌어야 합니다. 아이즈너라는 학자는 평가의 개념을 '비평'으로 확장시켰습니다.Eisner, 1979 그에 따르면 교사에게 필요한 평가 전문성은 정답이 분명한 문항을 출제하고 엄격하게 평가 결과를 산출하는 것이 아니라, 대상의 복잡하고 미묘한 질적 특성을 감지할 수 있는 '교육적 감식안'입니다. '비평으로서의 평가'란 마치 비평가들이 예술작품의 가치를 새롭게 확인하듯, 학생들의 학습 과정과 결과를 통해 다양한 가능성과 잠재력을 확인하는 과정을 말합니다. 수행평가는 이러한 질적 평가의 취지를 최대한 살릴 때 의미가 있습니다.

그리고 이렇게 확인한 학생들의 다양한 특성은 '숫자'로 표현하는 것이 아니라 '문장'으로 표현하는 것이 타당합니다. 현행 제도에서는 학교생활기록부의 '세부능력 및 특기사항' 기록이 이에 해당합니다. 평가 결과 기록에 대해서는 다시 자세히 말씀드리도록 하겠습니다.

이러한 질적 평가의 취지에 동감하시는 선생님도 "학생 수가 너무 많아 학생 개개인의 특성을 파악하기 어렵다."는 고충을 토로하기도 합니다. 물론 학급당 학생 수가 대폭 감소되어야 학생 개개인의 특성을 확인하는 질적 평가가 원활히 이루어질 수 있습니다. 하지만 지금의 조건에서도 질적 평가의 취지를 살리는 것이 어느 정도 가능합니다. 우선 수업이 달라져야 합니다. 평소에 다양한 학생 참여형·협력형 수업이 이루어져야, 그 속에서 학생 개개인의 특성을 확인할 수 있습니다. 또한 그동안 지필평가를 통해 학생들의 성적을 엄밀히 파악하느라 소모했던 에너지를 수행평가를 내실화하는 쪽으로 돌려야 합니다. 즉 교사의 관심이 '성적'이 아닌 '성장'에 집중될 때, 질적 평가의 취지를 살릴 수 있습니다.

3) 과정 중심 평가로서의 수행평가: 수업의 과정에서 수행평가 진행하기

수행평가를 절대평가, 질적 평가 방식으로 시행하기 위해서는 수행평가를 마땅히 '과정 중심 평가'로 치러야 합니다. 교육부의 '학교생활기록부 작성 및 관리지침'에서는 수행평가를 "교과 담당 교사가 학습자들의 학습과제 수행 과정 및 결과를 직접 관찰하고, 그 관찰 결과를 전문적으로 판단하는 평가 방법"으로 규정하고 있습니다. 교사가 학생들의 수행 과정 및 결과를 직접 관찰하기 위해서는, 마땅히 수행평가를 수업의 과정과 연계하여 실시해야 합니다.

그러나 한동안 초등학교에서의 수행평가를 '엄마 평가'라고 부르기도 하고, 중고등학교에서의 수행평가를 '학원 평가'라고 부르기도 했습니다. 이는 수행평가를 '과제 부여 방식'으로 시행했기 때문에 생기는 현상입니다. 수행평가를 수업의 과정에서 진행하지 않고 별도의 과제 부여 방식으로 진행한다면, 학생들의 입장에서는 학교 밖의 수단, 즉 사교육이나 가정의 도움을 받게 되고, 그 결과 수행평가의 취지를 상실하게 됩니다.

수행평가란 교수학습의 과정 속에서 자연스럽게 녹아 들어갈 때 그 취지가 살아날 수 있습니다. 예를 들어 학생들의 발표, 글쓰기, 실험 등의 학습활동을 진행하고 그 과정 자체를 평가하는 방식입니다. 또한 교과서를 재구성해 학습활동지를 제작하여 학생들이 수업시간에 활용하도록 하고, 이를 모아 수행평가의 자료로 삼을 수 있습니다. 학생 활동 중심의 다양한 수업을 진행하고 그 과정을 온전히 평가에 반영하며, 그 평가의 결과가 다시 학생들의 학습활동을 독려하는 선순환이 일어날 수 있습니다.

더욱이 수행평가는 기본적으로 가정적 배경에 따른 사회문화자본이 풍부한 학생들, 예를 들어 어려서부터 독서나 문화 활동을 쉽게 접할 수 있는 학생들, 또래집단 속에서 리더의 역할을 수행해 온 학생들에게 유리한 평가 방식일 수 있습니다. 독서 경험을 자연스럽게 해 볼 기회가 없었던 학생들은 책 읽기 자체를 두려워할 수 있고, 사회적 관계 맺기가 익숙하지 않은 학생들은 모둠활동이나 프로젝트 활동에서 소외될 수 있습니다. 이러한 방식을 간과한 채 수행평가를 교수학습의 과정과 분리된 형태로 진행한다면 이는 부모의 보살핌이나 사교육의 혜택을 받지 못하는 학생들을 구조적으로 소외시키는 결과를 낳을 수 있습니다.

따라서 중요한 것은 '수업시간에 끝내는 수행평가'입니다. 수업시간의 활동과 자연스럽게 연결되면서 교사가 학생들을 꾸준히 지원해 주는 방식으로 혹은 학생과 학생들이 서로 협력하는 속에서 수행평가가 이루어져야 합니다. 그래야 사회경제적으로 불리한 처지에 있는 학생들에게도 자신을 계발할 수 있는 기회가 보장됩니다. 이런 점에서 '과정 중심 평가'로서의 수행평가는 교육적으로도 유익하고 사회학적으로도 정의로운 평가라 할 수 있습니다.

제가 이런 말씀을 드리면 많은 선생님들께서 "수업시간에 수행평가까지 해야 한다면, 진도는 언제 나갈 수 있는가?" 하는 의문을 나타내십니다. 그렇기 때문에 과정 중심 수행평가의 전제 조건은 '교육과정 재구성', 특히 '교육과정 적정화'입니다. 불필요한 내용을 덜어 내고 수업시간에 수행평가를 끝낼 수 있는 시간적·정신적 여유를 확보해야 합니다. 예를 들어서 예전에 3시간 동안 빡빡하게 진도 나갔던 분량을 대폭 덜어 내어 4시간 동안 여유 있게 수업을 진행하고, 그중 1시간을 다양한 학습활동과 수행평가를 진행할 수 있는 시간으로 확보하는 것이 필요합니다. 그렇지 않으면 교사도 힘들고 학생들도 힘듭니다. 이처럼 '교육과정 적정화'야말로 수행평가를 내실 있게 진행할 수 있는 전제 조건이 됩니다.

또 한 가지 생각해야 할 점은 과정 중심 수행평가가 마치 학생들의 일상을 옥죄는 역할을 할 수도 있다는 것입니다. 예를 들어 이른바 '태도 점수'라는 명목으로 '교과서나 노트를 준비하지 않은 학생', '수업시간에 잡담을 하는 학생'에게 벌점을 부여하는 방식입니다. 이는 일종의 '평가 CCTV'처럼 학생들의 일상을 통제하는 방식이 될 수 있습니다. 그렇게 되면 과정 중심 평가의 취지는 사라지고, 교사와 학생의 관계성마저 훼손될 수 있습니다. 과정 중심 평가의 취지는 학생들의 학습 결과만이 아니라 과정도 확인함으로써, 학생들의 다양한 특징을 확인하고 더 성장할 수 있도록 지원하는 데에 있다는 점을 분명히 해야 합니다.

4) 교사별 평가로서의 수행평가: 교사의 평가 자율권 보장하기

앞에서 말씀드렸듯이 현행 교육부의 「학교생활기록 작성 및 관리지침」을 적극적으로 해석하면 수행평가를 교사별 평가로 진행하는 것이 가능하고, 일부 시도교육청의 지침에는 "수행평가는 교사별 평가로 할 수 있다."고 명시되어 있습니다. 향후에는 지필평가에서도 교사별 평가가 확대되어야 합니다만, 우선 수행평가부터 교사별 평가의 취지를 최대한 살릴 필요가 있습니다.

'교사별 평가'란 "가르친 자가 가르친 내용으로 평가한다."는 취지를 살리는 평가입니다. 그래야 교사의 평가 자율권을 온전히 보장할 수 있으며, 다양한 평가 방식을 보장해야 다양한 수업을 진행하는 것이 가능합니다. "수행평가를 교사별 평가로 한다."는 의미는 수행평가의 반영 비율이나 성취기준은 동학년 동교과에서 통일적으로 적용하되, 세부적인 시기, 내용, 방법 등은 학급별·교사별로 다양하게 시행할 수 있다는 의미입니다.

따라서 교사의 판단에 따라 수행평가의 시기를 조정할 수도 있고, 각 학급의 상황에 따라 구체적인 내용과 방법을 달리할 수 있습니다. 이러할 때 교사의 교육과정 재구성 및 평가 자율성이 온전히 보장될 수 있고, 수행평가와 연계하여 학급마다 다양한 학습활동을 진행할 수 있습니다.

하지만 일부 선생님들은 이러한 교사별 평가에 대해 많은 부담을 갖고 계실 겁니다. "내가 평가를 제대로 하고 있는 것이 맞는지?"에 대해 스스로 자신감이 없을 수도 있기 때문입니다. 하지만 교사별 평가의 취지는 평가의 부담감을 교사 개인이 짊어지라는 것이 아닙니다. 교사별 평가야말로 '교권'의 핵심입니다. 자신이 가르친 내용을 자신이 직접 평가할 권리가 보장되지 않는다면 전문가로서의 교사의 권리를 부정하는 것이나 다름없기 때문입니다.

따라서 교사별 평가를 통해 교사의 전문성을 향상시키고 교사의 권리를 확보하는 계기로 삼겠다는 적극적인 인식 변화가 필요합니다. '교사 간 공동출제'에 의한 일제식 평가는 평가 문항의 객관성과 변별력을 확보하는 데에 목적이 있기 때문에, 결과적으로 '무난한 문항을 출제하는' 하향평준화를 유도하게 됩니다. 조금은 부담스럽더라도 교사별 평가를 점차적으로 확대해야 대안적인 평가를 도입하는 시도가 확대될 수 있고, 이에 따라 교사의 평가 자율성과 전문성이 확대될 수 있습니다. '자율성'에는 '책임성'이라는 부담도 따르지만, '자율성'을 충분히 행사할 때 '전문가'로서의 권리가 보장될 수 있습니다.

'수행평가'를 중심으로 한 교육과정-수업-평가-기록 일체화

요즘 '교육과정-수업-평가-기록 일체화'라는 개념이 확산되고 있습니다. 교육과정 재구성에 따른 수업을 진행하고, 수업의 과정 속에서 수행평가가 이루어져야 할 뿐만 아니라, 평가의 결과가 기록 및 소통에까지 이어져야 한다는 개념입니다. 그 흐름은 다음과 같습니다.

교사의 자율적 전문성에 따른 교육과정 재구성
→ 학생 참여형·협력형 수업
→ 수업의 과정에서 이루어지는 수행평가, 즉각적인 피드백
→ 평가 결과에 대한 기록 및 소통

이 과정이 선순환을 이루기 위해서는 우선 교육과정 재구성이 필요합니다. 앞에서도 말씀드렸듯이 교육과정 재구성의 출발은 과도하게 많은 분량과 지나치게 어려운 난이도를 조정하는 '교육과정 적정화'입니다. 핵심적인 성취기준을 중심으로 본질적인 내용만 남기고, 불필요한 내용을 '덜어 내는 것'이 교육과정 재구성의 시작입니다. 이러한 교육과정 재구성이 이루어져야 수업시간에 학생 참여형·협력형 수업과 수행평가를 진행할 여건이 형성됩니다.

교사의 자율적 전문성에 따라 교육과정 재구성이 이루어진 후에는 이를 학생 참여형·협력형 수업으로 연결해야 합니다. 과거에는 교사 주도의 일제식 수업을 진행하고 수행평가를 과제 부여 식으로 진행하는 관행이 있었습니다. 하지만 모둠활동, 토의·토론식 수업, 독서 및 글쓰기 수업, 프로젝트 수업 등 학생들이 직접 참여하고 협력적으로 문제를 해결하는 학습활동이 실질적으로 이루어져야 과정 중심 수행평가가 의미 있게 결합될 수 있습니다.

이러한 다양한 학습활동 자체가 수행평가로 이어져야 합니다. 그러

기 위해서는 수행평가가 교사별 평가 방식으로 진행되어야 하며, 지나치게 엄격한 채점 기준을 적용하지 않고 정답의 개방성 및 약한 등급화를 지향하는 개방적 평가를 함으로써 절대평가의 취지를 살려야 합니다. 그래야 학생들의 다양한 잠재력과 가능성을 확인하는 질적 평가가 이루어질 수 있습니다.

또한 수행평가 결과의 채점은 가급적 즉시 끝내야 학생들에게 의미 있는 피드백을 제공할 수 있습니다. 교사의 입장에서는 채점 결과에 따라 교육과정과 수업을 새롭게 개선할 수 있으며, 학생들은 제공받은 정보를 바탕으로 자신의 학습 상황을 점검하고 더 노력할 수 있게 됩니다.

마지막으로 수행평가 결과는 점수로만 남기는 것이 아니라 학교생활기록부 '세부능력 및 특기사항' 등을 활용하여 기록에 남겨야 합니다. 최근에는 대학입시에 학교생활기록부 전형의 비율이 대폭 늘어남으로써, 학교생활기록부 기록의 중요성이 강조되고 있습니다. 대학입시라는 실용적인 목적뿐만 아니라 학생들이 평가를 통해 더 많은 도움을 받기 위해서라도, 평가 결과에 대한 기록과 소통은 더욱 강조되어야 합니다.

수행평가를 중심으로 한 '교육과정-수업-평가-기록의 일체화'는 불가피하게 교사의 업무 부담을 증가시킬 수 있습니다. 따라서 수행평가는 가급적 교사나 학생 모두에게 추가적인 부담을 주지 않는 방향으로 이루어져야 합니다. 그래야 '교사가 지치지 않는 수행평가', '지속가능한 수행평가'가 이루어질 수 있습니다.

이러한 취지를 살리는 수행평가 방식은 여러 가지가 있을 수 있지만, 수업시간에 일상적으로 이루어지는 학습활동 자체가 수행평가로 연결되는 방식이 바람직합니다. 학생들이 작성한 노트나 발표문, 독서 활동의 기록물, 토의·토론의 과정 및 결과, 실험·실습의 과정 및 결과 등이 일상적인 수행평가에서 흔히 활용되는 자료입니다. 예를 들어 중 고등학교의 수업시간에 교사들이 직접 제작한 다양한 학습활동지가 활용되고 있습니다. 잘 구안된 학습활동지는 그 자체로 교사의 자율 적 전문성에 따른 교육과정 재구성의 산물이라고 할 수 있습니다. 학 습활동지를 잘 만들었다는 것은 학생들에게 꼭 필요한 핵심내용을 중 심으로 교사들이 교육과정을 재구성했다는 뜻이지요. 학생들의 입장 에서는 교사들이 만든 학습활동지를 가지고 모둠활동 등 다양한 학 습활동을 수행합니다. 그리고 그 학습활동의 결과가 곧 수행평가의 자료가 될 수 있습니다. 학생들이 매시간 작성한 학습활동지를 모으 면 그 자체가 포트폴리오 평가의 대상이 될 수 있고, 이를 바탕으로 교사들이 학교생활기록부의 '세부능력 및 특기사항'을 기록할 수도 있 습니다. 이러한 학습활동지는 '교육과정-수업-평가-기록'를 연결하는 매개물이 될 수 있습니다.

평가 결과에 대한 기록과 소통

요즘 학교생활기록부의 '세부능력 및 특기사항'의 중요성이 강조되 고 있습니다. 초등학교에서는 성적이나 등급을 산출하지 않고 '성장과 발달을 돕는 평가'라는 개념이 확산되고 있기 때문에 평가 결과의 기 록이 매우 중요합니다. 그래서 학교생활기록부의 '세부능력 및 특기사 항' 외에 학교에서 자체적으로 제작한 평가 결과 통지 양식을 별도로 사용하기도 합니다. 중학교 자유학기에서는 평가 결과에 따라 모든 학생의 '세부능력 및 특기사항'을 기록하는 것이 의무화되어 있고, 고등학교에서는 대학입시에서 학교생활기록부 전형이 확대됨에 따라 '세부능력 및 특기사항'을 자세히 적어 주는 것이 현실적인 과제로 등장했습니다.

그런데 많은 선생님들께서 '세부능력 및 특기사항'에 무엇을 어떻게 적어 주어야 할지 참 막막해하십니다. 그래서인지 기록 내용이나 방식이 학교마다 천차만별입니다.

우선 '성취수준'을 그대로 옮겨 적는 경우가 많습니다. 예를 들어 "주제에 알맞은 다양한 자료를 활용하여 필요한 내용을 구체적이고 적절하게 작성하였음"과 같이 적는 방식입니다. 그런데 이렇게 적고 나면 사실상 그 학생이 무엇을 어떻게 했는지 구체적으로 알기가 어렵습니다.

이와 정반대되는 방식은 수업시간에 한 활동을 구체적이고 자세하게 기록하는 경우입니다. 예를 들어 "교과서에 나오지 않는 시를 고르고 이에 대해 자신의 생각과 느낌을 적는 과제를 성실하게 수행하여, 40쪽이 넘는 국어 노트 쓰기를 끈기 있게 완수하였음"이라고 적는 방식입니다. 이 경우 학생들이 무엇을 했는지 자세히 알 수는 있으나, 이 활동이 어떤 교육 목표를 수행하기 위한 것이었는지 알기 어렵습니다.

그래서 생각해 볼 수 있는 것은 '성취수준+구체적인 학습활동 성과+정의적 영역의 특성'을 포괄하여 기록하는 유형입니다. 예를 들면 다음과 같습니다.

국어

설명하고자 하는 대상에 맞게 적절한 설명 방법을 사용하여 독자가 이해하기 쉬운 글을 썼음.(성취수준에 대한 일반적 진술) 우리 고장의 유적지에 대한 설명문을 다른 학급의 수업에서도 예시자료로 활용할 수 있을 정도로 훌륭하게 작성하였음.(구체적인 학습활동 성과) 친구들의 글을 읽고 꼼꼼하게 조언을 하여 다른 친구들의 고쳐 쓰기 과정을 돕는 등 협력적인 태도가 돋보임.(정의적 영역의 특성)

'성취수준에 대한 일반적인 진술'은 '성취기준에 따른 수업과 평가'가 어떻게 진행되었는지를 알려 주는 정보이고, '구체적인 학습활동 성과'는 이 학생이 구체적으로 무엇을 했고 어떤 성과를 나타냈는지를 알려 주는 사항이며, '정의적 영역의 특성'은 성적이나 등급으로는 확인될 수 없으나 교사의 관찰에 의해 확인될 수 있는 내용입니다. 이 정도라면 학생들의 특성을 종합적으로 드러낼 수 있으면서도, 교사들도 부담 없이 작성할 수 있는 분량과 내용이라고 봅니다.

모든 학생들에게 이러한 기록을 다 적어 주어야 하는지 하는 의문도 제기될 수 있습니다. 현행 교육부 지침에는 '과목과 관련된 세부능력 및 수행평가, 학습활동 참여도 및 태도 등을 특기할 만한 사항이 있는 과목 및 학생에 한하여 간략하게 문장으로 입력'하도록 되어 있습니다. 고등학교에서는 학교생활기록부 전형 때문에 소위 성적 우수 학생 중심으로 세부능력 및 특기사항을 기록하는 것이 관행으로 되어 있고, 중학교에서는 자유학기에 한해 의무적으로 기록하되 나머지 학기에서는 형식적으로 기록하고 있는 상황인 듯합니다.

하지만 최근의 평가 혁신의 흐름으로 보아 향후에는 평가 결과에 대한 기록의 중요성이 더욱 확대될 것으로 보입니다. 앞에서 말씀드린 질적 평가, 과정 중심 평가의 취지를 살리기 위해서는 '성적에 대한 숫자'를 넘어 '성장에 대한 기록'이 중요하기 때문입니다. 고등학교에서는 '1등급 학생만' 기록해 주던 관행을 넘어 '9등급 학생도' 기록해 주는 것이 필요하고, 중학교에서는 '자유학기에만' 기록해 주던 관행을 넘어 '모든 학기에' 기록해 주는 것이 필요합니다. 물론 학급당 학생 수 문제 등 현실적인 어려움이 있습니다. 하지만 향후 교사에게 요구되는 평가 전문성은 '엄격한 출제 및 채점'이 아닌 '성장 과정에 대한 관찰과 기록'입니다. 따라서 '문제 출제와 채점에 소모했던 에너지'를 '과정 중심 평가와 기록을 위한 에너지'로 조금씩 전환해야 할 것입니다.

'입시에 대한 신화' 극복, '평가를 통한 잠재적 교육과정' 성찰하기

중등평가 혁신을 위해서는 무엇보다도 오랜 입시 위주의 교육 풍토에서 비롯된 '입시에 대한 신화', '내면화된 상대평가'를 극복해야 합니다. 입시의 영향력이 중등교육에 미치는 영향이 매우 큰 것은 사실이나, 때로는 입시의 영향력을 방패 삼아 평가 혁신에 대한 노력을 소홀히 해 온 측면도 부정할 수 없습니다. 더욱이 고교평준화 확대, 학교생활기록부 전형의 확대, 수능 절대평가 도입 등 입시환경의 변화는 평가 혁신에 유리한 조건을 형성하고 있습니다. 그러나 여전히 '입시에 대한 신화'가 과장되어 오지는 않았는지 한 번쯤 성찰해 볼 필요가 있습니다.

  평가를 혁신하는 것은 단지 평가의 방식을 바꾸는 것이 아니라 평가를 통해 실현되는 '잠재적 교육과정'을 바꾸는 것입니다. 기존의 평가 관행은 결과적으로 우리 학생들에게 '배제'와 '경쟁'을 내면화해 왔습니다. 그 결과 우리 학생들은 늘 '우월감과 열등감의 악순환'을 반복해서 경험하게 됩니다. 이와 반면에 평가를 혁신하는 것은 '인정'과 '협력'의 구조를 형성하는 것입니다. 기존의 평가에서는 늘 배제되던 학생들도 새로운 평가를 통해 자신의 가능성과 잠재력을 정당하게 인정받아 불필요한 열등감에서 벗어나 자존감을 회복할 수 있습니다. 이처럼 평가 혁신을 통해 실현되는 잠재적 교육과정은 '협력의 내면화', '인정의 구조', '자존감의 형성'이라 할 수 있습니다.

국민의 선택을 기다리는 101명의 소녀

출처: M net 홈페이지

  평가 제도는 우리 사회의 단면을 압축하고 있습니다. 많은 분들이 2016년과 2017년에 연이어 방영되었던 〈프로듀스 101〉이라는 예능 프로그램을 기억하실 겁니다. 2016년 〈프로듀스 101 시즌 1〉에서는 "우리는 꿈을 꾸는 소녀들. Pick me Pick me Pick me up!"이라는 노래가 유행했고, 2017년 〈프로듀스 101 시즌 2〉에서는 "오늘 밤 주인공은 나야 나!"라는 노래가 유행했습니다.

이 프로그램은 기본적으로 '서바이벌 게임'입니다. 시청자의 투표에 따라 지망생들의 등수가 매겨지고, 일정한 등수에 들어가지 못하는 지망생들을 탈락시켜 나갑니다. 그리고 나머지 지망생들도 자기의 등수에 따라 피라미드 방식으로 배치되어 있는 자리에 앉게 됩니다. 이들을 일등부터 꼴찌까지 피라미드 방식으로 좌석에 앉히는 장면은 '석차' 제도의 뿌리를 명확히 보여 줍니다. '석차席次'라는 용어의 한자어 어원은 '좌석의 순서'입니다. 즉 과거 일본과 한국의 학교에서 학생들을 성적 순서대로 교실 좌석에 앉히던 관행에서 나온 개념입니다. 지금은 중학교는 물론 고등학교에서도 '학급별 석차'를 산출하지 않음에도 불구하고, 이 프로그램에는 지망생들의 석차를 노골적으로 매기고 있습니다.

이들이 "우리는 꿈을 꾸는 소녀들!"이라고 외치며 춤을 추고 노래를 하지만, 이들의 꿈을 실현시키는 주체는 자기 자신이 아닌 사회적 평가입니다. 아래의 만평은 이러한 예능 서바이벌 게임이 우리 교실의 모습과 일란성 쌍둥이임을 잘 보여 주고 있습니다. 우리 학생들이 타인의 시선에서 자신을 포장하며 "Pick me up"을 외치도록 강요할 것인지, 아니면 자기만의 가능성과 잠재력에 대해 신뢰하며 삶의 주인공으로 성장하도록 도울 것인지 이제 우리 사회가 결단해야 할 때가 아닐까요?

출처: 한겨레 그림판(권범철, 2017. 12. 22.)

평가는 거시적으로 볼 때 우리 사회의 부와 권력을 배분하는 계급 재생산의 핵심적인 통로입니다. 또한 학교 안에서의 평가는 학생들이 자신의 위치를 확인하는 영역이자 사회의 지배 질서가 직접적으로 관철되는 장이기도 합니다. 따라서 평가를 혁신한다는 것은 학생들을 일정한 기준과 틀에 따라 서열화하는 방식에서 벗어나, 학생들이 자신의 존재 가치를 정당하게 인정받고 협력의 정신을 배우며 성장과 발달을 도모할 기회를 제공하는 것을 의미합니다.

7.

성장과 발달을 돕는 평가란?
-초등 평가 혁신의 방향

이전 강의에서는 중등학교의 예를 들면서 평가 혁신의 방향에 대해 말씀드렸습니다. 평가 혁신의 방향은 크게 '절대평가, 질적 평가, 과정 중심 평가, 교사별 평가'를 지향해야 하며, 중등학교에서는 수행평가를 이러한 취지에 살려 시행하는 것이 당면한 과제입니다. 초등학교도 이와 크게 다르지 않습니다. 다만 초등학교는 중등학교보다 한 발짝 더 나아갈 필요가 있습니다. 이를 '성장과 발달을 돕는 평가'라 부를 수 있습니다.

중등학교 교사들은 현재 초등학교의 평가가 어느 정도까지 개선되고 있는지 잘 모르실 수 있습니다. 따라서 중등학교 교사들도 초등평가의 현 상황을 이해하고, 향후 중등평가 혁신의 방향을 모색할 필요가 있습니다. 초등학교 교사들도 현 법령이 보장하고 있는 평가 자율성을 정확히 이해하지 못한 채, 과거의 관행을 되풀이하는 경우도 적지 않습니다. 그래서 여기에서는 초등평가의 변천 과정과 현행 법령, 그리고 여러 학교에서 진행하고 있는 평가 혁신의 사례에 대해 말씀드리도록 하겠습니다.

초등평가의 변천 과정

> 나는 먼저 성적으로 그를 납작하게 만들어 놓으리라고 별러 왔다. (중략) 나는 은근히 날짜까지 손꼽아 가며 일제고사를 기다렸으나 결과는 참으로 뜻밖이었다. 놀랍게도 석대는 평균 98.5로 우리 반에서는 물론 전 학년에서 1등이었다. 나는 평균 92.6 우리 반에서는 겨우 2등을 차지했지만 전 학년으로는 10등 바깥이었다.
>
> _이문열, 「우리들의 일그러진 영웅」 중에서

이문열의 소설 「우리들의 일그러진 영웅」을 보면 1950년대 초등학교의 시험 풍경이 나옵니다. 학급의 독재자 '엄석대'의 폭력에 시달리던 화자는 물리적 폭력에 대응하는 무기로 '시험 성적'을 택합니다. 이때에는 '일제고사'라는 용어가 공식적으로 쓰였고, 초등학생의 시험 성적을 소수점까지 매기고 이에 따라 전교 등수까지 산출했던 시절이었습니다.

그러나 지금은 초등학교 평가 방식이 완전히 달라졌습니다. 아마 우리 선생님들은 초등학교 시절에 '수, 우, 미, 양, 가'로 기록된 성적표를 받아 보셨을 겁니다. 하지만 이러한 방식의 초등 평가도 학생들의 성장에 도움이 되지 못한다는 문제의식에 따라, 7차 교육과정이 적용되는 2000년부터 완전히 폐지되었습니다. 7차 교육과정에 나타난 평가 관련 지침은 다음과 같습니다.

- 평가는 모든 학생들이 교육 목표를 성공적으로 달성하기 위한 교육의 과정으로 실시한다.
- 교과의 평가는 선다형 일변도의 지필 검사를 지양하고, 서술형 주관식 평가와 표현 및 태도의 관찰 평가가 조화롭게 이루어지도록 한다.
- 초등학교의 교과 활동 평가는 학생의 활동 상황과 특징, 진보의 정도 등을 파악하여, 그 결과를 서술적으로 기록하는 것을 원칙으로 한다.

_〈제7차 교육과정 총론〉(1997년 고시)에서

놀랍게도 7차 교육과정 문서에서도 평가란 "교육 목표를 달성하기 위한 교육의 과정으로 실시한다."고 규정하고 있으며, 더욱이 초등학교의 평가는 '학생의 활동 상황과 특징, 진보의 정도 등을 파악하여 그 결과를 서술적으로 기록'하도록 되어 있습니다. 즉 요즘 말하고 있는 '과정 중심 평가', '성장과 발달을 돕는 평가'라는 개념이 그 당시에 이미 규정되어 있는 것이죠. 이에 따라 초등학교 학교생활기록부에는 성적이나 등급, 등수가 사라지고 학생의 활동 상황과 성장의 과정을 서술식으로 기록하도록 되었습니다. 현행 교육부의 〈학교생활기록 작성 및 관리 지침〉에 의하면, 초등학교에서 법적으로 해야 할 사항은 '세부능력 및 특기사항' 기재 이외에 아무것도 없습니다.

- 초등학교의 경우 성취기준·성취수준에 따른 성취도에 중점을 두고 평가가 이루어지도록 한다.
- 초등학교의 교과학습발달상황은 각 과목별 성취기준에 따른 성취수준의 특성 등을 '세부능력 및 특기사항'란에 과목

별로 간략하게 문장으로 입력하고, 방과후학교 수강내용(강
좌명, 이수시간 등)을 입력할 수 있다.

_교육부, 〈학교생활기록 작성 및 관리 지침〉에서

이렇게 교육과정 문서와 관련 지침이 변경되었음에도 불구하고 여
전히 초등학교에서도 중간고사·기말고사와 같은 일제식 평가는 관행
적으로 지속되어 왔습니다. 그리고 학생의 성적이나 등수도 암암리에
알려졌고, '잘함, 보통, 노력 요함'과 같은 3단계 혹은 4단계 평가가 일
상적으로 지속되었습니다. 이러한 관행은 사실상 국가교육과정 및 평
가 지침을 위반한 것이라고 해석될 수 있습니다.

그러다가 이른바 진보 교육감 당선 이후 초등평가의 관행이 대폭
개선되기 시작합니다. 우선 교육청의 〈학업성적관리 시행지침〉에 초등
학교 일제식 지필평가 폐지를 명문화하게 됩니다. 2011년 서울교육청
에서 이러한 지침을 시행한 이후 현재 대부분의 시도교육청에서 초등
일제식 지필평가를 순차적으로 폐지해 왔습니다. 그리고 '성장과 발달
을 돕는 평가'라는 개념이 널리 확산되고 있는 추세입니다.

- 행복성장평가를 실시한다. 행복성장평가는 줄 세우기 평가
  가 아닌 격려하고 가능성을 찾아 주는 평가, 개별화된 학생
  평가, 학생의 성장과 발달을 돕는 평가를 지향한다.
- 교과학습의 평가는 일제 형식의 지필평가로 실시하지 않
  는다.
- 교과학습의 평가 결과는 점수로 공개하거나 통지하지 않
  는다.

- 교과학습의 평가는 관찰법, 면접법, 토론법, 자기평가, 상호 평가, 프로젝트 보고서, 포트폴리오, 서술·논술형 평가 등 교과별 특성에 적합한 다양한 평가 방법을 활용한다.
- 평가 결과는 다음과 같이 활용한다.
- 학생들의 개별적 자질과 가능성을 진단·확인하는 자료
- 학생의 학습활동에 필요한 후속 지도 자료
- 담임 및 교과 담당 교사의 교수·학습 방법 개선 자료
- 학생의 성장과 발달 지원을 위한 교사-학부모 간 소통·협력 의 자료

_강원도교육청 〈초등학교 학업성적관리 시행지침〉에서

현재 대부분의 시도교육청이 이와 유사한 지침을 시행하고 있습니다. 「우리들의 일그러진 영웅」에 나오는 초등학교 평가의 모습과 비교해 보면 상전벽해桑田碧海라 불러도 좋을 만한 변화입니다.

하지만 학교현장에서는 여전히 '성장과 발달을 돕는 평가'라는 취지를 낯설어하거나 이를 구체적으로 적용하기 어려워하는 듯합니다. 그래서 이번 강의에서는 '성장과 발달을 돕는 평가'의 이론적 근거, 이의 구체적인 모습에 대해 말씀드리고자 합니다.

'성장과 발달을 돕는 평가'의 이론적 근거

문제를 하나 내겠습니다. 미국의 어느 초등학교에 인디언 아이들이 전학을 왔다고 합니다. 시험 시간입니다. 선생님이 시험 치를 준비를 하라고 하자, 백인 아이들은 책상을 벌리고 가림판을 올리며 시험 치

를 준비를 합니다. 선생님이 문제지를 나눠 주자 인디언 아이들은 어떻게 했을까요?

아마 많이 들어 보신 일화일 겁니다. 인디언 아이들은 책상을 모으고 서로 상의를 하며 문제를 풀기 시작했습니다. 이를 본 선생님이 야단을 치자, 인디언 아이들은 어리둥절해하며 이렇게 이야기를 했습니다. "선생님, 저희들은 어려운 문제에 부딪히면 항상 도우면서 해결하라고 어른들께 배웠어요." 선생님 학급에서도 이런 방식으로 시험 문제를 풀고 있나요?

문제를 하나 더 내겠습니다. 이번에는 교육 선진국 핀란드로 떠나보겠습니다. 제가 어느 다큐멘터리에서 본 장면입니다. 핀란드 중학교의 시험시간입니다. 학생들이 열심히 문제를 풀고 있습니다. 그런데 한 학생이 아무리 생각해도 잘 모르는 표정입니다. 그때 그 학생은 어떻게 했을까요?

놀랍게도 그 학생은 선생님께 "이 문제 너무 어려워요. 어떻게 풀어요?"라고 도움을 요청했습니다. 그러자 선생님은 그 학생에게 다가가서 "뭐가 어렵니? 네가 여기서 막혔구나. 그럼 이렇게 생각해 볼까?"라며, 정답은 알려 주지 않지만 문제에 접근하는 요령을 알려 줍니다. 그러자 그 학생은 "아, 알겠다."라며 문제를 해결하게 됩니다.

자, 여기서 진짜 문제를 내겠습니다. 핀란드에서 이런 방식으로 평가를 하는 이유가 무엇일까요? 인디언 아이들과 핀란드의 평가, 이 두 장면에서 확인해 볼 수 있는 어느 유명한 교육학자의 개념은 무엇일까요?

인디언 아이들의 시험 장면에는 '또래 학생과의 협력'이 있습니다. 핀란드의 평가 장면에는 '교사의 도움'이 있습니다. 그러자 "아! 알겠다."는 깨달음의 순간이 찾아옵니다. 이 두 장면을 가만히 들여다보면 비고츠키의 유명한 개념인 '근접발달영역'이 생각납니다.[18]

잠재적 발달수준
(교사의 도움, 또래와의 협력을 통해 도달 가능한 수준)

근접발달영역(Zone of Proximal Development)

실제적 발달수준
(혼자서 해결할 수 있는 수준)

비고츠키는 우리 학생들이 언제 비약적으로 성장 발달하는지를 집중적으로 연구한 학자입니다. 비고츠키가 보기에 우리 학생들에게는 겉으로 드러난 실제적 발달수준뿐만 아니라 내면에 감추어진 잠재적 발달수준이 존재합니다. 이 잠재적 발달수준은 마치 씨앗과도 같아, 돌밭에 떨어지면 싹을 틔울 수 없으나 옥토에 떨어지면 싹을 틔울 수 있습니다. 이 옥토와도 같은 곳을 '근접발달영역'이라고 부릅니다. 혼자서는 할 수 없지만 친구들과 도움을 주고받을 수 있기 때문에, 선생님이 도와주기 때문에 해낼 수 있는 가능성의 영역이 바로 근접발달영역입니다.Vygotsky, 1978

이 이론에 근거하여 수업시간에 다양한 협력적 활동이 진행되고 있습니다. 그리고 이제는 수업시간에만 이 개념을 적용하는 것이 아니라

---

18. 비고츠키의 '근접발달영역' 개념에 대해서는 이 책의 제2부 1장 '학생의 성장과 발달은 언제, 어떻게 이루어지는가?'에서 자세히 설명하겠습니다.

평가에서도 이 개념을 적용하고 있습니다. 예전에는 시험을 볼 때 '실제적 발달수준'만 확인했습니다. 이제는 '잠재적 발달수준', 즉 이 학생이 어디까지 성장할 가능성이 있는지를 확인하고 그 가능성을 현실화할 수 있도록 돕는 평가에 주목하고 있습니다. 이것이 바로 '성장과 발달을 돕는 평가'의 이론적인 근거입니다.

예를 들어 예전에는 수학 시험문제 10문제 가운데 어떤 학생이 2문제를 틀렸다면, 그 학생에게 80점을 부여하거나 심지어 틀린 개수만큼 매질을 가하기도 했습니다. 하지만 이 이론에 의하면, 그 학생에게 '다시 문제를 풀 기회를 준다면', 혹은 '짝꿍과 같이 문제를 풀게 한다면', 그래도 문제를 풀지 못한다면 '선생님이 도와준다면' 어디까지 해낼 수 있을까를 확인해야 합니다. 그러고 나서 향후에는 혼자서도 그 문제를 잘 풀 수 있도록 지원해야 합니다.

어떤 학생은 지필평가를 볼 때에는 매우 긴장을 해서 아는 문제도 틀리는 경우가 있습니다. 그 학생에게 말로 답을 말하라고 하면 곧잘 해내기도 합니다. 이 경우에는 평가 방식을 바꾸어야 합니다. 즉 '지필평가가 아닌 구술평가를 한다면' 어느 수준까지 해낼 수 있는지를 확인하는 것입니다. 또 어떤 학생은 생각이 깊어서 문제를 해결하는 데에 시간이 오래 걸릴 수도 있습니다. 예전에는 정해진 시간이 끝나면 답안지를 거둬 갔습니다만, 이제는 '시간을 더 준다면' 어느 수준까지 해낼 수 있는지를 확인하는 것이 더 의미가 있습니다.

이러한 방식을 교육학에서는 '역동적 평가'라고 합니다. 제한된 시간을 정해 놓고 하나의 평가 방식만을 통해 겉으로 드러난 수준만을 확인하는 것을 '정태적 평가'라고 합니다. 반면 '역동적 평가'란 '시간의 제약을 두지 않는다면', '여러 번 기회를 준다면', '다양한 평가 도구를 활용한다면', '친구들이 서로 도우며 문제를 해결할 기회를 준다면', '교사가 문제를 해결하는 과정을 돕는다면' 그 학생이 어디까지 해낼 수 있는지 잠재적 수준까지 확인하는 것을 의미합니다.

무엇이 의미 있는 평가일까요? 제한된 조건을 정해 놓고 겉으로 드러난 능력만 확인하는 평가일까요? 아니면 다양한 조건을 열어 놓고 잠재적 능력까지 확인하는 것이 의미 있는 평가일까요? 이제 초등학교에서의 평가는 이러한 본질까지 고민해야 할 시기가 왔습니다.

'성장과 발달을 돕는 평가'의 요소

아직까지 '성장과 발달을 돕는 평가'의 구체적인 방법에 대해서는 명확히 정리된 내용이 없습니다. 선생님들의 구체적인 실천을 통해 그 내용을 풍부히 쌓아 가야 할 것입니다. 하지만 그동안 학교현장에서 실천된 내용들을 통해 '성장과 발달을 돕는 평가'의 요소를 정리해 보면 대략 다음과 같습니다.[19]

> **1) 인지적·정의적·신체적·사회적 영역의 전인적 평가**
> • 생각하는 힘을 기르는 평가
> • 표현에 담긴 마음을 읽는 평가
> • 움직임의 의미를 살리는 평가

---

19. 이 내용은 장민희 외(2016)에서 제시된 항목들을 필자가 부연 설명한 것입니다.

그동안 주로 학생의 인지적 영역에 한정된 평가가 이루어져 왔습니다. 이제는 인지적 영역뿐만 아니라 정의적, 신체적, 사회적 영역까지를 통합한 전인적 평가가 이루어져야 합니다. 특히 초등학생의 경우에는 정의적, 신체적, 사회적 영역의 특성이 인지적 영역에 미치는 영향력이 큽니다. 예를 들어 새로운 학급에서 새롭게 친구들과 관계 형성에 서툰 학생들은 교과 학습에 전념하기 어렵습니다. 또한 가정형편 등 여러 가지 이유로 자존감이 부족한 학생들도 학교생활에 적응하기 어렵습니다. 그렇기 때문에 초등 선생님들은 수업시간에 학생들이 보이는 다양한 특성을 예민하게 관찰할 필요가 있습니다. 예를 들어 학업능력이 부족한 이유가 이전 학년에서 충분한 학습의 기회를 얻지 못했기 때문인지, 아니면 정의적, 신체적, 사회적 영역에서 결핍이 있는지 등을 제대로 진단하는 것 자체가 초등 평가에서 매우 중요한 요소입니다.

교과별 학습에서도 마찬가지입니다. 초등학교의 교과별 성취기준을 살펴보면 인지적 영역만 강조하는 것이 아님을 알 수 있습니다. 예를 들어 사회과 성취기준을 보면 "상호 이해와 협력의 태도를 기른다."와 같이 '태도와 가치'를 중시하고 있고, 체육과 성취기준에는 "두려운 상황을 극복하여 도전한다."와 같이 '의지'를 중시하고 있습니다. 선생님들이 보시기에 학생들에게 조금 미흡한 면이 있더라도 '표현에 담긴 마음', '움직임의 의미'를 읽어 줄 필요가 있으며, 이 속에서 우리 학생들이 다른 사람과 어떤 관계를 맺어 가고 있는지를 살뜰히 살피는 것이 성장과 발달을 돕는 평가의 정신에 부합될 것입니다.

2) 활동적·실제적·협력적 평가

- 학습활동의 과정 속에서 이루어지는 평가
- 학생의 실제 삶 혹은 이와 유사한 상황 속에서 이루어지는 평가
- 학생들이 서로 도움을 주고받을 수 있는 기회를 주는 평가

학생의 성장과 발달 과정을 확인하기 위해서는 마땅히 수업시간에 다양한 학습활동을 진행하는 가운데 평가가 이루어지는 과정 중심 평가를 진행해야 합니다. 특히 초등학교의 경우 학생들이 "지금 평가가 이루어지고 있다."는 사실을 인식하지 못할 정도로 자연스럽게 이루어지는 활동적 평가가 중심을 이루어야 합니다.

이때에는 학생들이 배운 내용을 자신들의 실제 삶에 적용하고 실천할 수 있는 실제적 평가authentic assessment가 이루어져야 합니다. 그동안 학교에서 흔히 활용했던 지필평가는 말 그대로 '종이와 연필'로 이루어지는 평가라는 점에서 학생들의 실제 삶의 장면과 가장 동떨어진 평가라고도 할 수 있습니다. 수학시간에 사칙연산을 배웠다면 이를 지필평가를 통해 확인하는 것도 필요하지만, 학생들의 실제 삶과 유사한 상황—예를 들어 상점 주인과 손님의 역할극—을 설정하고 이 상황에서 사칙연산을 제대로 적용하는지를 확인하는 평가가 필요합니다.

특히 학생들이 서로 도움을 주고받을 수 있는 기회를 주는 평가가 중요합니다. 앞에서 비고츠키의 근접발달영역에 대해서 말씀드렸듯이, 학생들은 친구들과 서로 협력하는 경험을 통해 아직까지는 충분히 성숙하지 않았던 발달의 가능성을 현실화할 수 있습니다.

이러한 평가가 이루어지기 위해서는 수업시간에 '평가 장면'을 고려하는 것이 필요합니다. 일제식 평가를 시행하던 시절에는 굳이 '평가 장면'에 대한 고민이 필요 없었지요. 하지만 수업의 과정에서 이루지는 활동적·실제적·협력적 평가가 원활하게 이루어지기 위해서는 수업의 흐름 속에서 어떻게 평가가 함께 이루어지도록 할 것인지에 대한 고민이 필요합니다.

그래서 요즘은 "수업이 곧 평가다."라는 담론이 확산되고 있습니다. 이 말은 아예 평가가 필요 없다는 뜻이 아닙니다. 물론 '수업이 곧 평가'라는 관점에 따라 별도의 평가 과제를 부여하지 않을 수도 있습니다. 다양한 학습활동을 진행하면서 교사가 학생들의 활동을 관찰하는 것 자체가 평가일 수도 있지요. 하지만 때로는 학생들이 제대로 배웠는지를 심화시켜 확인하는 평가도 필요합니다. 이 경우에는 학습활동지라든가 서술형 문항 등 간단한 평가 도구를 활용할 필요도 있습니다. 때로는 학생들이 배운 내용을 실제 삶 혹은 이와 유사한 상황에 적용해 보는 평가도 필요합니다. 이때에는 수업 중 활동과 연계된 수행과제, 프로젝트, 포트폴리오 등 심화된 평가 도구를 활용해야 합니다. 이 속에서 학생들이 서로 도움을 주고받을 수 있는 기회를 교사가 목적의식적으로 제공하는 것이 매우 중요합니다.

> **3) 역동적·개방적 평가**
> - 여러 번 도전 기회를 주는 평가
> - 시간의 제약을 두지 않는 평가
> - 교사가 도움을 주는 평가
> - 다양한 방식(문어적, 구어적, 시각적, 신체활동적)을 개방하는 평가

지금까지 말씀드린 '인지적·정의적·신체적·사회적 영역의 전인적 평가', '활동적·실제적·협력적 평가'를 실시하는 것도 쉽지는 않습니다. 여기서 한 발짝 더 나아가면 '역동적·개방적 평가'를 생각해 볼 수 있습니다. 이러한 평가야말로 비고츠키가 말한 근접발달영역을 창출하는 평가에 해당합니다.

예전의 평가는 '정해진 시간 내에, 혼자서, 단 한 번만 기회를 주는 평가'였습니다. 그러나 이제는 평가의 틀을 좀 더 개방적이고 유연하게 열어 놓을 필요가 있습니다. 단 한 번 만에 목표에 도달할 수 있는 학생은 많지 않습니다. 그렇기 때문에 여러 번 도전할 기회를 주거나 시간의 제약을 두지 않는 평가를 시행하는 것이 필요합니다. 예를 들어 처음에는 '미도달'로 판정된 학생들도 다음에는 '도달'로 판정될 수 있는 여지를 두는 것입니다.

그러기 위해서는 때로는 교사가 적극적인 도움을 주는 평가가 필요합니다. 또한 하나의 평가 방식만 활용하는 것이 아니라, 동일한 성취 기준이라 할지라도 때로는 지필 방식으로(문어적 평가), 때로는 구술 방식으로(구어적 평가), 때로는 그리기나 역할극 등 표현 활동으로(시각적·신체활동적 평가) 평가를 진행할 수 있습니다.

중요한 것은 학생의 성장 발달 과정을 다양한 측면에서 확인할 수 있는 교사의 안목입니다. "이런 경우에는 학생들이 힘들어하지만, 이런 경우에는 학생들이 제법 잘해 내는구나." 하는 점을 역동적·개방적 평가를 통해 확인해 내는 것이지요. 그만큼 교사들에게 새로운 평가 전문성이 요구되고 있습니다.

4) 지속적·장기적 평가
- '스냅 사진'이 아닌 '사진 앨범' 식 평가
- 교사가 오랫동안 지켜보는 평가(학년군 교육과정, 담임연임제 연계)
- 성장의 과정을 관찰하며 긍정적인 변화를 확인하는 평가

평가는 사실 학생의 입장에서는 무서운 일입니다. 아직 성장의 가능성이 충분히 싹트지 않은 단계에서, 한두 번의 평가로 가능성의 싹을 잘라 버릴 수도 있기 때문입니다. 학생의 성장과 발달은 단기간 안에 이루어지는 것이 아니라 오랜 기간을 거쳐 서서히 이루어집니다. 그렇기 때문에 지속적·장기적 평가가 필요합니다.

이는 비유컨대 특정 순간을 포착하는 '스냅 사진'이 아니라 여러 장면을 모아 인물의 성장 과정을 보여 주는 '사진 앨범' 식 평가입니다. 우리 학생들이 한 학기 혹은 일 년 동안 다양하게 활동해 온 내용들을 축적해 가는 포트폴리오 평가가 대표적인 예일 것입니다. 이러한 평가 속에서 '교사가 오랫동안 지켜보며', '성장의 과정을 관찰하고 긍정적인 변화를 확인하는' 평가가 이루어져야 합니다. 그만큼 교사의 애정 어린 관찰, 성장의 가능성을 확인하는 안목이 중요하겠지요.

현재의 관행이나 제도 속에서 지속적·장기적 평가를 하기가 쉽지는 않습니다. 교육과정의 호흡이 짧고, 교과서 단원이 분절적이며, 학급 담임제도도 경직되어 있습니다.

우선 단원별, 학기별, 학년별 주기의 평가 관행에 대해서 달리 생각해 볼 필요가 있습니다. 초등학교의 교육과정은 '학년군 교육과정'입니다. 국가교육과정에서는 1~2학년, 3~4학년, 5~6학년 군별로 성취기

준이 제시되어 있죠. 이는 예컨대 3학년 때 성취기준에 도달하지 못했다면 4학년 때 도달하는 것도 무방하다는 가능성을 열어 놓는 교육과정입니다. 그런데 사실상 초등학교에서 학년군 교육과정을 운영하는 경우는 거의 없죠. 이는 교과서제도와 담임제도 탓입니다. 교육과정 문서에는 성취기준이 학년군별로 제시되어 있으나, 교과서는 학년별로 만들어져 있습니다. 또한 매년 담임교사가 바뀌다 보니 어떤 학생이 이전 학년에서 어느 정도의 성취수준을 보였는지 다음 학년 담임교사가 알기 어렵습니다.

그래서 대안적으로 등장한 개념이 '담임연임제'입니다. 담임교사를 2년 단위로 맡음으로써 한 학생의 성장 과정을 적어도 2년 정도 지켜보면서 필요한 도움을 주어야 한다는 것이죠. 발도로프 학교에서는 무려 8년 동안 한 교사가 담임을 연이어 한다고 합니다. 물론 쉬운 일이 아니지요.

초등교사들은 보통 고학년 담임을 기피하고 저학년 담임을 선호하는 경향이 있습니다. 이러한 현실적 여건을 고려해 볼 때 1~2학년부터 담임연임제를 적용해 보는 것은 어떨까 싶습니다. 그럴 경우 적어도 한글을 깨우치지 못하거나 기본적인 사칙연산을 하지 못한 채 3학년에 올라가는 학생의 거의 사라지지 않을까 하는 생각을 조심스럽게 해 봅니다. 만일 담임연임제가 현실적으로 어렵다면 학교를 학년군 체제로 운영하는 것도 대안이 될 수 있습니다. 즉 1~2학년군, 3~4학년군, 5~6학년군을 '학교 안 작은 학교'처럼 운영하면서, 동학년군 교사들이 일상적으로 협의를 진행하는 것입니다. 그렇게 되면 학생의 발달 과정을 긴 호흡으로 지켜보면서 더 성장할 수 있도록 지원하는 것이 지금보다는 수월해질 것입니다. 중요한 것은 '성장의 과정을 오랫동안 지켜보며, 긍정적인 변화의 가능성을 확인'하는 평가 철학을 공유하는 것입니다.

> **5) 함께 하는 평가**
> * 학생의 자기평가, 동료의 상호평가
> * 교사의 평가와 학부모의 소통

학생 평가권은 당연히 교사에게 있습니다. 그러나 학생의 자기평가나 동료의 상호평가도 평가의 중요한 자료로 활용될 수 있습니다. 학생들이 스스로 자기의 학습과정을 점검하는 자기평가를 통해 앞으로 더 노력하고자 하는 마음을 기를 수 있고, 학생들 사이의 상호평가를 통해 협력의 중요성을 깨닫게 할 수도 있습니다. 그리고 이러한 결과를 다시 학생에게 피드백함으로써 학생들이 앞으로 무엇을 더 노력해야 하는지 알도록 하는 것도 빼놓을 수 없는 평가의 과정입니다.

또한 평가의 결과를 가지고 학부모와 소통하는 것이 매우 중요합니다. 예전에는 학생들의 성적이나 등수를 학부모에게 일방적으로 통보하는 것이 관행이었지만, 요즘은 많은 학교에서 평가의 결과를 학부모와의 소통의 기회로 삼고 있습니다. 학교마다 자체적으로 제작한 통지 양식에 가정통신문을 결합하여 '학부모님께 드리는 부탁 말씀', '자녀를 위한 부모님의 말씀' 등을 적는 방식이 널리 활용되고 있습니다. 때로는 학부모 방문 주간을 활용하여 학생들의 포트폴리오를 놓고 상담을 진행하기도 하고, SNS를 통해 학교에서 진행되었던 수업과 평가의 결과를 즉각적으로 소통하기도 합니다. 이를 통해 학부모들이 점수나 등수에 관심을 갖는 것이 아니라, 자녀의 성장을 위해서 가정에서 해야 할 일이 무엇인지를 알아 가는 기회를 얻는 것이 중요합니다.

이러한 소통이 이루어지기 위해서는 평가 결과에 대한 교사의 기록이 매우 중요합니다. 법적으로 볼 때 교사가 반드시 해야 할 것은 학교생활기록부의 '세부능력 및 특기사항'입니다만, 이것만 기록하기에는 입력 가능한 분량이 너무 짧습니다. NEIS 양식을 활용하기도 하지만 여기에는 '상, 중, 하' 방식의 등급을 나누도록 되어 있어 께름칙할 뿐만 아니라, NEIS 입력이 교사가 반드시 따라야 할 법적 의무 사항도 아닙니다. 그래서 많은 학교에서 자체적으로 제작한 평가 통지 양식을 활용합니다. 여기에 기록하는 내용은 대략 다음과 같습니다.[20]

> **• 관찰한 특성을 기술한 경우**
> 쉬는 시간에 틈틈이 책을 즐겨 읽으며 특히 역사책을 좋아합니다. 학급문고에서 스스로 책을 찾아 읽습니다.
>
> **• 변화 과정을 강조한 경우**
> 약수와 배수에 대한 이해가 더뎠지만 보충 활동으로 극복하고, 이를 활용하여 통분과 약분을 할 수 있게 되었습니다.
>
> **• 수업 태도를 강조한 경우**
> 대표 토론자로서 논제에 맞는 주장과 근거를 준비하고, 논리적인 발표와 진행으로 친구들이 토론의 절차와 방법을 익히는 데 구체적인 도움을 주었습니다.

---

20. 최혜영(2016)에서 제시된 내용을 일부 재구성하여 인용했습니다.

- 학부모에게 구체적인 도움을 요청한 경우
  가족들과 대화를 자주 나누거나 몸을 부딪치는 놀이 등을 통해 상호작용을 많이 하면 좋겠습니다.

- 장애가 있는 학생인 경우
  이제 친구들 학용품에 적힌 이름을 보고 주인을 정확하게 찾아 줄 수 있게 되었습니다. 과학 수업 내용에 어울리는 책을 교사에게 추천할 정도로 인지적 측면에서도 성장을 보였습니다. 가을 운동회 때는 혼자 힘으로 1km나 되는 거리를 힘차게 뛰었습니다.

이러한 항목은 학교마다 교사마다 자율적으로 선정해야 합니다. 교사별 평가의 정신에 따라 학급마다 다양하고 창의적인 교육과정을 운영하고, 이에 따른 평가를 시행해야 하기 때문입니다. 하지만 때로는 교사들의 협의를 통해 학년별 특성에 맞는 기록 항목들을 함께 정할 수도 있습니다. 그리고 학교별 통지 양식을 개발하고 이를 공유하면서 더 바람직한 통지 양식을 만들어 갈 수도 있습니다. 중요한 것은 이 속에서 우리 학생들의 성장과 발달 과정이 오롯이 드러날 수 있도록 하는 것입니다.

6) 잠재력과 가능성에 주목하는 평가
- 모든 학생이 성장할 수 있다는 신념을 전제로 하는 평가
- 새로운 가능성을 발견하는 평가
- 도달하는 목표와 속도가 다를 수 있다는 것을 인정하는 평가

지금까지 말씀드린 초등 평가의 방향은 궁극적으로 학생의 잠재력과 가능성을 주목하는 데에 목적이 있습니다. 우선 모든 학생이 성장할 수 있다는 신념을 전제로 하는 것이 중요합니다. 만약 어떤 학생이 성취기준에 도달하지 못했다면 부족한 부분을 학교에서 지원하는 것이 필요합니다. 교사들이 아무리 열심히 교육을 하더라도 대부분의 학생들이 성취기준에 도달하지 못한다면, 그 성취기준 자체를 의심할 필요가 있습니다. 국가교육과정에서 제시된 성취기준이 지나치게 높을 수도 있기 때문입니다. 그럴 경우에는 교사들의 현장 경험을 바탕으로 국가가 교육과정의 난이도를 조정하도록 요구해야겠지요.

어떤 학생은 협소한 성취기준을 넘어서 새로운 가능성을 보여 주는 경우도 있을 것입니다. 국가교육과정의 성취기준이 포괄하지 못하는 새로운 가능성을 발견하는 것도 평가의 중요한 기능일 것입니다.

또한 모든 학생이 동일한 시기에 동일한 목표에 도달해야 한다는 개념에서도 자유로울 필요가 있습니다. 학생마다 도달하는 목표와 속도가 다를 수도 있다는 것을 인정하는 것입니다. 이를 개별화 교육과정IEP, Individualized Education Plan이라고 합니다. 이 개념은 특히 특수교육에서 일반화된 개념입니다. 학생마다 장애의 유형과 정도가 다른 특수교육에서는 동일한 성취기준을 강요하는 것은 적합하지 않을 수 있습니다. 그렇기 때문에 특수교육에서는 학생 한 명 한 명의 상황과 발달 과정을 존중하고, 이에 맞는 개별화 교육과정을 운영하도록 되어 있습니다. 이러한 개별화 교육과정은 특수교육에만 적용되는 원리가 아니라 향후에는 모든 교육에 확장되어야 할 보편적인 원리라고 할 수 있습니다. '성장과 발달을 돕는 평가'는 향후에는 학생 한 명 한 명의 가능성에 주목하는 '개별화 평가'로 진화되어야 할 것입니다. 이미 학생 수가 적은 소규모 학교에서는 이러한 개별화 평가를 시행하고 있고, 앞으로 이러한 실천이 더욱 확대될 것으로 보입니다.

특수교육 개별화 교육평가 양식과 기재 예시

	현행 수준	학기 목표	평가
국 어	간단한 몸짓으로 자신의 의사를 표현하지만, 어떤 의미를 전달하고자 하는지 불명확함. 간단한 단어를 보고 따라 쓰지만 철자법 사용에 오류가 자주 있음.	학기 목표 1. 간단한 질문을 듣고 수화로 대답할 수 있다. 학기 목표 2. 그림책을 읽고 글의 내용을 파악할 수 있다. 학기 목표 3. 맞춤법, 문장부호를 바르게 사용할 수 있다.	평가 1. 일상에서 자주 사용하는 질문을 듣고 수화로 어느 정도 대답할 수 있음. 평가 2. 그림책에 흥미를 느끼고 읽으며, 순서대로 장면을 배열할 수 있음. 평가 3. 교사의 지원을 받아 맞춤법과 문장부호를 보고 따라 쓸 수 있음.

'진단-소통-지원'으로서의 평가

지금까지 말씀드린 '성장과 발달을 돕는 평가'는 '평가'에 대한 근본적인 인식 전환을 요구합니다. 그리고 이쯤 되면 과거의 평가 개념으로는 더 이상 포착할 수 없는 새로운 평가 개념이 도출됩니다. 어찌 보면 '평가'라는 용어는 '시험, 성적, 서열화' 등의 이미지로 인해 씻어 내기 어려울 정도로 오염되어 있습니다. 이를 대체할 수 있는 새로운 개념이 필요합니다. 그 개념은 아마도 '진단-소통-지원'이지 않을까 싶습니다.

'진단'은 의학적 용어입니다. 의사가 환자를 진단하는 이유는, 증상을 정확히 확인하여 처방을 내리기 위함입니다. 학생 평가도 마찬가지입니다. 평가를 하는 이유는 학생의 상황에 맞는 지원 방법을 찾기 위함입니다. 물론 의학적 용어를 쓰는 것이 적절하지 않아 '진단' 대신 '이해'라는 용어를 쓰는 경우도 있지만,손유미, 2017 평가의 목적을 분명히 드러내기 위해서는 '진단'이라는 용어를 쓰는 것도 나쁘지 않은 것 같습니다.

진단의 결과를 학생, 학부모와 '소통'하는 것이 매우 중요합니다. 앞에서 말씀드렸던 평가 통지 기록은 이러한 '소통'의 방식 가운데 하나입니다. 단지 평가 결과를 통지하는 것뿐만 아니라 학생이 자신의 학습 과정을 점검하고 학부모가 학생을 이해하며 지원 방법을 찾는 것이 '소통'의 목적입니다.

이러한 진단과 소통의 과정을 통해 학생들에 대한 지원 방법을 찾고 더 성장할 수 있도록 돕는 것이 궁극적인 목적입니다. 여기에는 국가나 교육청의 역할, 학교의 역할, 교사의 역할, 학부모의 역할이 모두 포함됩니다. 국가나 교육청에서는 학교 차원에서 해결하기 어려운 문제에 대한 지원책을 마련해야 합니다. 기초학력이 현저히 부족한 학생, 심리적 지원이 필요한 학생, 사회적 복지를 제공해야 하는 학생에 대한 지원책을 마련하는 것이 대표적인 예입니다. 학교나 교사 차원에서는 평가의 결과를 바탕으로 모든 학생의 배움이 보장되는 학습 환경을 만들고, 이 중에서도 특히 더 많은 어려움을 겪는 학생에 대한 도움을 제공해야 합니다.

이러한 과정에서 교사에게 필요한 평가 전문성은 '오류가 없는 평가 문항을 출제하여 명확한 기준으로 채점을 하는' 전문성이 아니라 '학생의 성장 발달 과정을 이해하고 이를 돕는 방법을 찾는' 전문성입니다. 그리고 그 전문성의 바탕에는 학생들을 오랫동안 바라보며 그들에게 잠재돼 있는 가능성을 알아봐 주는 애정이 있어야 합니다. 그렇기 때문에 나태주 시인의 「풀꽃」은, '성장과 발달을 돕는 평가'의 정신을 문학적으로 형상화한 작품이 아닐까 싶습니다.

풀꽃

나태주

자세히 보아야 예쁘다.
오래 보아야 사랑스럽다.
너도 그렇다.

8.

교육과정과 교과서,
입시를 어떻게 바꿔야 하는가?
-교육과정-수업-평가 혁신을 위한 제도적 과제

그동안은 교육과정-수업-평가 혁신을 위해 선생님들께서 노력하셔야 할 과제에 대해 말씀드렸습니다. 이 중 어느 하나도 쉬운 일은 없습니다. 무엇보다도 교사들의 주체적인 인식 변화와 전문성 향상이 필요합니다. 그렇다고 해서 이 어려운 일들을 교사들의 몫으로만 돌릴 수는 없습니다. 더 근본적인 것은 제도입니다. 예를 들어 아무리 '성장과 발달을 돕는 평가'를 하고 싶어도 입시경쟁제도가 사라지지 않는 한 이는 매우 어렵습니다.

제도의 변화는 매우 더딘 편입니다. 새로운 제도가 도입되었다고 해서 그 효과가 바로 나타나는 것도 아닙니다. 새로운 제도는 의도했던 목적을 달성할 수도 있고 그렇지 않을 수도 있지만, 때로는 의도하지 않았던 효과를 낳기도 합니다. 제도를 변화시키는 주체는 국가이지만 학교현장의 변화가 제도의 변화를 유도하기도 합니다. 그리고 새로운 제도가 교사들의 실천을 한 단계 높은 차원으로 끌어올리기도 합니다. 이처럼 제도의 변화와 구성원의 실천은 변증법적인 상호작용을 일으키기도 합니다.

중학교 자유학기제를 예로 들어 말씀드리겠습니다. 자유학기제 도입 초기의 강조점은 '꿈과 끼를 키우는 교육' 특히 진로교육이었습니다. 진로교육을 활성화하기 위해서는 한 학기만이라도 중간·기말고사 등 일제식 지필평가를 치르지 않고 다양한 교육과정을 운영할 필요가 있었던 것이죠. 그런데 이 제도가 도입된 이후 학교현장에서는 '진로교육'이 아닌 '수업혁신' 중심으로 자유학기가 실제로 운영되었습니다. 다만 '중간·기말고사 등 일제식 지필평가를 더 이상 보지 않아도 되는 상황에서, 수업과 교육과정이 어떻게 바뀔 수 있을지 최대한 실험해 보는 기회'로 자유학기가 활용된 것입니다. 그래서인지 자유학기 모범 사례로 꼽히는 학교를 보면 대체로 혁신학교들이 많았습니다. 이미 교육과정-수업-평가 혁신이 활발히 진행되는 과정에서 자유학기제가 도입되니, 자유학기제가 역으로 교육과정-수업-평가 혁신에 날개를 달아 준 셈이 되었습니다. 그리고 지금은 이러한 흐름을 살려 자유학기제가 자유학년제로, 그리고 다른 학기까지 연계되는 방식으로 확대되고 있습니다.

향후에는 이러한 성과를 더욱 살리는 방향으로 교육과정-수업-평가 관련 제도와 정책이 본격적으로 개선되어야 합니다. 그 방향은 대략 다음과 같습니다.

국가교육과정 개선:
교육과정 대강화·적정화, 교사의 교육과정 개발권 보장

혁신학교 운동 확산 이후 '교육과정 재구성'이라는 용어가 대세를 이루고 있습니다. 국가교육과정에서도 언급되어 있듯이, 교사의 자율적 전문성에 따라 학생에게 의미 있는 배움의 과정을 제공하기 위해, '가르치는 순서와 비중, 방법 등을 조정'하는 것이 교사 차원의 교육과정 재구성입니다. 예전에는 교사들이 국가가 정한 교육과정을 있는 그대로 이행하는 수동적 존재였다면, 이제는 교사들이 교육과정의 주체가 되어야 한다는 인식과 실천이 확산되고 있습니다.

그러나 그동안의 교육과정 재구성은 여전히 한계가 있습니다. 현행 법령상 국가가 정한 성취기준의 범위를 벗어날 수 없으며, 그 테두리 안에서 일부 내용을 조정하는 정도에 머물러 있습니다. 터너라는 학자의 연구에 의하면 교사가 교육과정에 참여하는 수준은 크게 보아 '모방적 수준', '매개적 수준', '창조적 수준'으로 나눌 수 있습니다.Tanner & Tanner, 1980 '모방적 수준'은 국가가 개발한 교육과정을 그대로 이행하는 것을, '매개적 수준'은 교실의 상황에 맞게 일부 재구성하는 것을, '창조적 수준'은 교사가 교육과정 개발의 주체로 나서는 것을 의미합니다. 이렇게 볼 때 그동안의 '교육과정 재구성'은 '매개적 차원'에 해당합니다.

그동안 '국가교육과정 → 국정·검정 교과서 → 일제식 평가'의 틀이 워낙 막강했기 때문에 교사들이 교육과정에 대한 상상력을 발휘할 여지가 없었다면, 앞으로는 이 틀을 뛰어넘어 교사들이 진정한 교육과정의 주체로 성장할 수 있는 가능성을 열어 놓아야 합니다. 그리고 이제는 그럴 수 있는 교사들의 역량이 어느 정도 성숙했다고 봅니다.

그러기 위해서는 우선 국가교육과정을 '대강화'해야 합니다. 교육과정 대강화란 국가교육과정에서는 교육 공공성의 관점에 따라 모든 학교가 지켜야 할 최소한의 철학과 원칙, 방향만 제시하고 나머지 세부적인 내용은 학교나 교사들의 전문적인 판단에 따라 결정하는 것을 말합니다.

현재 2015 교육과정은 '교육이념, 인간상, 핵심역량, 학교급별 교육목표, 편제와 시수, 편성 과목' 등을 규정하고 있는 '교육과정 총론'과 '교과의 성격 및 목표, 내용체계 및 성취기준, 교수학습 방법 및 평가 방법'을 규정하고 있는 '교과별 각론'으로 구성되어 있습니다. 그리고 그 내용이 매우 촘촘하여 학교에서 다양한 교과목을 자유롭게 편성할 수 있는 여지나 가르쳐야 할 내용을 스스로 선택할 수 있는 권한이 매우 제한적입니다.

따라서 향후에는 이러한 세부적인 내용이 대폭 축소되어 학교와 교사들의 교육과정 자율권을 보장해야 합니다. 그러기 위해서는 우선 교육과정 총론에서는 교육과정의 전반적인 방향을 제시하는 역할만 해야 합니다. 그리고 이러한 교육과정의 방향 역시 사회적 합의를 충분히 거치는 과정에서 수립되어야 합니다. 교과목 편제와 시수 역시 '반드시 가르쳐야 할 최소기준'과 '넘어서는 곤란한 최대기준'만 제시해야 합니다. 지금은 기준 시수를 정해 놓고 20% 범위에서 증감이 가능한 방식으로 되어 있지만, 이보다는 좀 더 완화된 틀이 필요합니다.

일상적인 교실 수업에 가장 크게 영향을 미치는 것은 '성취기준'입니다. 성취기준이란 '교육과정을 이수한 학생이라면 누구나 도달해야 할 지식, 기능, 태도 및 가치를 포괄적으로 진술한 내용'입니다. 이러한 성취기준을 정해 놓는 이유는 공교육의 사회적 책임을 모든 학교가 함께 감당해야 하기 때문입니다. 그런데 현재의 성취기준은 분량과 난이도가 다소 많고 버거워 학교교육을 획일화할 우려가 있습니다. 또한 교사들은 성취기준을 마치 반드시 지켜야 할 법적 의무 조항처럼 느끼기 때문에, 교육과정 재구성에 대한 상상력을 마음껏 펼치기가 어렵습니다.

따라서 향후에는 성취기준을 대폭 줄일 필요가 있습니다. 국가가 성취기준을 제시하되 그중에 일부를 교사가 취사선택할 수 있는 권한을 부여하거나, 아니면 국가가 제시하는 성취기준을 대폭 줄이고 교사가 성취기준을 스스로 개발할 수 있는 권한을 부여하는 방법 등을 생각해 볼 수 있습니다. 이처럼 교사들에게 더 많은 교육과정 자율권을 부여해야 교육과정 전문성을 향상시킬 수 있는 기회가 열릴 것입니다.

다음으로는 교육과정의 분량과 난이도를 학생의 발달단계에 맞게 '적정화'해야 합니다. 영어와 수학은 수준이 너무 어렵고, 사회와 과학은 가르칠 내용이 너무 많다는 것이 대다수 교사들의 하소연입니다. 영어와 수학의 난이도가 매우 높다는 것은 일반적인 상식이지만, 고등학교에서는 한국사를 한 학기 동안 가르치다 보니 '중간고사 시험 범위가 3,000년'이라는 농담 아닌 농담도 있습니다.

따라서 교육과정의 분량과 난이도를 대폭 조정하여 학생들의 발달단계에 맞게 위계화해야 합니다. 초등학교 3학년 때부터 영어를 가르치는 것이 과연 맞는지에 대한 사회적 논의와 합의가 필요합니다. 교육과정의 고전적 이론의 기초를 다진 학자 타일러도 강조했듯이, "수학 전공자가 되지 않을 학생에게 수학을 왜 가르쳐야 하는가?"Tyler, 1949에 대한 진지한 논의 속에 수학 교육과정의 내용, 분량, 난이도를 조정해야 합니다.

그렇다면 어느 정도까지 교육과정을 대강화하고, 어느 수준까지 교육과정을 적정화할 것인가를 누가 결정해야 할까요? 학교에서 매일 학생들을 가르치고 있는 현장 교사만큼 이 문제에 대해 잘 아는 사람은 없습니다. 그렇기 때문에 국가교육과정 개선을 위해서는 무엇보다도 현장 교사들의 참여가 핵심적으로 보장되어야 합니다. 국가가 해야 할 것은 이러한 교육과정의 방향과 내용, 수준에 대한 사회적 합의를 도출하는 일입니다. 따라서 향후에는 현장 교사들의 경험을 바탕으로 연구자들의 전문성이 결합되는 가운데 국가가 사회적 합의를 도출해 가는 '교육과정 거버넌스'를 구축하는 것이 매우 중요한 과제입니다.

교과서 제도 개선:
인정 교과서 확대, 자유발행제 도입

우리 교육에 가장 큰 영향을 주는 것은 '입시제도'와 '교과서'라고 해도 과언이 아닙니다. 국가교육과정은 교과서를 통해 구체적인 모습이 드러납니다. "교과서가 아닌 교육과정을 가르쳐야 한다."는 담론이 꽤 확산되었지만, 그럼에도 불구하고 현장 교사들은 교육과정 문서보다는 교과서를 보고 수업을 준비하는 것이 일반적입니다. 그렇기 때문에 교과서 제도가 바뀌어야 교육과정-수업-평가 혁신이 원활하게 이루어질 수 있습니다.

그동안 우리나라 교과서는 국정 교과서와 검정 교과서가 중심을 이루어 왔습니다. 국정 교과서는 국가가 교과서를 독점하여 발행하는 제도이고, 검정 교과서는 국가에서 정한 집필기준에 따라 민간이 제작한 교과서를 심의를 통해 발행하는 제도입니다. 그렇기 때문에 국정이나 검정이나 본질적으로는 크게 다르지 않습니다. 이러한 교과서를 모든 학교가 동일하게 사용하다 보니 교육과정 운영이나 실제 수업이 획일화되어 왔던 것입니다.

현재 초등학교는 대부분의 과목이 국정 교과서입니다. 국어, 사회, 도덕, 수학, 과학, 통합교과(즐거운 생활, 바른 생활, 슬기로운 생활)는 국정 교과서이고, 나머지 음악, 미술, 체육, 실과, 영어 과목은 검정 교과서입니다. 그런데 그동안 왜 초등학교에서 국정 교과서가 중심을 이루어 왔는지 그 근거를 확인하기가 참 어렵습니다. 초등학교는 입시의 영향력이 거의 없기 때문에 전국의 모든 학급이 동일한 내용을 다루어야 할 현실적인 이유가 없습니다. 오히려 초등학교가 중등학교보다 교육과정 재구성이나 평가 혁신이 활발하게 이루어져 왔다는 점에서, 교과서 제도가 심각한 걸림돌이 되고 있는 형편입니다. 아마도 초등교육의 전문성을 인정해 오지 않았던 관행, 모든 과목을 담임교사가 담당해야 하는 현실적인 여건 때문에 국정교과서에 대해 별다른 문제제기가 이루어지지 않았던 것으로 보입니다. 이런 국정 교과서의 존재 때문에 초등학교에서도 교과서를 있는 그대로 가르치는 습속에 뿌리 깊게 자리 잡은 것 같습니다.

중학교와 고등학교에는 국정 교과서가 없습니다. 대신 대부분의 과목이 검정 교과서입니다. 검정 교과서는 엄격한 집필 기준을 따르지 않으면 심사 과정에서 탈락하게 됩니다. 그렇게 되면 출판사 입장에서는 엄청난 제작비 손실을 입게 됩니다. 그래서 출판사 입장에서는 '내부 검열'에 따라 무난한 제재, 무난한 학습활동을 선호할 수밖에 없습니다. 10종이 넘는 검정 교과서가 나오더라도 사실상 내용이나 형식에서 큰 차별성이 없습니다. 그래서 현재의 검정 교과서는 사실상 국정 교과서나 다름없다는 비판을 받고 있습니다.

일부 과목은 인정 교과서 제도가 적용되고 있습니다. 인정 교과서는 검정 교과서와는 달리 시도교육청 교육감의 승인을 받도록 되어 있습니다. 하지만 그 내용과 절차를 보면 검정 교과서와 큰 차이가 없습니다. 다만 수요가 많지 않아 민간출판사들이 개발하지 않는 교과서, 예를 들어 고등학교의 제2외국어나 특성화고등학교에서 쓰는 직업계열 과목의 교과서를 시도교육청별로 분담하여 개발하기 위해 인정 교과서 제도를 활용하고 있는 실정입니다. 이런 상황을 종합해 볼 때 현행 국정, 검정, 인정 교과서 제도는 본질적으로 큰 차이가 없습니다.

다만 일부 시도교육청에서는 인정 교과서 제도를 활용해 새로운 교과서를 발행하고 있습니다. 경기도교육청에서 발행한 『민주시민 교과서』가 대표적인 예입니다. 이 교과서를 보면 기존의 국정·검정 교과서보다 형식적인 면에서나 내용적인 면에서나 매우 진일보한 면모를 보이고 있습니다. 그러나 '민주시민'이라는 과목을 개설하는 학교가 많지 않다 보니, 일부 학교에서 기존 사회 교과서의 보조교재처럼 활용되고 있을 따름입니다. 초등학교에서는 기존 사회 교과서를 보완하는 '지역화 교과서'를 활용하고 있습니다. 전라북도교육청에서 발간한 『함께 사는 전라북도』라는 지역화 교과서를 보면, 국가교육과정에서 제시된 성취기준을 전라북도의 지역적 상황에 맞게 재구성한 내용이 풍부하게 담겨 있습니다. 이러한 인정 교과서는 교사들의 교육과정 재구성 실천이 교과서 개발까지 이어진 대표적인 사례라 할 수 있습니다. 향후에는 교과서 제도 자체의 개선을 통해 이러한 실천이 더욱 확산될 수 있는 여건을 마련해야 합니다.

우선 초등학교 국정 교과서 제도를 폐지해야 합니다. 전국의 모든 학급에서 똑같은 교과서를 사용하다 보니, 교사의 자율적 전문성이 발휘될 여지가 매우 좁아지게 됩니다. 물론 모든 교과목을 다 가르쳐야 하는 초등교사들의 입장에서는 검정이나 인정 교과서처럼 여러 권의 교과서를 검토해야 하는 과정 자체가 부담스러울 수 있습니다. 그러나 다른 측면에서 생각해 보면, 아직까지도 초등학교 국정 교과서 제도가 유지되고 있는 것은 어찌 보면 초등학교 교사들의 전문성을 무시하는 처사로 볼 수 있습니다.

현행 검정·인정 교과서 제도도 대폭 개선되어야 합니다. 교과서 개발자들의 상상력을 제약하는 집필 기준과 검정·인정 기준을 대폭 완화하여, 교육과정의 취지를 심각하게 벗어나는 오류를 사전에 예방하는 차원으로만 활용해야 합니다. 그리고 인정 교과서가 적용되는 범위를 대폭 확대하여, 시도 교육청마다 다양한 교과서가 나올 수 있도록 해야 합니다. 그 과정에서 현장 교사들이 다양한 교과서 집필 경험을 쌓도록 하여, 교사들이 진정한 교육과정의 개발자로 성장할 수 있도록 지원해야 합니다.

향후에는 자유발행제 교과서를 적극 도입해야 합니다. 교육 선진국에서는 대부분 자유발행제를 교과서 제도의 근간으로 삼고 있습니다. 온전한 의미의 자유발행제는 교과서의 개발권, 채택권, 사용권 등을 국가나 교육청, 학교의 제약을 받지 않고 교사들에게 완전히 위임하는 제도입니다. 이 과정에서 물론 심각한 오류나 위험성이 있는 교과서가 등장할 수도 있으나, 이러한 교과서는 사회적 공론이나 교사들의 협의 속에서 자연스럽게 도태되도록 만드는 제도입니다.

아직까지는 이러한 자유발행제 도입이 시기상조로 보일 수도 있습니다. 그러나 일부 과목에서는 이러한 자유발행제를 도입하는 것이 가능하고 그렇게 해야 할 현실적인 필요성도 이미 존재합니다. 예를 들어 최근 교육과정의 변화에 따라 고등학교의 선택과목이 대폭 확대되고 있는 추세이며, 학교의 판단에 따라 기존의 교과목 편제표에 존재하지 않은 새로운 과목을 신설하는 것이 가능합니다. 이들 과목에서는 시도 교육청에서 개발한 인정 교과서나 학교에서 개발하는 자유발행제 교과서를 활용할 수밖에 없습니다. 초등학교도 마찬가지입니다. 초등학교의 1~2학년 통합교과나 지역사회 문제를 다루는 4학년 사회 과목은 교사들이 직접 학교의 실정에 맞게 개발한 자유발행제 교과서가 학생들에게 실질적인 도움이 될 수 있습니다.

이미 교사들에게는 교육과정 재구성 실천이 상당 부분 축적되고 있습니다. 향후에는 현장 교사들과 교육 전문가들이 주축이 되어 학교마다, 지역마다 교육과정 및 교과서를 개발하는 연구 모임이 활성화되어야 합니다. 교육부나 교육청에서는 지역별·교과별로 연구모임을 지원하고, 학교현장의 실천 사례를 오롯이 담아내는 현장 지향적 교과서 개발 시스템을 구축해야 합니다. 시도 교육청 차원의 인정 교과서 제도, 학교나 교사 차원의 자유발행제 제도가 이러한 실천을 담아내는 그릇이 될 수 있습니다.

평가 제도 개선:
초등 성장평가제, 중학교 교사별 평가,
고등학교 절대평가 도입

앞에서도 자세히 말씀드렸지만, 평가 혁신 없이는 교육과정-수업 혁신이 이루어질 수 없습니다. 평가 혁신은 교사 개인의 노력으로 이루기가 매우 어렵습니다. 제도 자체가 바뀌어야 합니다.

초등학교에서는 그동안 관행적으로 진행되어 왔던 일제식 지필평가가 사라지고 있는 추세입니다. 현행 교육과정이나 교육부 지침을 보더라도 중간·기말고사 식의 일제식 지필평가를 치러야 할 근거가 없으며, 대부분의 시도 교육청이 자체 지침을 통해 일제식 지필평가를 폐지해 왔습니다. 그러나 일부 지역, 일부 학교에서는 여전히 과거와 같은 일제식 지필평가를 시행하고 있습니다.

향후에는 교육부 차원에서 명확한 법령 정비를 통해 일제식 지필평가, 암암리에 이루어지고 있는 성적이나 등급 산출 등을 폐지해야 합니다. 그리고 학생의 성장과 발달을 돕는 평가라는 초등 평가의 취지를 명시해야 합니다.

중학교는 2012년 성취평가제(절대평가)의 도입, 2016년 자유학기제 도입 등을 계기로 평가 혁신의 조건이 마련되었습니다. 또한 최근 교육부 지침의 변화로 중학교 모든 과목에서 지필평가 없이 수행평가만으로 평가를 시행할 수 있게 되었습니다. 일부 지역에는 고교 비평준화가 있고, 여전히 특목고·자사고가 존재하고 있으나 고교입시의 영향력도 점점 줄어들고 있습니다. 물론 향후에는 고교평준화 지역을 확대하고 특목고·자사고를 일반고로 전환해야 중학교 평가 혁신의 토대가완전히 정착될 수 있습니다.

중학교에서 절대평가가 도입되고 수행평가가 확산되고 있습니다만, 여전히 일제식 지필평가의 영향력이 강하게 남아 있습니다. 향후에는 초등학교처럼 중학교에서도 일제식 지필평가를 아예 폐지하든지, 아니면 지필평가를 교사별 평가로 하는 방식을 모색해야 합니다.

중학교에서는 지필평가이든 수행평가이든 교사별 평가를 도입할 필요가 있습니다. 수학이나 과학처럼 지식의 습득 자체도 중요한 교과에서는 지필평가(선다형, 서술형 등)가 불가피할 수 있습니다. 그렇다 하더라도 지필평가를 지금처럼 중간·기말고사 식의 일제식 평가를 반드시 진행해야 할 이유는 없습니다. 현행 교육부 지침에는 "지필평가는 공동출제로 한다."는 규정이 있어 사실상 교사별 평가를 어렵게 하고 있으며, 수행평가에는 이와 관련된 명확한 규정이 없습니다. 향후에는 적어도 중학교부터라도 교사별 평가를 명시하여 교사들의 평가 자율권과 전문성을 보장해야 할 것입니다.

고등학교의 평가 제도 개선은 상대적으로 민감한 문제입니다. 고등학교의 내신 성적이 대학입시와 직접적으로 연결되어 있기 때문이지요. 그러나 향후 대학입시제도의 근본적 개선과 함께 현행 고등학교 평가 제도 개선에 대한 논의도 이루어져야 합니다.

현재 고등학교 평가 제도는 '겉으로는 절대평가이지만 실질적으로는 상대평가'입니다. 중학교 성취평가제와 마찬가지로 학생들의 성취도를 'A, B, C, D, E'와 같이 절대평가로 산출하지만, 대학입시에는 이를 다시 석차등급(4% 이내 1등급, 11% 이내 2등급 방식으로 9등급까지 산출)으로 환산합니다. 만약 어떤 과목을 100명(약 3학급)의 학생이 수강했다면 이들 중 4명만 1등급을 받을 수 있기 때문에 '옆의 친구와 경쟁하는 구조'가 일상화될 수밖에 없습니다.

궁극적으로 고등학교 평가도 절대평가로 전환되어야 합니다. 그러나 대학입시가 존재하는 상황에서 수능 시험과 고교 내신 가운데 하나는 불가피하게 상대평가를 치를 수밖에 없습니다. 그럼에도 불구하고 지금의 9등급제 상대평가는 너무나 가혹합니다. 따라서 과도기적으로 '완화된 상대평가'를 유지하는 방안을 모색해 볼 수 있습니다.

예를 들어 4% 이내에 해당하는 학생들만 1등급을 부여하는 것이 아니라 10% 이내에 해당하는 학생들까지 1등급을 부여할 수 있도록, 석차9등급제를 완화하여 석차7등급제를 도입하는 것도 가능합니다. 이것이 근본적인 문제해결은 아니겠지만, 적어도 지금처럼 가혹한 상대평가를 어느 정도는 완화할 수 있습니다. 현재에도 13명 이하의 소인수 과목, 학교에서 새롭게 개설하는 신설과목이나 학교 간 공동 교육과정을 운영하는 과목, 체육·예술과목, 진로선택 영역에는 절대평가를 도입하고 있습니다.

'2015 개정 교육과정' 및 '고교학점제'의 도입은 불가피하게 고교 평가 개선을 요구합니다. 학생들의 과목선택권이 확대되면 그만큼 소수 학생들이 수강하는 과목이 많아지고, 현재와 같이 촘촘한 석차등급 산출이 어렵기 때문입니다. 향후 고교학점제가 전면 도입되면 이에 따라 현행 고교 평가 제도의 개선은 불가피합니다.

궁극적으로 고등학교 평가도 절대평가로 전환되어야 합니다. 그래야 초·중등교육에서의 교육과정-수업-평가 혁신이 온전히 이루어질 수 있습니다. 이 문제는 대입제도의 근본적 개선에 대한 논의와 함께 종합적으로 다루어야 합니다.

현행 대입제도에 대한 이해

대학입시 개선만큼 어려운 과제도 없습니다. 그러나 이 과제를 해결하지 않고서는 초·중등교육의 혁신은 없습니다. '기-승-전-입시'로 귀결되는 문제점을 해결하기 위한 사회적 논의를 더 이상 미룰 수 없습니다.

또 한편으로 생각해 볼 문제는 "대학입시 때문에 아무것도 못하겠다."는 학교현장의 정서입니다. 이는 반은 맞고 반은 틀리다고 봅니다. 심지어 초등학교에서조차 대학입시를 새로운 수업혁신의 노력을 회피하는 명분으로 삼기도 합니다. 정확한 '팩트 체크Fact Check'가 필요합니다.

현행 대학입시제도는 크게 보아 '정시'와 '수시'로 나뉩니다. 정시는 주로 '수능'으로, 수시는 주로 '학교생활기록부'로 선발을 합니다. '학생부 전형'은 또한 '교과 전형'과 '종합 전형'으로 구분하는데, '교과 전형'은 내신 등급과 '세부능력 및 특기사항' 기재 내용을 중심으로, '종합 전형'은 여기에 더하여 자기소개서와 면접 등을 포함하여 학생 선발을 합니다. 종합적으로 볼 때 '수능'으로 대학을 가는 학생은 약 25%, '학교생활기록부 전형'으로 대학을 가는 학생은 약 75%로 볼 수 있습니다.

현행 대학입시 전형별 비율

정시		수시				
수능 위주	기타	학생부 교과 전형	학생부 종합 전형	논술 위주	실기 위주	기타
20.4%	2.6%	42.3%	24.8%	3.2%	5.4%	1.3%
23.0%		77.0%				

출처: 한국대학교육협의회. 2019년 기준

수능으로 대학을 가는 학생은 주로 어떤 학생들일까요? 여기에는 세 유형의 학생이 있습니다. 첫째 유형은 '수능을 두 번 보는 학생' 세칭 '재수생'입니다. 이들 수험생은 평균적으로 재학생들보다 수능 성적이 높을 수밖에 없습니다. 둘째 유형은 '수능 준비에 유리한 처지에 있는 학생'입니다. 즉 문제풀이식 수능을 철저히 대비해 주는 사교육의 혜택을 받을 수 있는 학생들입니다. 셋째 유형은 '상대적으로 내신 등급이 불리한 학생', 즉 특목고·자사고 학생들입니다.

그렇기 때문에 평범한 일반 고등학교 학생들은 주로 '수시 전형', 이 중에서도 '학교생활기록부 교과 전형'을 통해 대학에 진학하는 비율이 월등히 높습니다. 그리고 이러한 방향이 교육적으로 볼 때 타당합니다.

학교생활기록부 전형이 확대된 이유는 크게 세 가지로 들 수 있습니다. 첫째는 '고교 교육과정 정상화의 원칙'입니다. 수능 시험의 영향력이 워낙 크다 보니 고3 수업에서는 교과서 대신 EBS 문제집을 다루는 것을 마치 당연한 일처럼 여기고 있습니다. 이러한 고교 교육과정 왜곡 현상을 막고 고교 교육과정의 결과가 대학입시에 반영되도록 하기 위해 학교생활기록부 전형이 확대되어 왔습니다.

두 번째로는 '적격자 선발 원칙'입니다. 즉 대학교육에 적합한 능력과 소질을 갖춘 학생을 선발해야 한다는 대학 측의 요구입니다. 문제풀이식 수능에 익숙한 학생이 아니라, 고등학교 시절에 다양한 학습 활동을 경험한 학생들이 대학에 와서도 학문을 제대로 수행하게 된다는 이유 때문입니다. 실제로 '수능 출신' 학생보다 '학교생활기록부 전형 출신' 학생이 대학의 평균 학점이 높다는 데이터도 보도된 바 있습니다.

세 번째로는 '공공성의 원칙'입니다. 수능 시험과 같은 표준화된 시험은 사교육의 영향력을 직접 받을 수 있습니다. 가정적 배경에 따른 사교육의 혜택으로 인해 사회 공공성이 훼손될 우려가 크기 때문에, 학교생활에 충실한 학생이라면 누구나 대비할 수 있는 학교생활기록부 전형이 확대되어 왔습니다.

그런데 특히 '학종'이라 불리는 '학교생활기록부 종합전형'에 대한 사회적 불신이 매우 높습니다. 선발 요소가 명확하지 않을뿐더러 부모의 사회경제적 영향이 작용될 가능성이 크다는 이유 때문입니다. 저 역시 이러한 지적에 동의합니다. 향후에는 학생부 종합전형에서 비교과 영역을 축소하여 부모의 사회경제적 배경이 작용할 여지를 없애야 합니다. 그럼에도 불구하고 '학종에 대한 불신'이 '수능에 대한 선호'로 이어지는 것은 바람직하지 않습니다. "목욕물을 버리려다 아이까지 버리는" 우를 범해서는 안 되기 때문입니다.

이러한 최근의 대학입시제도 변화 양상은 초·중등교육 혁신에 일정 부분 긍정적인 영향을 주고 있습니다. 이제는 학교생활기록부 전형이 75%까지 확대되었기 때문에 고등학교에서도 문제풀이식 수업만으로는 새로운 대입 환경에 적응할 수 없다는 사실이 명확히 입증되고 있습니다. 학교생활기록부에 다양한 내용을 기록하기 위해서라도 수업이 달라져야 하고, 수업시간에 학생들이 진행한 다양한 학습활동을 교사가 과정 중심 수행평가를 통해 확인해야 하기 때문입니다. 그래서인지 요즘은 고등학교에서도 초등학교나 중학교 못지않게 모둠활동, 프로젝트 수업 등이 활발히 이루어지고 있으며, 수행평가의 비율도 과거에 비해 높아졌습니다. 방과 후에도 예전 같은 문제풀이식 보충수업·강제적인 야간자율학습이 대폭 줄었고, 그 시간에 학생들이 스스로 다양한 학습동아리를 운영하며 자기주도적 학습능력을 기르는 것이 정착되고 있습니다.

물론 현재 고등학교에서는 '수능'과 '학교생활기록부 전형' 두 마리 토끼를 모두 잡아야 하는 고충이 있습니다. 이 문제는 대입제도의 근본적인 개선을 통해 해결해야 하고, 그 점에 대해서는 다시 말씀드리 겠습니다. 하지만 지금의 고등학교가 과연 현재의 입시제도가 변화하 는 만큼이라도 변화하고 있는지에 대해서는 많은 분들이 의문을 제기 하고 있는 것도 사실입니다.

많은 분들이 초등학교와 중학교의 혁신은 가능하지만 고등학교 혁 신은 어렵다는 말씀을 하십니다. 하지만 현행 입시제도에서도 고등학 교의 변화가 아예 불가능한 것은 아닙니다. 이미 대학입시는 어느 정 도 개선되었고 앞으로도 변화해 갈 것입니다. 변화의 속도가 다소 느 릴 수 있지만, 변화의 방향은 현재 진행되고 있는 초·중등교육 혁신 방향과 크게 다르지 않을 것입니다.

대학입시제도 개선: 수능제도 개편, 대학서열화 해소

수능은 '대학수학능력시험大學修學能力試驗'의 줄임말입니다. 이 말을 있는 그대로 풀어 보면 '대학에서 학문을 닦을 수 있는 능력 여부를 확인하는 시험'이 됩니다. 다시 말해 대학에서 정상적인 학업을 수행 할 수 있는 기본능력을 확인하는 시험, 즉 '대학입학자격고사'로서의 성격을 지닙니다.

그러나 우리나라의 수능은 본래의 취지를 잃은 채 전국의 모든 학 생을 단 하나의 시험으로 한 줄로 세우는 서열화의 도구로 왜곡되었 습니다. 세칭 'SKY 대학'에 가려면 ○등급, 세칭 'In Seoul 대학'에 가 려면 ○등급 하는 식으로, 대학서열화 체제와 수능이라는 전국단위 일제식 시험이 결합되어 학생 서열화의 기제가 형성되어 있습니다.

그 결과 수능 시험은 고등학교 교육과정-수업-평가를 심각하게 왜곡하는 결과를 낳습니다. 국가교육과정이 아무리 새로운 방향으로 개정되어도, 학교에서는 수능에 반영되는 과목 위주로 교육과정을 편성할 수밖에 없습니다. 이러한 수능 위주 교육과정에 따라 고등학교 수업은 진도 나가기·문제풀이식 수업이 될 수밖에 없습니다. 또한 고등학교 내신 평가 역시 수능과 가장 유사한 형태의 선다형 지필평가 위주로 이루어지게 됩니다.

이러한 이유로 그동안 수능 시험에 대한 비판과 대안이 꾸준히 제기되어 왔습니다. 현행 수능에 대한 개선 방향은 크게 세 가지로 살펴볼 수 있습니다. 우선 수능을 상대평가에서 절대평가로 전환하는 것, 수능 문항을 선다형 문항에서 서술형·논술형 문항으로 전환하는 것, 수능 과목을 축소하는 것 등을 통해 궁극적으로 수능을 '대학입학자격고사'로 전환하는 것입니다.

이는 프랑스의 대학입학자격고사인 바칼로레아를 통해 그 모습을 짐작해 볼 수 있습니다. 널리 알려져 있다시피 프랑스 바칼로레아는 선다형 문항이 없고 비판적 사고능력을 평가하는 논술형 문항으로 구성되어 있습니다. 구체적인 문항 예시는 다음과 같습니다.

> • 폭력은 어떠한 상황에서도 정당화될 수 없는가?
> • 특정한 문화의 가치를 보편적으로 판단하는 기준이 있는가?
> • 정치에 관심을 갖지 않고도 도덕적으로 행동할 수 있는가?

학생들은 이렇게 복잡한 지문 없이 짤막하게 제시된 문제에 대해 약 4시간 동안 작성합니다. 여러 과목을 치러야 하기 때문에 바칼로레아 시험은 일주일 정도 소요됩니다. 바칼로레아 시험의 총점은 20점이고 이 중 10점 이상을 받으면 합격 판정을 받습니다. 이렇게 자격고사에 통과한 학생이면 누구나 원하는 국공립대학에 진학할 자격이 주어지고, 학교별로 다양한 방식(주로 추첨을 하거나 입학정원을 늘리는 방식)으로 학생을 선발합니다.

프랑스뿐만 아니라 미국, 핀란드, 독일, 네덜란드 등 주요 선진국에도 국가 단위의 대입 시험이 존재합니다. 그런데 이런 나라들의 국가 시험은 우리나라의 수능처럼 선다형 문항으로만 존재하는 경우는 없고 논술형 문항을 포함하고 있습니다. 이 시험의 영향력은 당락을 좌우할 만큼 절대적이지 않으며 자격고사 혹은 참고자료로 활용됩니다. 대신에 대부분의 국가에서 고교 내신을 중요한 전형 요소로 활용하며, 이 경우에도 단순히 성적뿐만 아니라 교사의 의견, 면접 등을 함께 활용합니다. 우리나라로 치면 학생부 종합전형과 학생부 교과전형의 중간 형태라 할 수 있습니다. 네덜란드의 경우 의대처럼 경쟁이 심한 학과의 경우 추첨제를 도입하여 모든 학생에게 동등한 교육의 기회를 제공하고 있습니다.

이러한 흐름으로 볼 때 우리나라의 수능 시험도 자격고사로 전환되어야 합니다. 자격고사는 프랑스 바칼로레아처럼 '합격Pass/불합격Fail'만 판별하는 시험입니다. 그러나 우리나라는 프랑스와는 달리 대학서열화가 매우 명확하기 때문에 당장에 자격고사를 도입하기에는 무리가 있습니다. 그렇기 때문에 우선 현행 수능을 상대평가에서 절대평가로 전환해야 합니다.

현행 수능 시험은 절대평가와 상대평가가 혼재되어 있는 상태입니다. 영어와 한국사 영역은 절대평가 방식으로, 나머지 영역은 상대평가 방식에 따라 1등급부터 9등급까지 산출됩니다. 영어 영역이 절대평가로 되어 있어 영어 학습의 부담은 경감된 반면에, 이에 따른 풍선 효과가 생겨 수학과 국어의 학습 부담이 매우 커졌습니다. 그래서 최근 수능 시험에서 수학과 국어의 난도가 굉장히 높아지게 된 것입니다.

수능은 모든 과목이 절대평가로 전환되어야 합니다. 이미 영어 과목과 한국사 과목이 절대평가로 전환되었습니다. 그 결과 수학, 국어 과목의 풍선효과가 매우 커졌습니다. 절대평가와 상대평가가 공존하는 지금의 시스템은 지속가능하지 않습니다. 그렇다고 하여 과거처럼 모든 과목을 상대평가로 전환하는 것은 공교육 정상화의 흐름에 역행하는 것입니다.

수능이 절대평가로 전환되면 현실적으로 고등학교 내신의 영향력이 커집니다. 여기서 딜레마가 존재합니다. 수능은 학교 밖 타인들과 경쟁하는 시험이고 내신은 학교 안 친구들과 경쟁하는 제도입니다. 그래서 고등학교 내신을 절대평가로 전환하는 것이 더 중요하다는 의견도 있습니다. 저도 이 의견에 기본적으로 동감합니다.

그래서 앞에서도 말씀드렸듯이, 고등학교 내신 평가 방법을 지금보다는 대폭 완화된 상대평가 방식으로 개선하는 것이 필요합니다. 현재 논란이 되고 있는 학생부 종합전형과 교과전형의 장점만을 통합하여 내신 성적과 교사의 정성적 평가(지금의 '세부능력 및 특기사항' 기록)를 중심으로 학생부 전형이 재구조화되어야 합니다. 그리고 정시 전형과 수시 전형을 일원화하는 등 대학입시를 단순화하는 방안이 부수적으로 마련되어야 합니다. 이러한 변화가 어느 정도 정착된 후에는 고등학교 내신도 완전한 절대평가로 바뀌어야 합니다. 그리고 대학이

고등학교 성적 우수자를 선별하는 손쉬운 길에서 벗어나, 고등학생들의 학문적 소양과 다양한 자질을 종합적으로 고려하여 선발하려는 노력을 해야 합니다. 그래야 대학의 입장에서도 대학교육의 취지에 적합한 인재를 키울 수 있습니다.

수능 절대평가, 학교생활기록부 교과전형을 중심으로 하는 대학입시제도 개선 방안은 고등학교 교사들에게 위기이자 기회일 수 있습니다. 과거의 문제풀이식 수업에 익숙해 있는 선생님이라면 이러한 변화가 오히려 달갑지 않을 수 있습니다. 하지만 그동안 입시제도의 장벽에 부딪혀 자신의 교육철학을 마음껏 펼칠 수 없었던 선생님들에게는 반가운 변화일 수 있습니다. 더욱이 이제는 초등학교와 중학교에서 혁신학교와 자유학기를 경험한 학생들이 고등학교에 본격적으로 입학하는 시기가 되었습니다. 이러한 역동적 변화의 흐름을 능동적으로 활용하고자 하는 실천이 필요합니다.

아무리 대학입시가 바뀌더라도 대학서열화 체제가 해소되지 않으면 아무런 소용이 없다는 의견도 있습니다. 맞는 의견입니다. 대학입시제도 변화와 함께 대학서열화 체제를 해소하기 위한 범정부 차원의 대책이 필요합니다. 대학서열화 체제가 해소되려면 누구나 일한 만큼 존중받는 직업 구조의 변화가 필요하다는 의견도 있습니다. 전적으로 공감합니다. 다만 이러한 논의가 "전부 아니면 전무"라는 환원주의적 논리로 흐르지 않도록 경계해야 할 것입니다. 그렇기 때문에 교사들이 학교현장에서는 교육자로서의 실천을 하는 만큼, 학교 밖에서 우리 사회를 보다 인간다운 사회로 만들기 위한 민주시민으로서의 실천을 함께 해야 합니다.

그동안 대학서열화 체제를 해소하기 위한 방안도 교육계에서 활발히 논의되었습니다. '국공립대 통합 네트워크'를 중심으로 한 대학평준화 논의가 대표적인 방안입니다.

가장 대표적인 모델이 프랑스의 국공립대학 체제입니다. 프랑스의 국공립대학은 아예 학교 이름조차 '파리 1대학, 파리 2대학…' 식으로 되어 있어 학교 간 격차가 없고, '바칼로레아'라 불리는 대학입학자격고사에 통과한 모든 학생에게 평준화된 국공립대학에 입학할 자격을 부여합니다. 특히 유럽의 대학은 대부분 국공립대학이기 때문에 이러한 통합 네트워크를 구성하는 것이 수월합니다. 이러한 통합 네트워크가 구축이 된 나라에서는 학생들이 대부분 자기 지역에 있는 대학에 진학을 한 후, 자유롭게 대학을 오가며 학점 교류를 하고 있습니다.

그러나 우리나라의 대학은 사립대의 비율이 매우 높습니다. 그래서 대학평준화의 1단계로 우선 국공립대학만이라도 프랑스 방식으로 '공동 선발, 공동 이수, 공동 학위'를 부여하자는 것이 '국공립대 통합 네트워크'의 기본 발상입니다. 물론 이러한 국공립대학 네트워크가 현실화되더라도 몇몇 사립대학에 대한 선호도는 남게 될 것입니다. 그렇기 때문에 정부의 과감한 투자와 지원을 통해 각 지역마다 존재하는 국공립대학을 서울대 수준으로 끌어올림으로써 소위 '일류대 입학' 경쟁을 상당 부분 완화하자는 것입니다.

다음으로는 현재의 사립대학 중 상당수를 '정부 책임형 사립대학'으로 전환하고 이를 국공립대 통합 네트워크에 포함시키는 것이 두 번째 단계입니다. 현재 상당수의 사립대학들이 학생 모집이나 재정 운영에 어려움을 겪고 있는 것이 사실입니다. 이들 학교에 정부가 과감한 재정 지원을 하되 학생 선발권이나 학사 운영을 준공영화함으로써, 학생 선발 경쟁을 완화하고 대학교육의 질을 높이는 등 사회적 책무를 다

하도록 하자는 방안입니다.

지금까지 대략 말씀드린 '국공립대 통합 네트워크', '정부 책임형 사립대학' 등의 정책은 약 15년 전에 제기된 방안입니다.정진상, 2004 그 당시만 해도 이러한 방안이 매우 급진적이고 공상적으로 들렸습니다만, 이제는 많은 분들이 공감을 표하고 있습니다.민주화를위한전국교수협의회, 2015

제가 말씀드린 방안은 저 혼자의 의견이 아니라 오랫동안 많은 분들이 고민하며 끊임없이 제기했던 실천적 연구의 산물입니다. 이 책이 발간된 이후에 또다시 대입제도가 바뀌어 있을지도 모릅니다. 변화의 속도는 느릴 수 있어도 변화의 방향은 크게 다르지 않을 것입니다. 이를 현실화하는 것은 우리 모두의 몫입니다.

제도 개선을 선도하는 교사의 실천

제도의 변화는 정부나 몇몇 학자의 머리에서 나오지 않습니다. 현장에서의 구체적인 실천과 변화의 흐름이 모여 제도의 변화를 가져옵니다. 교사들의 교육과정 재구성 실천 사례가 없었다면 교육과정 대강화·적정화라는 요구가 공허하게 들릴 것입니다. 몇몇 교사모임에서 만들어 낸 대안교과서가 존재하지 않았다면 교과서 자유발행제를 상상하기 어렵습니다. 일제고사(국가수준 학업성취도평가) 폐지를 위해 해직까지 감내했던 선생님들의 노고가 없었다면 '성장과 발달을 위한 평가'라는 개념 자체가 생기지 않았을지도 모릅니다.

지금까지 말씀드렸던 교육과정 대강화·적정화, 교과서 및 평가 제도의 개선, 대학입시의 근본적 변화가 언제쯤 실현될지 알 수 없습니다. 우리는 마땅히 이러한 제도 개선을 국가에 요구해야 합니다. 하지만 그러한 제도가 실현되기 이전에라도 우리의 일상적인 교육 실천 속에서 제도의 변화를 선도해 나갈 수 있습니다.

"제도가 변하지 않으면 아무것도 할 수 없어."라는 생각도, "교사는 교실에서 열심히 학생들을 가르치면 그만이야."라는 생각도 한계가 있습니다. 이탈리아의 사상가 그람시Gramsci의 "지성으로 비관하되, 의지로 낙관하라."는 유명한 말을 '실천적 지성인'으로 살고자 하는 우리 교사들도 늘 곱씹어 보아야 할 것입니다.

2부

혁신교육에 대한
철학적·사회학적 성찰

1.

학생들의 성장은 언제, 어떻게 이루어지는가[21]
-비고츠키의 협력교육

혁신교육의 뿌리를 찾는 과정에서 가장 먼저 소개해 드려야 할 학자는 아무래도 러시아의 교육학자 비고츠키일 것 같습니다. 대학의 교직과목에서도 흔히 '사회적 구성주의'니 '근접발달영역', '비계 설정'이니 하며 그의 이론을 접할 수 있고, 그 내용은 교원임용선발 시험에도 자주 출제되었습니다.

비고츠키의 견해는 교육학계에서 아주 오래 전부터 주목받아 온 이론입니다. 러시아 출생의 비고츠키 이론은 후대에 많은 교육학자들에게 영감을 주었고, 미국과 유럽의 교육계에 많은 영향을 줍니다. 특히 러시아와 인접한 핀란드에서는 엥게스트롬이라는 학자가 비고츠키 이론을 사회학적으로 확장하여 '문화활동이론Activity Theory'을 전개하였고, 이것이 바로 핀란드의 '협력교육'의 이론적 근거가 됩니다.

한국에서도 혁신교육이 확산됨에 따라 비고츠키가 새롭게 주목받고 있습니다. 비고츠키 이론의 핵심은 '협력을 통한 인간의 전면적 발달'을 지향하는 것입니다. 하지만 그의 이론은 워낙 방대하고 난해해

---

21. 이 글은 이형빈(2015b)을 수정 보완한 것입니다.

서, 그의 저서를 읽다가 포기하신 분들도 많을 겁니다. 여기서는 『마인 드 인 소사이어티』를 중심으로 비고츠키의 이론을 살펴보도록 하겠 습니다.Vygotsky, 1978

인간은 사회적 관계 속에서 성장한다

교육의 목적을 "학생을 바람직한 변화의 과정으로 이끄는 것"으로 규정하기도 합니다. 이는 다분히 행동주의적 관점을 바탕에 두고 있 습니다. 행동주의에서는 인간을 동물과 유사한 존재로 바라봅니다. 인 간은 외부의 자극에 적절히 반응을 하며 자신의 행동을 변화시킨다 는 것이 행동주의의 기본 가정이죠. 파블로프의 개 실험이라든가 스 키너의 심리상자 실험이 대표적인 예입니다. 이러한 '자극-반응' 모델 에서는 학생을 바람직한 방향으로 이끌어 가기 위해 '보상과 처벌'을 중시합니다. 그리고 이 관점은 지금도 여전히 교육현장에 많은 영향을 주고 있습니다. 칭찬과 훈계, 상과 벌을 통해 학생을 통제하는 관점이 지요. 초등학교 저학년 교실에서 흔히 발견되는 '스티커'와 같은 보상 및 경쟁 체계도 이러한 행동주의적 관점에서 많은 영향을 받고 있습 니다.

그러나 행동주의는 인간을 외부적 자극에 수동적으로 반응하는 존 재로 가정한다는 점에서 근본적인 한계가 있습니다. 이러한 행동주의 적 관점을 비판하고 인간의 주체적이고 능동적인 활동을 강조하는 것 이 인지심리학입니다. 피아제의 경우 외부의 환경에 대한 '동화와 조 절' 과정을 통해 인간의 인지가 발달한다는 견해를 제시했습니다. 그리고 이러한 개인의 인지가 발달하는 단계를 정교하게 설정했습니다. 이러한 관점에 따르면 학습이란 자신의 인지를 스스로 조절하는 초인지 전략을 구사하는 과정입니다.

하지만 인지심리학은 기본적으로 인간을 '개인적 존재'로 설정합니다. 그렇기 때문에 한 인간이 사회 속에서 타인과 더불어 성장해 가는 역동적인 과정을 설명하기에는 한계가 있습니다. 그렇기 때문에 비고츠키는 인간은 사회적 관계 속에서 성장한다고 보았습니다.

우리 선생님들의 성장과정을 돌이켜 보아도 "인간은 사회적 관계 속에서 성장한다."는 명제를 쉽게 인정하실 수 있을 겁니다. 우리는 어려서부터 부모님이나 친구들과의 관계를 통해 알게 모르게 많은 것을 배워 왔습니다. 그리고 이러한 성장과정에서 누구나 '질적 도약'을 경험했을 것입니다.

저는 1980년대 후반과 1990년대 초반을 거쳐 대학을 다녔습니다. 저와 비슷한 시기에 대학을 다니신 분이라면 아마 대부분 대학교 1~2학년 시절에 괄목할 만한 인식의 전환을 경험하셨을 것입니다. 그 비약은 강의실에서 이루어진 것이 아니었을 것입니다. 학회나 동아리에서의 치열한 세미나와 토론, 그리고 사회 현실에 대한 체험과 참여를 통해 그러한 단절과 비약이 가능했을 것입니다.

제가 생각하기에 비고츠키가 그 시절 한국에 있었다면 바로 이러한 현상에 주목했을 것입니다. 고3 때까지 제도교육 속에 갇혀 거의 성장의 경험을 하지 못했던 학생이 대학교 1학년 때 선배나 동료와의 적극적인 상호작용 속에서 비약적인 성장을 하는 현상이야말로 교육학적으로 매우 의미가 있습니다. 저는 여기에 비고츠키 이론의 핵심이 있다고 봅니다. 그리고 이러한 현상을 지금의 학교교육에서도 이루어지도록 하는 것이야말로 비고츠키 이론을 제대로 적용하는 것이라고 생각합니다.

모방과 협력, 언어적 상호작용을 통한 성장

비고츠키는 아동의 성장 과정을 집중적으로 분석하였습니다. 그 과정에서 아동의 '놀이'가 인간의 성장에 굉장히 중요한 영향을 미친다는 사실을 발견하게 됩니다.

어린아이의 놀이에서 가장 중요한 요소는 '모방'과 '협력'입니다. 만 4세 이하의 아동은 '혼자 놀이'를 하면서 끊임없이 어른의 세계를 '모방'합니다. 어린아이가 화장품을 바르면서 엄마를 모방하거나, 소꿉놀이를 통해 '선생님', '간호사', '소방관' 등 어른 세계를 모방하는 것이 대표적인 예입니다. 아직 아동의 내면에 존재하지 않는 것을 모방함으로써 성장해 나가는 것이지요. 그러다 만 4세가 되면 다른 친구들과 '함께 놀면 더 재미있다'는 것을 발견합니다. '협력'의 가치를 깨닫기 시작하는 것이죠. 그러다가 '규칙을 지키면 더 재미있다'는 것을 발견합니다. '사회성'의 발견이죠. 그다음으로는 '규칙을 바꾸면 더 재미있다'는 것을 발견합니다. '창조성'의 발견이죠.

이러한 '모방과 협력'을 통해 '사회성과 창조성'을 내면화하는 것이 '놀이'에 존재하는 '교육적 효과'입니다. 그리고 이러한 '교육적 효과'가 체계적으로 이루어지도록 하는 것이 바로 '학습'의 과정입니다.

어린아이는 부모나 또래집단과의 관계 속에서 놀이(모방과 협력)를 통해 규칙을 내면화하며 자아정체성을 형성하고 사회적 존재로 성장

합니다. 이와 마찬가지로 학생은 도구나 기호를 매개로 교사 및 동료 학습과 사회적 상호작용을 수행합니다. 그런 점에서 비고츠키는 이러한 사회적 상호작용의 세 가지 요소를 주체와 매개(도구), 대상으로 보았습니다.

여기서 말하는 도구 중에 가장 핵심적인 것이 바로 언어입니다. 언어는 '의사소통의 도구'이자 '사고의 도구'라는 것은 주지의 사실입니다. 비고츠키는 이 두 가지 기능을 변증법적인 통일의 관점에서 바라보았습니다. 어린아이가 부모로부터 말을 배우는 과정을 통해 사물을 알아 가듯이, 다른 사람과 의사소통을 하는 사회적 과정을 통해 인간의 지적 기능이 형성됩니다. 비고츠키는 이렇게 다른 사람과 의사소통을 하는 언어를 '외적 언어'라고 불렀습니다. 그런데 이러한 '외적 언어'는 점차 인간의 의식세계 속으로 내면화되면서 '내적 언어'로 바뀝니다. 그리고 '내적 언어'가 자연스럽게 정착되면서 인간의 고등정신기능이 형성되어 갑니다.

어린아이가 마치 자기 자신과 대화를 하듯 혼잣말을 중얼거리는 것이 '내적 언어' 형성의 첫 번째 단계입니다. 이 과정에서 어린아이는 자기 스스로 생각하는 법을 배우기 시작하는 것이죠. 어느 정도 단계가 지나면 어린아이는 혼잣말을 중얼거리지 않더라도 스스로 생각하는 법을 습득하게 됩니다. 성인의 경우라 할지라도 머릿속으로 자기 자신과 대화를 하는 경우가 많은데, 이것이 '외적 언어'가 '내적 언어'로 내면화해 왔다는 증거이기도 하지요. 언어 자체가 사회적 산물이고, 다른 사람과 대화하는 과정 자체가 사회적 상호작용이라고 본다면 인간의 발달은 사회적 관계 속에서 형성된다는 것은 누구도 부정할 수 없는 명제라 할 수 있습니다.

이렇게 볼 때 만약 어떤 아이가 어린 시절 동네 친구들과 충분히 뛰어놀지 못한다면, 그리고 그 아이가 학교에서 교사나 다른 학생들과 충분히 대화를 하며 사회적 상호작용을 할 기회를 가지지 못한다면, 그만큼 성장이 더딜 수 있습니다. 많은 시간 동안 혼자서만 공부를 한 다면 단순한 지식은 습득할 수 있을지 몰라도, 스스로 생각하고 새로운 것을 창조하는 고등정신기능은 발달시키지 못하게 됩니다.

고등정신기능의 형성-'개념적 사고'와 '자유의지'

우리는 보통 지식교육의 폐해를 비판하면서 인성교육, 감성교육 등을 강조하는 경우가 있습니다. 그런데 의외로 비고츠키는 '고등정신기능의 형성'을 강조합니다. 얼핏 보기에 비고츠키는 기존의 지식 위주의 교육을 옹호하는 것 같기도 합니다. 그런데 중요한 것은 지식교육이냐 아니냐의 문제가 아니라 '진정한 지식교육'이란 무엇인가입니다. 요즘은 4차 산업혁명을 하도 강조하다 보니 창의성을 중시합니다. 하지만 창의성 역시 기초적인 개념적 지식과 무관한 것은 아닙니다.

인간과 다른 동물의 가장 큰 차이점은 '생각하는 능력'임은 주지의 사실입니다. 비고츠키는 이 '생각하는 능력'을 '기초정신기능'과 '고등정신기능'으로 나누었습니다. '기초정신기능'은 '수동적이고 반응적인 정신기능'이고 '고등정신기능'은 '능동적이고 의지적인 정신기능'입니다. 이 중 '기초정신기능'은 인간이라면 태어나면서부터 갖게 되는 생물학적 특성입니다. 그러나 '고등정신기능'은 단순히 인간으로 태어났다고 해서 자연스럽게 길러지는 것은 아닙니다. 비고츠키는 인간의 고등정신기능을 범주적 지각, 자발적 주의, 논리적 기억, 개념적 사고 등으로 나누는데, 이는 목적의식적인 학습을 통해서만 이루어질 수 있습니다. 물론 여기서 말하는 학습은 학교에서의 학습만이 아니라 문화적 환경이나 타인과의 상호작용을 통해 이루어지는 것을 말합니다.

예를 들어 말을 갓 배우기 시작한 어린아이는 대상을 하나의 덩어리로 바라보는 인식 체계를 갖고 있습니다. 이를 '혼합체적 사고'라 부릅니다. 이 단계에서는 '나'와 '세계'를 구분하지도 못하고, '세계' 속의 다양한 존재를 구분하지도 못합니다. 이른바 '유아기적 사고 체계'를 갖고 있는 것이죠. 그러다가 '외적 언어'가 '내적 언어'로 바뀌어 감에 따라 조금씩 개념적 사고를 하기 시작합니다. '나'와 '세계'를 구분하기도 하고 '세계' 속의 다양한 존재를 여러 범주에 따라 구분하기도 합니다. 이를 '복합체적 사고'라고 부릅니다. 그러나 이 단계에서도 여전히 직접적 대상과 구분되는 '추상적인 개념'은 이해하지 못합니다.

유아와 아동의 단계를 넘어선 청소년기(대략 초등학교 고학년 이후)에 접어들어서야 아이들은 '개념적 사고'를 하기 시작합니다. '개념적 사고'를 하기 위해서는 '대상을 일정한 범주에 따라 구분하고 공통적 속성을 추출하는 추상적 사고', '원인과 결과를 연결시켜 생각하는 인과론적 사고', '일상적 현상과 그 속에 담겨진 본질을 파악하는 비판적 사고' 등이 필요합니다. 다시 말해 변증법에서 말하는 '구체/추상', '경험/이론', '일상/과학'의 통일에 의해 '개념적 사고'가 형성되는 것입니다.

그런데 문제는 어른이 되었다고 해서 누구나 '개념적 사고'를 할 수 있는 것은 아닙니다. 흔히 사회성이나 도덕성이 미숙하여 질타를 받는 성인을 보면, 사회성이나 도덕성 이전에 개념적 사고능력이 부족한 경우가 많습니다. 그런 모습을 보면 다른 사람들과의 상호작용 속에서 문화적 발달 단계를 거칠 기회가 없었던 것은 아닌지 의심이 들기도 합니다. 이렇게 유아기적 사고단계에 머물러 있으면 타인의 아픔을 공감하는 능력도 길러질 수 없습니다.

이런 점에서 볼 때 지식교육은 그 자체로 의미가 있습니다. 이는 비고츠키의 이론이 전통적 학문 중심 교육이론과 만나는 지점이기도 합니다. 예를 들어 수학교육은 그 자체로 의미가 있습니다. 인류의 오랜 지혜가 담긴 수학을 통해 학생들은 대상을 범주화하고, 추상적 개념을 도출하며, 추상적 개념을 다시 생활세계에 적용하는 고등정신기능을 키울 수 있습니다. 다만 지나치게 어려운 난이도의 수학 교육과정, 수학을 서열화의 도구로 악용하는 입시제도 탓에 학생들이 진정한 개념적 사고를 키우는 과정을 거치지 못하고 오히려 단편적인 문제풀이에 질식되고 있는 것이 문제입니다.

요즘 교육계에서 강조하고 있는 '창의력'도 '고등정신기능'과 무관한 것이 아닙니다. '창의력'이라고 하면 마치 '무에서 유를 창조하는 것'처럼 들리지만, '현실과 무관한 상상'은 '망상'에 불과합니다. 비고츠키는 창조란 '이전에 존재하지 않았던 것을 머릿속으로 생각해 내는 것이며, 이를 다시 현실 속에서 구체화하는 것'이라고 말합니다. 따라서 일부의 오해와는 달리 상상력과 창의력을 키우는 별도의 교육이 존재하는 것은 아닙니다. 오히려 고등정신기능을 기르는 충실한 기본 교육 속에서 창의력 신장이라는 방향이 설정되어야 합니다.

이러한 고등정신기능은 궁극적으로 인간의 자아실현을 위한 '자유의지'를 지향합니다. 인간이 자유의지를 가졌다는 것은 자기 멋대로 행동한다는 것과는 다릅니다. 복잡다단한 현실세계 속에 작동하는 법칙을 과학적으로 인식하고 이를 논리적이고 비판적으로 파악하는 기본적인 능력 위에, 다른 사람과의 상호작용 속에서 세계를 더욱 바람직한 방향으로 변혁하는 의지가 작동할 수 있는 것입니다. 이렇게 '자유의지를 가진 주체적인 인간'이야말로 교육을 통해 길러지는 '인간의 전면적 발달'이라 할 수 있습니다.

인간의 비약적 발달이 이루어지는 계기
-근접발달영역의 창출

인간의 발달 과정은 단순히 순차적으로 이루어지는 것이 아니라, 비약적으로 성장하는 계기가 있기 마련입니다. 교육자는 이 계기에 주목해야 합니다.

비고츠키는 아이들이 언제 어떻게 비약적인 발달을 경험하게 되는지를 집중적으로 연구했습니다. 이 지점에서 그의 유명한 개념인 '근접발달영역' 이론이 등장합니다. '근접발달영역'이란 'zone of proximal development'의 번역어입니다. 이를 좀 더 풀어 쓴다면 '발달이 이루어질 수 있는 가장 가까운 영역', '발달이 잇달아 이루어질 수 있는 영역'이라고 할 수 있습니다.

근접발달영역은 실제적 발달수준과 잠재적 발달수준 사이의 거리이다. 실제적 발달수준은 독립적 문제 해결에 의해 결정되고, 잠재적 발달수준은 성인의 안내 혹은 더 능력 있는 또래들과의 협동을 통한 문제 해결에 의해 결정된다.

_비고츠키, 『마인드 인 소사이어티』 중에서

비고츠키가 보기에 학생들의 발달수준은 '겉으로 드러난 수준' 이외에도 '속에 감추어진 수준'으로 나눌 수 있습니다. 이를 달리 '실제적 발달수준'과 '잠재적 발달수준'으로 부를 수 있습니다. 교육자가 주목해야 할 것은 '실제적 발달수준' 너머에 존재하는 '잠재적 발달수준'입니다. 이는 마치 씨앗과도 같아서 '돌밭'에 떨어지면 곧 죽어버리겠지만, '옥토'에 떨어지면 싹을 틔울 것입니다. 여기에 '교육'의 위대한 힘이 있습니다.

'실제적 발달수준'이란 어떤 학생이 혼자서도 문제를 해결할 수 있는 수준이고, '잠재적 발달수준'은 혼자서는 해결할 수 없으나 교사의 안내 혹은 또래 학생과의 협력을 통해서 문제를 해결할 수 있는 수준입니다. '실제적 발달수준'은 간단한 과제를 통해서 확인할 수 있는 능력이나, '잠재적 발달수준'은 아직 꽃피지 않은 잠재적 능력이라 할 수 있습니다. 이 개념은 워낙 유명한 개념이지만, 이 개념이 지니고 있는 교육적 시사점을 생각해 보는 것이 중요합니다.

교육에서 중요한 것은 학생이 지니고 있는 '잠재적 발달수준'을 드러내어 이 학생이 비약적인 성장을 할 수 있도록 돕는 것입니다. 그러나 교사의 말을 무조건 외워 시험을 봐야 하는 상황에서는 학생이 지니고 있는 '잠재적 발달수준'은 좀처럼 드러나지 않습니다. 따라서 중요한 것은 학생의 '잠재적 발달수준'이 드러날 수 있도록 일상적인 수업과 평가의 상황에서 근접발달영역을 창출하는 것입니다.

'근접발달영역'과 수업-이질집단에서의 협력학습

근접발달영역을 창출할 수 있는 대표적인 교수학습방법론이 바로 '이질집단에서의 협력학습'입니다. 최근 들어 모둠활동 등을 통한 협력학습이 여러 학교에서 활발히 시도되고 있습니다. 학생들이 스스로 문제를 해결할 수 있는 기회를 주는 것, 그리고 혼자서 문제를 해결하는 것이 아니라 다른 학생들과 협력하며 문제를 해결할 수 있도록 하는 것이 그 취지일 것입니다.

그러나 모둠활동을 한다고 해서 곧바로 근접발달영역이 창출되는 것은 아닙니다. 여기에는 몇 가지 조건이 필요합니다.

첫째, 근접발달영역을 창출하려면 '이질집단'을 편성해야 합니다. 근접발달영역은 결코 학생 혼자서 스스로 창출할 수 없습니다. 그렇다고 하여 비슷비슷한 학생들을 모아 놓아도 서로 도움을 주고받을 수 없습니다. 근접발달영역이 형성되기 위해서는 '다양한 학생들이 섞여 있는' 이질집단 편성이 필요합니다.

반대로 동질집단에서는 근접발달영역이 형성되기 어렵습니다. 흔히 상-중-하로 나누는 '수준별 수업'이나 비평준화 고교체제가 대표적인 예입니다. 이러한 동질집단 속에서는 학생들 사이의 의미 있는 소통과 협력이 이루어지기 어렵다는 것을 교사들은 경험적으로 알 수 있습니다. 이른바 '하'반에는 학생들이 다들 학습의욕이 저하되어 있고 이들을 독려하고 이끌어 갈 만한 존재가 없습니다. 반대로 '상'반에는 경쟁문화가 일상화되어 있어 학생들 사이에 실질적인 협력이 이루어지기 어렵습니다. 그래서인지 '하'반 수업 분위기는 침체되어 있고 '상'반 수업 분위기는 살벌합니다.

비고츠키의 이론은 이런 점에서 '수준별 수업'이나 '비평준화'의 원리와 정면으로 대치됩니다. 다양한 역량을 지닌 이질집단에서 능력이 뛰어난 학생들은 다른 학생들에게 도움을 제공하면서 스스로 자기의 지식을 좀 더 명확하게 이해할 수 있게 되고, 능력이 다소 부족한 학생들은 교사의 설명만으로는 이해하기 어려웠던 내용도 친구들의 도움을 받아 이해할 수 있게 됩니다. 물론 여기서 말하는 '능력'은 단순히 '지식'만을 의미하는 것이 아닙니다. 예를 들어 모둠별 활동을 할 때 어떤 학생은 기발한 아이디어를 내는 능력을, 어떤 학생은 발표할 내용을 효과적으로 정리하는 능력을, 어떤 학생은 말이 아닌 몸으로 표현하는 능력을 발휘할 수 있습니다. 이러한 다양한 능력이 어우러지는 가운데 학생들의 전반적인 역량이 성장할 수 있습니다.

수업에서 이러한 '이질집단'을 형성하는 방법은 무엇일까요? 어떤 선생님은 모둠을 편성할 때 인위적으로 학생의 성적 수준을 고려하기도 합니다. 혹은 '리더, 기록하는 학생, 발표하는 학생'의 역할을 나누기도 합니다. 저는 이렇게 고정적인 역할을 부여하는 것은 바람직하지 않다고 봅니다. 물론 협력수업 초창기에는 이러한 방식이 효율적일 수 있으나, 궁극적으로 볼 때 학생들이 자기 역할에서 벗어나기 어려우며, 역동적인 상호작용이 이루어지기 힘듭니다.

그래서 저는 이른바 '랜덤' 방식으로 모둠을 편성하는 것이 좋다고 봅니다. 그 속에서 자연스럽게 성별이 다른 학생들이, 배움의 속도가 다른 학생들이, 장애를 가진 학생과 그렇지 않은 학생들이 나와 다른 존재를 이해하고 서로 배울 수 있는 관계를 형성하는 것이 바람직하다고 봅니다. 그 속에서 이른바 '타자성'을 획득하는 기회를 마련하고, '더불어 사는 민주시민'의 자세를 자연스럽게 익힐 수 있도록 해야 합니다.

둘째, 근접발달영역을 창출하려면 '협력적 관계'를 형성해야 합니다. 근접발달영역 창출의 핵심은 단지 여러 명이 문제를 함께 해결한다는 데에 있는 것이 아니라 그 가운데에 실질적인 협력이 이루어지는 것입니다. 이런 점에서 협력학습은 일부 협동학습 모델에서 발견되는 고정화된 역할 분배(누구는 머리 역할을 하고 누구는 손발 역할을 하는)와는 그 원리를 달리합니다. 중요한 것은 '기법'이 아니라 '관계 형성'입니다. 학생들 사이에 일상적으로 협력하는 문화가 형성되어 있는지 여부가 모둠활동 등 협력학습이 성공하는 열쇠입니다.

예를 들어 모둠활동은 협력적인 형태로 진행을 하면서도 수행평가는 학생들 간의 경쟁을 부추기는 방식으로 진행된다면, 실제로 모둠활동이 협력적으로 수행되기 어렵습니다. 또한 학급운영에서는 전혀 협력적 활동이 이루어지지 않은 채, 수업시간에만 모둠활동을 도입한다면 마찬가지로 성공하기 어렵습니다. 일상적인 학교문화, 그리고 교육과정-수업-평가 전반에 협력의 원리가 도입될 때 학생과 학생 사이에 '너와 내가 만나 우리가 되는' 관계성이 형성되어 모둠활동도 원활히 이루어질 수 있습니다.

수업을 참관하다 보면, 똑같은 교사의 수업시간임에도 불구하고, 어떤 모둠에서는 학습활동이 활발하게 이루어지고 어떤 모둠에서는 그렇지 않는 경우를 발견하게 됩니다. 그 차이는 대체로 '관계성 형성의 여부'에 달려 있습니다. 예를 들어 어떤 모둠에 이른바 '왕따 학생'이 섞여 있다면 그 모둠에서 학습활동이 원활히 이루어질 리가 없습니다. 이는 수업의 방법만 바꾼다고 해서 해결되는 문제가 아닙니다. 이럴 경우에는 '회복적 생활교육'이 결합되어야 합니다. 따라서 수업에서 교사가 해야 할 가장 중요한 역할은 '관계성을 형성'하는 것입니다.

셋째, 근접발달영역을 창출하려면 '적절한 과제'를 제시해야 합니다. 이는 달리 말해 '흥미로우면서도 도전적인 과제', '혼자서는 해결하기 어려우나 협력하면 해결할 수 있는 과제'라 할 수 있습니다. 많은 선생님들께서 경험해 보셨겠지만 동일한 학생집단이라 할지라도 모둠활동이 잘 이루어지는 경우도 있고 그렇지 않은 경우도 있습니다. 그 현상을 가만히 살펴보면, 교사가 학생들에게 제시된 과제의 성격에 따라 그 차이가 나타나는 경우가 많습니다.

예를 들어 너무 쉽거나 어려운 과제, 혼자서도 해결할 수 있는 과제가 제시되면 학생 사이에 협력이 이루어지지 않습니다. 교과서만 보면 정답을 찾을 수 있는 과제, 혼자 계산하면 풀 수 있는 과제가 제시되면 모둠을 편성하더라도 학생들은 각자 학습활동지를 풀고 떠들기만 합니다. 무엇을 하라는 것인지 알 수 없는 막연한 과제나 학생들의 수준에 너무 어려운 과제가 제시되면 학생들은 모둠별로 앉아 아예 과제와 상관없는 잡담만 하게 됩니다.

따라서 중요한 것은 '실제적 발달수준(혼자 해결할 수 있는 수준)'과 '잠재적 발달수준(협력하면 해결할 수 있는 수준)' 사이의 과제를 제시하는 것입니다. 이른바 '배움의 공동체'론에서 말하는 '점프 과제'가 이에 해당합니다. 너무 쉽지도 너무 어렵지도 않으면서도 학생들의 도전의욕을 불러일으키는 과제, 학생들의 실생활과 밀접하게 관련되어 있어 흥미를 유발하는 과제, 혼자서는 해결할 수 없지만 머리를 맞대면 해결할 수 있는 과제가 그러합니다. 이러한 수준에 맞는 과제가 무엇인가 하는 점은 학생들을 일상적으로 관찰하고 있는 교사들의 전문성에 따라 판단할 수밖에 없습니다.

넷째, 근접발달영역을 창출하려면 '모든 학생의 성장이 가능하다는 신념'이 필요합니다. 비고츠키의 근접발달영역 이론은 학생들이 '실제적 발달수준'에서 '잠재적 발달수준'으로 질적으로 도약할 수 있다는 신념을 전제로 합니다. 그렇기 때문에 배움이 느린 학생에게 늘 낮은 수준의 과제만 제시하는 것은 이러한 신념과 어긋납니다.

"얘들은 공부 못하기 때문에 어려운 것 가르쳐 봐야 소용없어."라는 전제는 학생들을 늘 그 정도 수준에 묶어 놓는 결과를 낳게 됩니다. 반대로 "적절한 조건이 형성되면 누구에게나 질적인 도약이 가능하다."는 신념이 필요합니다. 배움이 느린 2학년 학생들에게 필요한 것은 1학년 과정을 무조건 복습하는 것이 아니라, 다소 어려워 보이는 문제라 할지라도 교사의 도움과 다른 학생들과의 협력 속에서 도전할 수 있는 기회를 주고 성취의 경험을 맛볼 수 있게 하는 것입니다.

'근접발달영역'과 평가-역동적 평가, 성장 지향 평가

비고츠키의 근접발달영역 이론은 수업뿐만 아니라 평가에도 적용될 수 있습니다. 즉 '수업에서는 협력하고, 평가에서는 경쟁하는 것'이 아니라, '협력적 수업이 협력적 평가로 이어지도록 하는 것'입니다.

우리에게 익숙한 평가 관행은 "동일한 시험문제를 정해진 시간 안에 혼자서 한 번만 해결하도록 하는 것"입니다. 그리고 그 결과로 "몇 점을 받고 몇 등을 했는지 확인하는 것"입니다. 그런데 이런 상상을 해 보면 어떨까요? "혼자 해결하는 것이 아니라 서로 도우며 함께 해결하도록 하는 것", "한 번만 기회를 주는 것이 아니라 틀리면 다시 도전할 기회를 주는 것", "단순히 점수만 매기는 것이 아니라 예전에 비해 얼마나 성장했는지를 확인하는 것"으로 평가 방식을 바꾸면 어떨까요?

미국의 어느 학교에 인디언 아이들이 전학을 왔다. 시험 시간에 교사가 시험 치를 준비를 하라고 하자, 백인 아이들은 책상 간격을 벌리고 가림판을 올리며 시험 치를 준비를 하였다. 그런데 인디언 아이들은 책상을 모으고 서로 상의를 하며 문제를 푸는 것이 아닌가? 교사가 이 아이들에게 야단을 치자, 인디언 아이들은 "선생님, 저희들은 어려운 문제에 부딪히면 서로 도우면서 해결하라고 어른들께 배웠어요."라고 대답을 하였다.

핀란드 학교의 시험 시간, 아이들은 열심히 시험 문제를 풀고 있다. 그런데 한 학생은 아무리 생각을 해도 그 문제를 어떻게 풀어야 할지 모르는 표정이다. 그러자 그 학생은 교사에게 문제를 어떻게 풀어야 할지 모르겠다고 질문을 하고, 교사는 그 학생에게 다가가 정답을 알려 주지는 않지만 문제를 해결하는 요령은 알려 주었다. 그러자 그 학생은 "아, 알겠다."라며 문제를 풀기 시작했다.

이전 강의에서도 소개해 드렸던 일화입니다. 인디언 학생들과 핀란드 학생들의 시험 풍경은 우리와는 사뭇 다르지요. 그리고 이 시험 풍경 속에 바로 비고츠키의 근접발달영역 이론이 담겨 있습니다. 인디언 학생들의 시험 장면에는 '또래와의 협력'이 있고, 핀란드 학생들의 시험 장면에서는 '교사의 지원'이 있습니다. 그리고 "아, 알겠다."는 외침 속에 깨달음과 성장이 엿보입니다. 평가란 그 학생이 혼자서 얼마나 잘 해결하는가를 확인하는 것이 아니라 다른 학생들과의 협력, 교사의 도움을 받으면 얼마큼 더 잘할 수 있는가를 확인하는 것이라는 철학이 있습니다.

이러한 방식의 평가를 교육학에서는 '역동적 평가'라고 부릅니다. 즉 혼자서 풀 수 있는 수준(실제적 발달수준)만 평가하는 것이 아니라 다른 사람의 도움을 받아 해결할 수 있는 수준(잠재적 발달수준)까지 나아가는 과정을 평가하는 것입니다. 여기서는 학생들이 문제를 해결할 때까지 여러 차례 기회를 제공하고, 그 속에서 교사가 적절한 도움을 제공하거나 학생들이 함께 협력에서 문제를 해결하도록 함으로써 모든 학생들이 학습목표에 도달하도록 지원하는 방식을 취합니다. 이러한 평가의 목적은 현재 드러난 능력뿐만 아니라 잠재적 능력까지를 확인하는 데에 있습니다. 이를 '성장 중심 평가'라고도 할 수 있습니다.

일제식 지필평가가 사라진 초등학교 현장에는 이미 이러한 평가가 이루어지고 있습니다. 그리고 중등학교에서도 자유학기제라든가 수행평가에서는 이러한 평가가 불가능하지는 않습니다.

실제로 저는 어느 중학교의 수업을 참관하는 과정에서 이런 방식의 평가가 이루어지는 것을 발견한 적이 있습니다. 수업시간에 교사가 학생들에게 이전 시간에 배운 내용을 충분히 이해했는지를 확인하고, 간단한 서술형 평가 형태의 수행평가를 진행하고, 답안을 제대로 작성하지 못한 학생에게는 교사가 간단한 도움을 제공한 후, 다시 답안을 작성하는 기회를 제공하는 방식이었습니다. 답안을 다시 작성할 기회를 주었는데도 먼저 문제를 푼 학생들이 항의를 하지는 않았습니다. 이 학교의 문화 자체가 시험 성적에 민감하지 않고, 일상적인 협력수업이 활성화되어 있어 경쟁보다는 협력을 중시하는 관계성이 형성되어 있기 때문이었습니다.^{이형빈, 2015a: 311-313}

물론 입시를 앞둔 고등학교에서 이러한 평가를 실행하는 것이 쉽지는 않을 것입니다. 입시로부터 상대적으로 자유로운 중학교라 할지라도 수업이 협력적인 방식으로 이루어지지 않는다면 이러한 방식의 평가가 어려울 것입니다. 이러한 평가가 이루어지기 위해서는 중간고사, 기말고사 식의 일제식 평가 대신 과정 중심의 평가가 자연스럽게 이루어지어야 하며, 또한 교육과정-수업-평가 전반에서 경쟁보다는 협력을 중시하는 문화가 일상적으로 형성되어 있어야 할 것입니다.

교육이 발달을 선도한다

비고츠키의 주된 관심사는 "학생의 성장은 언제 어떻게 이루어지는가?"입니다. 그리고 여기에서 한 걸음 더 나아가 비고츠키 교육학의 중요한 시사점을 찾을 수 있습니다. 그것은 "교육이 발달을 선도한다." 는 관점입니다.

비고츠키와 자주 비교되는 피아제는 "발달이 교육에 선행한다."고 전제하였습니다. 아동의 발달에는 연령에 따라 일정한 단계(전조작기-구체적 조작기-형식적 조작기 등)가 있고, 이러한 고정적 단계에 맞게 교육을 시행하면 된다고 본 것입니다. 그러나 비고츠키는 교육은 목적

의식적으로 학생의 발달을 선도할 수 있다고 보았습니다. 동일한 연령의 아동이라 할지라도 그가 얼마나 바람직한 교육적 환경에 노출되어 있느냐에 따라 발달수준은 달라질 수 있다는 것입니다.

물론 어린아이가 갑자기 성인들의 수준으로 발전할 수는 없을 것입니다. 그렇기 때문에 비고츠키는 아동의 발달과 성장을 이끄는 '선도 활동'이 있다고 가정하였습니다. '선도 활동'이란 특정 연령대에 처음으로 등장하는 심리적 특성의 기반을 형성하는 활동을 말합니다. 비고츠키와 그의 후학들은 신생아기의 '성인과의 정서적 소통', 유아기의 '놀이 활동', 아동기의 '학습 활동', 청소년기의 '사회적 활동'을 각각의 선도 활동으로 보았습니다.Davydov, 2008 여기서 말하는 '사회적 활동'에는 생산적 노동 활동, 사회적 조직 활동, 예술 및 체육 활동 등이 모두 포함됩니다. 그런데 만약 특정한 연령대의 선도 활동을 충분히 경험하지 못하게 되면 다음 단계의 발전에 부정적인 영향이 일어나게 됩니다. 따라서 청소년기의 선도 활동인 '사회적 활동'이 충분히 이루어지지 못한다면 이는 인간의 전인적 발달에 걸림돌이 되는 셈입니다.

이런 점에서 중등학교에서 이루어지는 '이질집단에서의 협력학습'은 매우 중요한 의미를 갖습니다. 이는 단지 자기가 모르는 문제를 동료 학생들과 함께 협력하며 해결하는 지식 습득의 측면에서만 의미가 있는 것이 아니라 동료 학생들과 사회적 관계성을 형성하며 청소년기에 꼭 필요한 선도 활동을 수행한다는 점에서도 의미가 있습니다. 그렇기 때문에 '이질집단에서의 협력학습'은 지식을 탐구하는 효율적인 방법론으로서 뿐만이 아니라 동료 학생들과 사회적 관계를 형성하는 측면에서도 의미 있게 이루어져야 합니다. 또한 지식을 탐구하고 이를 다양한 방식으로 표현하는 기회를 충분히 제공함으로써, 생산적 노동활동, 사회적 조직 활동, 예술적·신체적 표현 능력이 발휘되는 계기로 삼아야 합니다.

요즘 수업시간에 다양하게 진행되고 있는 토의와 토론, 글쓰기와 발표, 연극이나 뮤지컬 같은 협력적 예술활동 등이 이러한 사회적 활동에 해당합니다. 이는 비판적 사고능력, 사회적 의사소통, 생산적 노동활동 등을 두루 포괄하는 활동이 될 수 있고, 이 과정을 통해 우리 학생들이 어느덧 훌쩍 성장하는 모습을 확인할 수 있을 것입니다. 이것이 바로 "교육이 발달을 선도한다."는 비고츠키의 명제가 실현되는 과정일 것입니다. 그리고 우리 선생님들이 대학시절에 경험했을 비약적인 성장의 과정을, 우리 학생들이 우리 선생님들의 교실에서 경험하게 될 것입니다.

2.

모두를 위한 인간화 교육[22]
-프레이리의 문제제기식 교육

어린이 위인전에도 나오는 프레이리

『우리가 걸어가면 길이 됩니다』강무홍, 2013라는 어린이용 인물 이야
기책이 있습니다. 이 책에는 브라질의 저명한 교육학자 파울루 프레이
리의 일생과 그의 교육 사상이 소개되었습니다. 이 책에 나온 구절을
일부 소개하겠습니다.

> 프레이리는 자신의 경험을 바탕으로 가난하고 억압받는
> 사람들에게 길잡이가 되어 줄 책을 펴냈습니다. 바로 『억눌
> 린 사람들을 위한 교육학』이라는 책이지요. 곧 학자들의 쓴
> 소리가 쏟아졌습니다.
> "가난하고 무식한 사람들이 피억압이니, 계급이니 하는
> 말을 알기나 하는가? 더구나 억압받는 사람들이 해방되어야
> 그들을 억압하는 지배계급도 비로소 사람답게 살 수 있다니,

---

22. 이 글은 이형빈(2016b)을 수정 보완한 것입니다.

이렇게 어려운 내용을 도대체 그 무지한 사람들이 어떻게 이해한단 말인가?"

하지만 대학교수들도 어렵다던 그 책을, 고작 열여섯 살짜리 소년이 밤을 꼴딱 새워 읽고 "꼭 내 이야기를 하는 것 같아요."라고 말했습니다. 가난한 농부들과 노동자들은 "이것은 우리를 위한, 우리의 책"이라며 단숨에 읽어 냈습니다.

책은 곧 세계 곳곳에서 억압받는 사람들에게 널리 전해졌습니다. 그리고 힘없고 가진 것 없는 이들의 짓눌린 정신을 깨어나게 하고, 갇힌 마음을 자유롭게 했으며, 돈과 권력, 총과 칼을 앞세운 지배계급에 맞설 용기와 희망을 주었습니다.

_『우리가 걸어가면 길이 됩니다』 중에서

저는 이 짧막한 이야기 속에 프레이리의 생애와 영향력, 그리고 그의 대표적인 저서 『페다고지』의 핵심적인 사상이 잘 담겨 있다고 봅니다. 교육학의 고전 가운데 하나로 알려진 『페다고지』의 내용을 중심으로 그의 사상을 소개해 보겠습니다.Freire, 1970

의식화-피억압자와 억압자 모두를 위한 인간화

국내에 프레이리가 처음 소개된 것은 그의 책 『페다고지』가 번역된 1980년대 중반이었습니다. 그런데 당시에는 교육학을 하는 분들만 이 책을 읽었던 것은 아닙니다. 사회운동을 하는 분들도 이 책을 통해 인간해방 등의 개념을 접했습니다. 지금 들으면 조금은 무시무시한 용어인 '의식화 교육'이 바로 이 책을 통해 널리 유포되었습니다. 특히 이 책은 노동자를 위한 야학운동에 헌신하던 분들의 필독서였습니다.

프레이리가 살았던 브라질은 해방신학과 마르크스주의를 두 줄기로 민중운동이 활발히 진행되어 왔습니다. 프레이리의 교육사상은 이러한 브라질 민중운동에 기반을 두고 있습니다. 『페다고지』는 기독교적 휴머니즘과 유토피아 사상, 마르크스주의적 인식, 실존주의 철학을 통합하여 우리를 교육학적 성찰로 이끕니다. 예를 들어 다음과 같은 구절이 그러합니다.

> 피억압자는 자신을 억압자의 '숙주'로 인식해야만 해방적인 교육학을 낳는 데 기여할 수 있다. '지금의 나'와 '되고 싶은 나'의 이중성에 머무는 한, 그리고 그 '되고 싶은 나'가 실은 '억압자로서의 나'인 한, 그러한 기여는 불가능하다. 피억압자의 교육학은 피억압자와 억압자 모두가 비인간화의 발현이라는 점을 피억압자가 비판적으로 발견하기 위한 도구이다.
>
> _『페다고지』 중에서

억압자는 타인을 비인간화시키고 타인의 권리를 침해하므로 결국 그 자신도 비인간화된다. 인간이 되기 위해 싸우는 피억압자는 억압자의 지배력을 분쇄함으로써 억압자에게 억압의 과정에서 상실한 인간성을 되돌려주는 것이다. 그렇다면 피억압자는 자신을 해방시킴으로써 억압자도 함께 해방시킬 수 있게 된다. 그 모순이 해결되면 새로운 인간이 출현하게 된다. 억압자도, 피억압자도 아닌 해방 과정의 인간이 등장하는 것이다.

_『페다고지』 중에서

억눌린 민중을 위해 평생을 헌신한 프레이리는 해방 운동이 피억압자와 억압자 모두를 인간화시키는 과정이라고 말합니다. 그리고 이에 기여하는 교육학의 원리는 피억압자의 내면에 존재하는 억압자의 모습을 비판적으로 발견하는 것에서부터 출발합니다.

프레이리가 말하는 '억압'은 겉으로 드러난 물리적인 폭력을 의미하는 것이 아니라, 폭력을 유발하는 부당한 질서가 인간에게 내면화된 결과입니다. 그리고 그러한 질서를 '당연한 것'으로 여기는 마음 상태, 일종의 '신화'에 사로잡혀 있는 상태를 말합니다. 이러한 신화에서 벗어나는 '탈신화화'가 의식화의 첫 단계라 할 수 있습니다. 프레이리와 어느 농부가 나눈 아래 대화에서 이러한 탈신화화의 과정을 엿볼 수 있습니다.Freire, 2004

"왜 여러분의 부모님은 여러분을 학교에 보낼 수 없었죠?"
"그건 그분들이 우리와 똑같은 농부였기 때문입니다."
"농부라는 걸 뭘 뜻합니까?"
"그건 못 배운 것… 아무것도 소유하지 못한 것… 동틀 때부터 해질녘까지 일하는 것… 어떤 권리도 갖지 못하는 것… 아무런 희망이 없는 것을 말합니다."
"왜 농부에겐 이 모든 것이 없는 걸까요?"
"그건 신의 뜻이겠지요."
"신이 뭡니까?"

"우리들 모두의 아버지입니다."

"당신은 자녀 한 명을 학교에 보내 편안한 삶을 살게 하기 위해 나머지 두 명을 희생시켜 고통을 겪게 하시겠습니까? 당신은 자녀 사랑을 그런 식으로 실천합니까?"

"아닙니다!"

"좋습니다. 살과 뼈를 가진 인간인 당신이 그 같은 불의를 저지르지 않는데, 하물며 신이 어떻게 그런 짓을 할 수 있겠습니까? 과연 이 모든 결과가 신의 뜻대로 이루어진 걸까요?"

"아닙니다. 이 모든 것의 이유는 신이 아닙니다. 사장 탓입니다."

_『희망의 교육학』 중에서

농부는 자기 자녀를 학교에 보낼 수 없는 현실을 '신의 뜻'으로 여겼습니다. 프레이리는 이것을 '억압자에 대한 피억압자의 적응 방식'이라 말했습니다. 이는 억압의 실체에 대해 눈감아 버리고, 프롬이 말한 '자유로부터의 도피'에 빠지는 심리적 기제라 할 수 있습니다.Fromm, 1941 '의식화'란 이렇게 억압적 현실에 길들여져 있는 순응에서 벗어나 눈을 뜨고 자신을 각성하게 되는 것을 말합니다.

진정한 '의식화'는 '인간화'로 이어져야 합니다. 만약 농민이 가난한 처지에서 벗어나기 위해 자신을 억눌러 왔던 억압자가 되기를 원한다면 그것은 진정한 '의식화'가 아닙니다. 프레이리는 '되고 싶은 나'가 실은 '억압자로서의 나'라면 진정한 해방이 될 수 없다고 이야기합니다. 억압자는 타인을 비인간화시키고 타인의 권리를 침해함으로써 결국 자신도 비인간화되기 때문입니다. 프레이리는 피억압자가 자신이 처한 처지를 사회경제적·정치적 맥락에서 인식하고 '억압-피억압'의 구조 자체를 바꾸어 자기를 해방할 때, 동시에 억압자 역시 상실한 인간성을 회복시킬 수 있다고 말합니다. 이것이 프레이리가 말하는 '탈신화화 → 의식화 → 인간화'의 과정입니다.

하지만 지배자의 이익에 복무하는 교육은 피억압자에게 억압자의 이미지를 이식하고 이에 대한 신화를 강화하는 데 기여해 왔습니다. 과거의 한국 교육도 예외가 아닐 겁니다. 학생들이 자신의 모습을 있는 그대로 긍정하고 그 내면의 새로운 가능성을 발견하도록 돕는 것이 아니라, 성공 신화와 같은 새로운 환상을 심어 줌으로써 학생들이 자기 자신을 스스로 부정하도록 만드는 데 일조해 온 것이 가슴 아픈 현실입니다. 이러한 점에서 한국 교육은 여전히 프레이리가 말한 '은행저금식 교육'에서 크게 벗어나고 있지 못하고 있습니다.

'은행저금식 교육'과 '문제제기식 교육'

앞에서 말씀드린 '탈신화화, 의식화, 인간화'를 위한 교육을 구체화하기 위해 프레이리는 '은행저금식 교육'과 '문제제기식 교육'을 대비시켜 설명합니다. 일반적인 교육학 교재나 임용시험 대비 자료에는 '은행저금식 교육=암기식·주입식 교육', '문제제기식 교육=토론식 교육'으로 설명하고 있습니다. 그러나 이는 프레이리의 문제의식을 충분히 살리지 못한 설명입니다.

은행저금식 교육관에서 지식이란, 지식을 가지고 있다고 자처하는 사람들이 아는 것이 없다고 여기는 사람들에게 일방적으로 전달하는 것이 된다. 교사는 학생들이 절대적으로 무지하다고 간주함으로써 자신의 존재를 정당화한다.

학생들은 자신에게 부과된 수동적 역할을 완벽하게 수행할수록 점점 더 세계를 있는 그대로 받아들이게 되고 자신에게 저금된 단편적인 현실관에 순응하게 된다. 억압자는 은행저금식 교육과 함께 피억압자가 스스로를 '복지 수혜자'로 여기게 만든다.

_『페다고지』 중에서

'은행저금식 교육'과 '문제제기식 교육'의 차이는 단지 수업 방법의 차이가 아닙니다. 이 차이는 학생을 어떤 존재로 바라보느냐, 교사와 학생의 관계를 어떻게 설정하느냐 하는 관점에 달려 있습니다.

언뜻 보기에 매우 긍정적인 이미지의 교사도 사실 은행저금식 교육에서 벗어나지 못할 수 있습니다. 예를 들어 학생들을 진정 위하는 마음으로 자신을 헌신하는 선생님들이 많습니다. 이는 가난한 사람들을 위해 헌신적으로 일하는 자선가와 같은 이미지와 유사할 수 있습니다. 그러나 이는 학생들을 수동적 존재로 고정화시키고 '단편적인 현실관에 순응하는' '복지 수혜자'로 머물게 할 수도 있습니다. 본인이 보기에는 '학생들을 위해 늦은 시간까지 헌신하는 교사'일 수 있으나, 구조적으로 볼 때에는 오히려 '학생들이 현실에 눈 뜨지 못하도록 하고, 수동적 역할에 머무르게 하는 교사'일 수도 있습니다.

반면 '문제제기식 교육'의 핵심은 교사와 학생의 관계를 '대화적 관계'로 새롭게 설정하는 것입니다.

> 대화 관계가 성립되면 '학생들의 교사'와 '교사들의 학생들'은 존재하지 않고, 교사-학생인 동시에 학생-교사라는 새로운 관계가 탄생한다. 교사는 더 이상 단순히 '가르치는 사람'이 아니며 그 자신도 학생들과의 대화 속에서 배우는 사람이 된다. 따라서 그들은 양측이 성장하는 과정에 대해 공동의 책임을 진다. 이 과정에서 '권위'에 기반한 주장은 더 이상 타당하지 않게 된다. 권위가 제대로 기능하려면 자유에 맞서지 않고 자유의 편에 서야 한다. 여기서는 누구도 타인을 가르치지 않으며, 누구도 혼자 힘으로 배우지 않는다. 다만 민중이 세계와 인식 대상들의 중재를 통해 서로를 가르칠 따름이다.
>
> 교사는 인식 대상을 자신의 소유물로 여기지 않고, 자신과 학생들이 함께 성찰해야 할 대상으로 여긴다.
>
> _『페다고지』 중에서

프레이리는 대화 관계를 통해 교사와 학생이 '가르치며 배우고, 배우며 가르치는 존재'가 되어야 한다고 말합니다. 이런 이유로 예전의 야학에서는 '교사'와 '학생'이라는 용어 대신에 '강학(가르치며 배우는 사람)', '학강(배우며 가르치는 사람)'이라는 용어를 사용했습니다. 이는 교사와 학생이 함께 성찰하며 성장하는 대화적 관계임을 강조한 용어입니다.

혹시 선생님들 중에는 프레이리의 주장을 불편하게 느끼는 분도 있을 겁니다. 프레이리의 문제의식에는 공감을 하지만 그래도 교사로서의 권위, 교사와 학생 사이의 '구분'은 있어야 한다고 생각하실 수 있습니다. 저 역시 교사와 학생 사이의 구분은 당연히 있어야 한다고 봅니다. 그렇지 않다면 '교육'이라는 개념 자체가 성립할 수 없겠지요.

위에서 인용했듯이 프레이리는 교육을 '세계와 인식 대상들의 중재'로 보고 있습니다. 즉 인간이 대상 세계를 올바르게 인식하고 그 속에서 자아를 실현하는 주체로 살아가기 위해서는 이를 '중재'해 주는 존재가 필요합니다. 그 중재 역할은 마땅히 교사가 담당해야 할 몫입니다. 이러한 점에서 교사와 학생 사이의 '구분', 교사로서의 '권위'가 있어야 합니다. 그런데 여기서 중요한 점은 교사가 지식을 자신의 소유물로 여기지 않아야 한다는 점입니다. 만약 교사의 권위를 '지식을 독점한 자로서의 권위'로 여긴다면, 학생을 늘 수동적인 위치에 머무르게 하는 '은행저금식 교육'이 이루어집니다. 반면에 교사의 역할을 '지식을 함께 탐구하고 성찰하도록 중재하는 존재'로 본다면, 이는 학생들을 자기 해방으로 이끄는 '문제제기식 교육'을 실천하게 됩니다. 이러할 때 교사는 '자유에 맞서는 권위'가 아니라 '자유의 편에 서는 권위'를 갖게 될 것입니다.

"자유의 편에 선다."는 말이 추상적이거나 정치적으로 들릴 수 있습니다. 이는 학생들을 현재의 상황에 고착화시키는 '은행저금식 교육'과는 달리, 인간의 변화 가능성 및 잠재력을 신뢰하고 새로운 미래를 개척하는 교육을 의미합니다.

문제제기식 교육은 인간이 변화 과정 속에 있다고 본다.
다른 동물과 달리 인간은 자신이 미완성임을 알고 불완전함을 인식한다. 바로 이렇게 불완전함과 더불어 그것을 의식하고 있다는 사실에 인간만이 가능한 교육의 뿌리가 있다. 인간존재의 미완성적 특성과 현실의 변화적 특성으로 인해 교육은 항상 진행 중인 행위일 수밖에 없다. 그러므로 교육은 언제나 프락시스 속에서 재창조된다.

_『페다고지』 중에서

이러한 '문제제기식 교육'이 지향하는 것은 '문제해결 능력'이 아니라 '문제제기 능력'입니다. 사실 우리의 학교현장에서는 '문제해결 능력'이라는 용어가 익숙합니다. 그러나 프레이리의 입장에서 볼 때 '문제해결 능력'은 '외부로부터 주어진 과업을 해결하는 능력'이라 볼 수 있고, 이는 거시적으로 볼 때 자본의 요구를 효율적으로 처리하는 노동력을 길러 내고자 하는 관점이라 볼 수 있습니다. 반면 '문제제기 능력'이란 '삶의 현실 속에서 문제를 발견하고 이를 해결하기 위한 실천을 모색하는 능력'이라 할 수 있고, 이는 인간이 자신의 가능성과 잠재력을 최대한 발휘하여 자유의 영역을 확장하는 능력을 기르고자 하는 관점으로 볼 수 있습니다.

문해력 교육: 세계에 이름 붙이기, '생성적 주제'를 중심으로 한 교육과정

이제 이러한 '문제제기식 교육'이 구체적으로 어떠한 교육과정과 교수-학습을 통해 구현되는지에 대해 살펴보고자 합니다. 프레이리는 자신의 문제의식을 주로 브라질 성인 농민들을 대상으로 하는 문해력 교육을 통해 실천했습니다. 따라서 프레이리의 방법론을 한국의 공교육에 직접적으로 적용하는 것은 무리가 있습니다. 하지만 그의 기본적인 관점과 아이디어, 방법론을 통해 몇 가지 시사점을 얻을 수 있을 것입니다.

프레이리가 가장 먼저 부딪힌 현실은 가난한 농민들이 자신의 처지를 벗어날 수 없는 숙명으로 수용하며 산다는 것, 그리고 대부분의 농민들이 학교에 가서 글을 배울 수 있는 기회가 없어 문맹의 처지에 머물러 있다는 것입니다. 이 두 가지 과제를 해결하기 위해 프레이리가 시도한 것이 '문해력 교육'입니다. 즉 배움의 기회를 잃은 농민들이 문자를 해득하면서도, 그 과정을 통해 세계에 대한 올바른 인식을 획득하고 나아가 해방을 위한 실천에 나설 수 있도록 주체화하는 것입니다.

이것이 어떻게 가능했을까요? 놀랍게도 프레이리는 자신이 고안한 문해교육 프로그램을 통해 대부분의 농민들이 아주 짧은 시간 안에 기본적으로 읽고 쓸 줄 아는 능력을 획득하는 성과를 낳았습니다. 그리고 이는 반복적인 철자법 익히기나 문법교육을 통해 이루어진 것이 아니라 농민들의 삶의 현장 속에서 주제어를 선정하고, 이를 통해 삶을 발견하며 인식을 확장해 가는 방식으로 이루어졌습니다.Shor, 1987

프레이리는 미리 지역 공동체를 방문하여 그 문화를 조사하고 그 지역에서 사용하는 의미 있는 단어들의 목록을 작성했습니다. 그 목록을 작성할 때에는 '단어가 지닌 정서적 힘, 토론 유발 가능성', '포르투갈어 발음으로 나타낼 수 있는 음소론적 가치' 이 두 가지를 고려했습니다. 그리고 이러한 낱말들을 '생성어generative words'라 불렀습니다. 이를 생성어라 부른 이유는 두 가지 측면이 있는데, 이 단어들을 통해 농민들이 자신의 삶에 대한 정치적·사회적 토론을 이끌어 낼 수 있으며(인식의 생성), 그 단어들을 쪼개어 다시 배열함으로써 다른 단어를 생성해 갈 수 있기 때문입니다(언어의 생성).

예를 들어 어느 지역의 농민들의 삶이 우물터를 중심으로 이루어진다고 가정해 봅시다. 교사는 우선 우물터의 풍경이 담긴 그림을 농민들에게 제시하고, 그림 속에 무엇이 있는지를 묻습니다. 그러면서 '물'이라는 간단한 단어를 학습합니다. 이때 단어의 음소를 분절적으로 학습하지 않고 단어의 형태로 학습합니다. 이후 '물(자연)'이라는 단어가 어떻게 '우물'이라는 단어로 확산되는지 학습하면서 이와 동시에 '우물'과 관련된 마을 사람들의 삶에 대해 이야기를 나눕니다. 우물과 관련된 삶을 이야기하다가 '우물 파기'로 단어가 확대되고, '우물 파기(노동)'와 관련된 사회·정치적 맥락(토지, 지주와 소작농, 생산수단 및 생산관계 등)으로 확대됩니다. 이러한 과정이 '인식의 생성 과정'이라 볼 수 있습니다.

또한 '물'이라는 단어에 남긴 음소를 변형하여 다양한 단어를 조합해 낼 수 있습니다. '물'에서 '우물'로 어휘가 확장될 수도 있고, '물'에서 '문', '굴'로 어휘가 확장될 수도 있습니다. 이러한 과정에서 단어와 단어가 조합이 되면서 문장을 만들어 내고, 그 문장 속에 농민들의 삶이나 사회 역사에 대한 인식을 담아낼 수 있습니다. 브라질 사람들이 사용한 포르투갈어의 예를 들자면, 'povo(사람)', 'voto(투표)'라는 단어를 학습한 후 "O voto e do povo.(투표권은 국민에게 있다.)"와 같은 문장을 만들면서 정치적 의식을 확대해 가는 것입니다.

이러한 문해력 교육은 기존의 언어교육과는 두 가지 측면에서 차이가 있습니다. 흔히 언어교육의 방법론으로 '발음 중심의 언어교육법 phonics'와 '총체적 언어교육법whole language approach'을 대비시킵니다. 프레이리의 문해력 교육은 언어를 분절적인 요소로 나누어 반복적으로 연습시키는 방법보다 삶의 맥락 속에서 언어를 학습한다는 점에서 총체적 언어교육법으로 출발하지만, 하나의 단어를 바탕으로 다른 단어를 배워 간다는 점에서 발음 중심의 언어교육법의 요소도 접목시킵니다. 또한 여기에 사람들이 자신을 둘러싼 세계를 인식하고 이를 변혁해 가는 능력을 기르도록 한다는 점에서 정치적인 관점이 반영되어 있습니다.

여기서 글을 배운다는 것은 단지 문자를 해독하는 것을 넘어서는 의미를 갖습니다. 프레이리는 '말'에는 '성찰과 행동'이라는 두 가지 요소가 있다고 봅니다. '말'에서 '행동'이 제거되면 그것은 탁상공론이 되어 버리고, '말'에서 '성찰'이 제거되면 그것은 '행동을 위한 행동'에 불과하다고 봅니다. 인간이 '말'을 배운다는 것은 '세계에 이름을 붙이는 것'을 의미하고 이러한 '이름 붙이기'를 통해 세계를 새롭게 인식하고 세계를 변화시키는 실천praxis(인식과 행동의 통일)으로 나아가게 됩니다. 예를 들어 '우물'은 '생명의 원천'이자 '함께 나누는 공동체적 삶의 원천', 그리고 그러한 '공동체적 삶을 파괴하는 구조를 변혁하고자 하는 실천의 상징'으로 새롭게 의미가 생성됩니다. 이렇게 볼 때 참된 문해력이란 누군가 말해 준 세계를 그대로 수용하는 수동성을 넘어서 자신이 주체가 되어 적극적으로 세계를 비판적으로 읽을 수 있는 능력을 의미합니다. 당시 군사 정부는 프레이리의 문해력 교육을 방해하고 심지어 그를 투옥시키기까지 했는데, 그 이유는 그의 문해력 교육에 '전복적 요소'가 있다고 보았기 때문입니다.

이처럼 농민들의 삶과 밀착하게 연결된 낱말을 중심으로 주제어를 설정하고 이를 확장해 가는 방식의 교육을 '생성적 주제를 중심으로 한 교육과정'이라 부를 수 있습니다.

> 인간을 매개하는 현실, 그리고 그 현실에 대해 교육자와 민중이 가진 인식을 바탕으로 우리는 교육 내용을 결정해야 한다. '생성적 주제generative themes'에 대한 연구는 자유의 실천인 대화식 교육에서 출발한다. 생성적 주제를 발견하는 기회와 더불어 이 주제에 관한 민중의 자각을 자극하는 기회도 부여해야 하는 것이다.
>
> _『페다고지』 중에서

'생성적 주제를 중심으로 한 교육과정'은 비단 성인 문해력 교육뿐만 아니라 학생들을 대상으로 하는 공교육에도 많은 시사점을 줄 수 있습니다. '생성적 주제'는 교육과정 이론가 아이즈너가 '행동적 목표'와 대비시켜 강조했던 '표현적 목표'와도 연결되는 개념입니다.[23] 즉 교육과정 문서에서 설정한 목표 대신에, 학생들이 스스로 자신의 삶 속에서 탐구해야 할 주제를 발견하도록 돕고 그 주제를 중심으로 교육과정 목표를 설정하는 것을 말합니다. 그리하여 학생들로 하여금 내면의 새로운 가능성을 발견하여 실천으로 나아가게 하는 것, 그 과정이 곧 교육이자 자유를 향한 해방의 과정입니다.

이러한 프레이리의 문해교육은 우리의 한글교육에도 많은 시사점

---

23. 아이즈너의 이론에 대해서는 이 책의 제2부 3장 "교육과정, '가야 하는 길' 혹은 '길 위에서의 경험'에서 자세히 다루도록 하겠습니다.

을 줄 수 있습니다. 최근 초등학교에서는 '한글교육 책임제'가 강조되고 있습니다. 예전에는 학생들이 입학 전에 한글을 배웠다는 것을 전제로 학교에서 사실상 한글을 가르치지 않거나, 아니면 '받아쓰기' 중심의 철자법 위주로 한글을 가르치는 경향이 강했습니다. 하지만 최근에 '한글교육 책임제'가 강조되면서 학생들이 입학 전에 한글을 배울 기회가 없었다는 것을 전제로 한글을 쉽고 재미있게 천천히 가르치고 있습니다. 그러나 이 단계에서 머무르는 것은 진정한 문해교육이라 보기 어렵습니다. 프레이리가 강조했듯이, 말을 배운다는 것은 세계에 눈을 뜨고 자아를 확장하는 것을 의미하기도 합니다.

따라서 이제는 한글교육이 프레이리가 말한 문해교육으로 확장될 필요가 있습니다. 섣부른 '받아쓰기' 교육은 한글교육을 '문해교육'이 아닌 '문자해독'으로 머무르게 할 수 있습니다. 비록 나이 어린 초등학생을 대상이라 할지라도 세계에 눈을 뜨고, 자신의 삶을 성찰하며, 자아를 확장하는 방향으로 한글교육의 취지를 살려야 할 것입니다. 이오덕 선생님이 강조했던 '삶을 위한 글쓰기 교육'이 이러한 취지를 살리는 대표적인 교육철학에 해당될 것입니다.[이오덕, 1993]

프레이리의 교사론

학교에 근무하시는 선생님들 입장에서는 프레이리의 사상이 머리로는 이해가 되지만 이를 현실 속에서 적용하기가 어렵게 느껴지실 겁니다. 프레이리가 말하는 교사란 공교육의 교사이기도 하지만 동시에 민중운동에 헌신하는 활동가를 의미하기도 합니다. 그의 궁극적인 문제의식은 사회를 변혁하는 것이며, 사회체제의 변혁 이전에 민중의 의식이 각성되어야 진정한 변혁이 가능하다는 점입니다. 그런 점에서 그는 교사가 이론과 실천이 하나 된 프락시스parxis를 지향하는 존재, 즉 '이론적 실천가'이자 '실천적 이론가'가 되어야 한다고 합니다.

그러나 그의 메시지는 오늘도 공교육 체제 안에서 고군분투하는 모든 교사들에게도 해당합니다. '기꺼이 가르치려는 이들에게 보내는 편지'라는 부제가 붙어 있는 『프레이리의 교사론』이라는 책에서 그가 교사들에게 강조하는 것은 바로 '겸손'과 '사랑'입니다.Freire, 1998

> 나는 겸손이라는 말로 이야기를 시작하려고 합니다. 여기서 겸손은 결코 자기 존중감의 결여나 체념, 혹은 비겁함 같은 의미를 함축하는 말이 아닙니다. 반대로 겸손은 용기, 자기 확신, 자기와 타인에 대한 존중을 필요로 합니다. 겸손은 모든 것을 아는 사람도 없고, 또 아무것도 모르는 사람도 없다는 명백한 진리를 이해하게 해 줍니다.
>
> 학생들과의 관계에서 교사들이 행하는 겸손함 외에 필요한 자질이 또 있습니다. 그것은 사랑입니다. 사랑이 없다면 교사들의 활동은 의미를 잃게 됩니다. 그리고 여기서 말하는 사랑이란 학생들을 향한 것일 뿐만 아니라 가르치는 과정을 향한 것이기도 합니다. 교육자들에게 일종의 '무장된 사랑'이 없다면, 그들 직업의 부정적인 면들을 견뎌 낼 수 없다는 것입니다. 무장된 사랑이 없다면, 쥐꼬리만 한 봉급과 교사들에 대한 홀대 등 정부의 멸시와 모든 부조리에서 살아남을 수 없습니다. 교사는 자식을 양육하는 어머니가 아니라, 분

명한 자기 입장을 가지고 교원노조에 참가해 적극적으로 저
항활동을 하고, 그 때문에 처벌받더라도 여전히 학생들과 함
께 헌신적으로 활동하는 사람입니다. 그것은 싸우고 사랑할
수 있는 용기입니다.

_『프레이리의 교사론』 중에서

　프레이리가 교사의 자질로 꼽은 것은 '겸손, 사랑, 용기, 관용, 결단
력, 안정감, 인내와 조급함 사이의 긴장, 삶을 즐겁게 만드는 자질' 등
입니다. 이 모든 것을 다 자세히 설명하기에는 지면이 부족하지만 이
중에서도 '겸손'과 '사랑' 두 가지를 강조하고 싶습니다. '겸손'이란 "모
든 것을 아는 사람도 없고, 아무것도 모르는 사람도 없다."는 진리를
의미하며, '가르치며 배우는 사람'으로서의 교사가 지녀야 할 중요한
덕목일 것입니다.

　교사가 지녀야 할 '사랑'이란 '자녀에 대한 맹목적인 애정을 보이는
양육자'의 자질과는 다릅니다. 그것은 '학생들에 대한 사랑'이자 '가르
치는 과정에 대한 사랑', 그리고 '기꺼이 가르치려는' 모든 교사들이
지녀야 할 '무장된 사랑'입니다. 우리 선생님들 책장에 꽂혀 있는 프레
이리를 다시 꺼내 읽으며 '무장된 사랑'의 의미를 곰곰이 곱씹어 보시
길 바랍니다.

3.

교육과정,
'목적지로 가는 길' 또는 '길 위에서의 경험'[24]
–타일러와 아이즈너의 교육과정 이론

삼천포로 빠지는 수업

"삼천포로 빠진다."는 말이 있습니다. 이야기를 하다가 중간에 엉뚱한 방향으로 빠질 때 흔히 쓰는 말이죠. 이 말은 부산을 출발한 기차가 진주행과 삼천포행으로 갈라질 때 진주로 갈 사람이 삼천포행 기차로 잘못 타는 경우가 종종 있는 데에서 유래되었다고 합니다. 이는 목적지를 제대로 찾지 못하고 엉뚱한 데로 가는 것을 비유적으로 표현한 말입니다.

수업을 하다가도 종종 삼천포로 빠지는 경우가 있습니다. 수업을 지루해하는 학생들이 선생님에게 첫사랑 이야기를 해 달라고 조를 수도 있고, 시를 가르치시던 선생님이 스스로 작품 속에 도취해 예상하지 않았던 이야기를 늘어놓을 수도 있습니다. 혹은 어떤 학생이 발표한 글이 너무나 감동적이어서 이와 관련된 이야기만 한 시간 내내 나눌 수도 있겠죠.

---

24. 이 글은 이형빈(2016c)을 수정 보완한 것입니다.

어떤 선생님은 삼천포로 빠지는 경우가 없이 정해진 수업지도안에 따라 진도 나가는 데에 충실한 수업을 선호하기도 합니다. 반면에 어떤 선생님은 삼천포로 빠지는 수업이야말로 살아 있는 수업이라며 이를 은근히 즐기기도 합니다. 과연 삼천포로 빠지는 수업이 좋은 수업일까요? 혹시 삼천포로 빠지다가 영영 길을 못 찾는 것은 아닐까요? 그렇다고 정해진 목표로 달려가기만 하는 수업이 좋은 수업일까요?

교육과정의 두 가지 의미
-'목적지로 가는 길', '길 위에서의 경험'

'교육과정curricululm'이라는 말은 라틴어 '꾸레레currere'에서 유래된 말로, 영어의 '코스course'와 같은 어원을 갖습니다. 교육과정이란 가야만 하는 '코스', 교육 목표에 도달하기 위해 학생들이 학교에서 배워야 하는 내용과 순서 등을 정해 놓은 것이죠. 그런데 교육과정에는 또 다른 의미가 있습니다. 그 코스를 가는 과정에서 '실질적으로 경험하는 내용'입니다. 그 경험은 원래 설정해 놓은 목표와 같을 수도 있고 다를 수도 있습니다. 이처럼 교육과정이란 비유컨대 '가야 하는 길'과 '길 위에서의 경험' 두 가지 의미를 갖습니다.

예를 들어 서울에서 부산까지 여행을 한다고 가정해 봅니다. 어떤 사람은 해운대 해수욕장에 가기 위해 가장 빠른 방법, 즉 KTX를 타고 부산역에 갔다가 부산 지하철로 해운대역에 도착하는 경로를 선택할 것입니다. 반면에 어떤 사람은 부산까지 가다가 중간에 마음에 드는 곳을 만나면 그곳에 잠시 머물기도 하고, 심지어 목적지를 바꿔 삼천포로 빠져도 상관없다는 심정으로 여행을 할 겁니다. 이 글을 읽으시는 선생님께서는 어떤 여행을 선호하시나요?

우리 학생들이 학교에서 배우는 교육과정도 마찬가지입니다. 국가에서 수립한 교육 목표에 도달하기 위해 가장 효율적인 방식으로 교육과정을 설계하고, 이를 수업을 통해 구현한 후 그 결과를 평가를 통해 확인하는 것이 일반적인 교육과정의 모습입니다. 그러나 상상력을 발휘해 보면 전혀 다른 방식의 교육과정도 존재할 수 있습니다. 어차피 미리 선정한 목표가 모든 학교와 학급에서 동일하게 실현될 수는 없습니다. 그래서 교사-학생 간의 상호작용에 따라 교육 목표나 배우는 내용, 분량, 순서를 융통성 있게 변경하는 방식의 교육과정도 있을 수 있습니다. 비유하자면 이는 목적지에 빨리 도달하는 것을 목표로 하는 여행이 아니라, 우연성에 몸을 던지며 여정 그 자체를 즐기는 여행입니다. 주어진 악보대로 연주하는 엄격한 클래식이 아니라, 즉흥성에 몸을 맡기며 다양한 변주를 즐기는 재즈입니다. 우리 선생님께서 진행하시는 수업은 어느 쪽에 가깝나요?

과학으로서의 교육과정

위에서는 교육과정을 '목적지로 가는 길'과 '길 위에서의 경험' 두 가지로 비유해 보았습니다. 전통적인 교육학 이론은 교육과정을 '목적지를 향해 가야 하는 길'로 보고 수업을 '과학적'으로 설계하고자 했습니다.

최초로 교육과정 이론을 학문적으로 정립한 학자는 미국의 보비트입니다.Bobbitt, 1918 19세기 미국 교육에서는 교사가 아동들을 별다른 이론적 기반 없이 주먹구구식으로 가르치는 것이 일반적이었습니다. 그러나 20세기 이후 공교육이 팽창하면서 더 이상 주먹구구식의 수업이 지속되기는 어려운 조건이 형성되었습니다. 사회가 요구하는 지식과 기능을 학생들이 제대로 습득하기 위해서는 어떤 교육과정이 필요할까, 수십 명에 달하는 학생들을 대상으로 효율적인 수업을 진행하는 방법은 무엇일까 등이 당시 교육학자들의 관심사였습니다.

이에 보비트는 당대 경영학의 주요 이론, 공장 경영에 필요한 효율성의 원리를 교육학에 도입합니다. 20세기 초반 미국 자본주의는 대량생산-대량소비 시스템을 유지하기 위해 포드-테일러주의를 도입합니다. 포드주의는 '최소의 비용으로 최대의 이윤'을 창출하기 위해, 컨베이어 벨트로 상징되는 '표준화/분업'에 의한 대량생산 시스템을 도입하는 것입니다. 테일러주의는 '과학적 경영의 원리 확립'을 목표로 노동자의 노동에서 '낭비적 요소를 제거'하는 것을 목표로 합니다. 이를 위해 '구상(정신노동)과 실행(육체노동)을 분리'하고, 정해진 매뉴얼에 따라 노동자의 시간과 동작까지 엄격하게 통제합니다. 예를 들어 정해진 자리에서 50분 동안 일하고 10분 동안 쉬는 방식의 노동이 대표적인 예입니다.

공장과 마찬가지로 학교 역시 '대규모 학교·분업 시스템(초등/중등, 교과/학급)'을 바탕으로 운영됩니다. 그리고 '목표-투입-실행-산출'의 과정을 적용하여 '산업계가 요구하는 직무 분석 → 명시적이고 세분화된 교육 목표 선정 → 상세한 교육 계획 수립'의 단계에 따라 교육과정을 설계합니다. 이러한 교육과정은 교사가 수행해야 할 작업 매뉴얼이라 할 수 있습니다. 교사는 이를 근거로 학교급별, 교과별 분업체제하에 '정해진 시간표에 따라 50분 수업하고 10분 쉬는' 공정을 통해 '학생'이라는 재료를 가공해 '자본이 요구하는 노동력'이라는 완제품을 생산하게 됩니다.

요즘 선생님들이라면 이러한 이론을 들으면 무시무시한 느낌이 들 겁니다. 그룹 핑크 플로이드의 노래 'Another brick in the wall'의 뮤직 비디오의 끔찍한 영상, 혹은 서태지와 아이들의 노래 '교실 이데아' 등이 떠오르기도 할 겁니다. 그러나 20세기 초반 미국 교육학계에서는 보비트의 이론이 '과학적 교육과정'이라는 이름으로 널리 수용되었습니다. 그리고 이 이론은 타일러의 이론으로 계승됩니다.

타일러의 교육과정 이론은 '목표 중심 교육과정론'이라는 이름으로 교사임용시험에도 자주 출제되었던 내용입니다. 타일러가 제시했던 교육과정 모형은 아래와 같습니다.Tyler, 1949

교육 목표 설정	학교는 어떤 목표를 달성하고자 노력해야 하는가?
⇩	
학습 경험의 선정	설정된 목표를 달성하기 위해 어떤 교육 경험이 제공되어야 하는가?
⇩	
학습 경험의 조직	교육 경험을 효과적으로 조직하는 방법은 무엇인가?
⇩	
평가	교육 목표의 달성 여부를 어떻게 알 수 있는가?

타일러의 교육과정 이론은 지금까지도 전 세계적으로 가장 큰 영향을 주고 있는 이론이라 볼 수 있습니다. 수많은 교육과정 이론은 타일

러의 이론을 계승하거나 이를 극복하는 과정이라고 해도 과언이 아닙니다. 타일러 이론의 가장 큰 장점은 교사들이 수업시간에 "무엇을, 어떻게, 왜" 가르쳐야 하는지를 명확히 계획할 수 있게 도와준다는 점입니다. 사실 타일러의 이론대로만 교육과정을 설계하고 수업을 진행해도 별 문제가 될 것이 없어 보입니다.

우선 이 이론은 "왜 가르쳐야 하는가?"에 대해 생각하게 만듭니다. 교과서가 있으니까, 문학작품이 원래 훌륭하니까 가르쳐야 하는 것이 아니라, "장차 국문학자가 되지 않을 학생에게도 문학작품을 가르쳐야 할 이유가 무엇인가?"를 생각해야 합니다. 그리고 설정된 목표를 달성하기 위해 '학생들에게 어떠한 문학적 경험을 효율적으로 하도록 할 것인지'를 결정하고 이에 따라 수업을 진행하고, '목표가 달성되었는지를 확인하는 평가'를 진행해야 합니다. 그리고 이러한 평가는 '학생들이 자신이 부족한 것을 확인하여 더 나은 발전을 위해 노력하는 것', '교사들이 학생들의 상태를 확인하고 수업을 개선하는 것'을 목표로 합니다.

그러나 이러한 목표 중심 교육과정론은 여러 측면에서 비판을 받아 왔습니다. 무엇보다도 이는 효율성을 중시하는 과학적 관리론에 입각한 산업화 시대의 패러다임이라는 비판을 받고 있습니다. 그리고 이러한 모델이 실제 교실 수업에 적용되었을 때 '명시적·세부적인 교육 목표'를 설정하고, 이에 따라 '효율적인 교수학습'을 진행하며, 그 결과를 확인하는 '과학적인 측정'이 이루어지게 됩니다. 더욱이 한국과 같이 입시 위주의 교육 풍토와 결합이 되었을 때에는 '단편적 지식 위주의 교육 목표 → 주입식·암기식 수업 → 선다형 위주의 평가'로 구현되기 쉽습니다.

우리의 학교현장에서 타일러 이론의 흔적을 가장 직접적으로 확인할 수 있는 것은 '이원목적분류표'입니다. '이원목적분류표'는 타일러의 후예인 블룸이 교육 목표를 좀 더 명시적이고 세부적으로 분류한 '교육목표분류학'에 근거를 두고 있습니다.Bloom, 1984 교육 목표를 '내용요소'와 '형식요소'로 나누었기 때문에 이를 '이원목적'이라고 합니다. 예를 들어 국어과의 '듣기·말하기/읽기/쓰기/문법/문학'은 '가르쳐야 할 내용'이고, '지식/이해/적용/분석/종합/평가'는 '길러야 할 형식'에 해당합니다. 겉으로 보기에 매우 체계적으로 보이나, 사실 '지식과 적용'을, '이해와 종합'을 과연 칼로 무를 베듯이 나눌 수 있는 것이냐 하는 문제가 생깁니다. 그래서 실제 학교현장에서는 이원목적분류표를 먼저 작성하고 평가 문항을 만드는 것이 아니라, 평가 문항을 만들고 이원목적분류표는 나중에 요식적으로 작성하는 '불편한 진실'이 수십 년째 지속되고 있습니다. 특히 '교육목표분류학'은 겉으로 드러난 행동의 변화를 중시하는 행동주의와 결부되어 "~을 할 수 있다."와 같이 매우 어색한 교육 목표 진술방식을 택하고 있고, 학교현장에서는 아무 의미 없는 서류를 매번 번거롭게 작성해야 하는 일이 반복되고 있습니다.

이들이 강조한 '명시적이고 세부적인 교육 목표', 이를 구현할 수 있는 '행동주의적 수업 전략', 그리고 학습 결과를 '점수화하여 측정하는 평가'는 지금도 학교현장에서 관행적으로 유지되고 있습니다. 그리고 이러한 관행의 뿌리에는 '측정 가능한 교육 목표'를 중시한 '과학으로서의 교육과정론'이 자리 잡고 있으며, 여기에는 '눈에 보이는 성과', '성과 달성을 위한 효율성'을 중시하는 근대 자본주의적 패러다임이 자리 잡고 있습니다.

예술로서의 교육과정

수많은 이론가들과 실천가들이 '과학으로서의 교육과정'론을 극복하기 위해 노력해 왔습니다. 이들이 보기에 '과학으로서의 교육과정'론은 여러 가지 문제점이 있습니다. 앞에서도 말씀드렸듯이 이는 근대 자본주의 사회가 추구하는 효율성을 중심으로 한 관점입니다.

특히 교육 목표를 명시적, 세부적으로 쪼개 놓는 것이 과연 타당한 것인가 하는 문제를 생각해 볼 수 있습니다. 예를 들어 문학작품을 가르칠 때 장르의 특징, 형식적 요소에 대한 이해, 내용에 대한 감상 등을 나누어 가르치는 것, 특히 요즘의 교육과정에서 말하는 성취기준을 중심으로 문학작품을 가르치는 것이 과연 가능한지 의문입니다.

나아가 수업 이전에 미리 목표를 설정하는 것 자체도 반드시 바람직한 것은 아닙니다. 교사와 학생의 상호작용, 학생 스스로의 주체적인 탐구에 따라 교실 상황은 언제든지 역동적으로 변화할 수 있습니다. '삼천포로 빠지는 수업'이 때로는 좋은 수업일 수도 있다는 것이죠.

타일러 등의 문제의식이 "교육 목표를 효율적으로 달성하려면 어떤 교육과정을 만들어야 하는가"에 있다면, 또 다른 교육과정 이론가들은 "교육과정 속에 담긴 정치적·사회적 성격은 무엇인가", "교육과정을 통해 학생들은 실제로 어떠한 경험을 하며 어떻게 성장해 가는가?"에 관심이 있습니다. 프레이리, 애플 등은 교육과정의 정치적 성격에 주목하면서 인간해방을 위한 교육을 역설했습니다. 이번에 소개해 드릴 파이너와 아이즈너는 '교육과정의 실존적 체험, 예술적 성격'에 주목합니다.

파이너는 교육과정curriculum의 라틴어 어원인 '꾸레레currere'의 본

래적 의미에 주목하면서 '목표'가 아닌 학생들의 실제적인 '경험'과 '과정'을 중시했습니다.Pinar, 1975 학생들이 교육을 받으면서 실제로 경험한 것 자체가 교육과정이며, 그 교육적 경험의 의미를 해석하는 것이 중요하다고 보았습니다. 이렇게 교육과정을 폭넓게 해석한다면, 교사가 수업시간에 무심코 던진 농담을 통해 학생들이 더 많은 것을 깨닫게 되었다면 그것도 훌륭한 교육과정이 될 수 있습니다. 거꾸로 교사가 아무리 좋은 이야기를 해 준다 하더라도 어떤 학생이 교사에 대한 개인적인 반감 때문에 그 이야기를 귀담아듣지 않는다면 교육과정의 목적은 실현되지 않게 됩니다. 이런 관점에서 본다면 이미 정해진 목표를 교사가 한 치의 오차도 없이 학생들에게 가르치고 학생들이 이를 그대로 수용한다는 목표 중심 교육과정은 애당초 실현될 수 없는 이상에 불과합니다.

교육과정 학자 아이즈너는 교육과정을 '예술'로 비유합니다. 미술교사 출신인 아이즈너의 입장에서 볼 때 미술과 같은 예술교과에는 아예 목표 중심 교육과정론이 적용될 수 없었겠죠. 그는 교육과정 목표란 사전에 설정해 놓는 것이 아니라 교육의 과정 속에서 자연스럽게 도출된다고 봅니다. 예를 들어 어떤 조각가가 본래 '어머니'를 조각하려 하였으나 조각품을 만드는 과정에서 이상적인 여인상을 투영하여 결과적으로 '성모 마리아'를 만들게 된 것과 유사합니다. 이런 점에서 예술가는 목표를 달성할 때까지 자신의 목표가 무엇인지 모르는 사람입니다. 교사도 마찬가지입니다. 무한한 가능성을 가진 학생들을 대상으로 교육활동을 하다 보면 자기가 목표했던 것 이상의, 혹은 전혀 엉뚱한 결과를 낳을 수도 있는 것이고, 그것이 바로 교육의 매력이기도 합니다.

그는 교육의 목표를 '행동적 목표', '문제 해결적 목표', '표현적 목표' 세 가지로 구분하였습니다.[Eisner, 1979] 전통적인 목표 중심 교육과정론에서 강조하는 것은 인간의 외현적 특징을 주목하는 '행동적 목표', 즉 교육을 받은 결과로 "이러저러한 것을 할 수 있다."고 진술되는 목표입니다. 그러나 아이즈너가 강조했던 것은 '표현적 목표'입니다. 이는 미리 명시적·세부적으로 설정하는 목표가 아니라, 교사와 학생의 역동적 상호작용 속에서 새롭게 만들어지는 목표, 교육활동의 결과로서 표현되는 목표를 의미합니다. 학생들과의 협력수업 속에서 이루어지는 창작 활동이나 연극 활동 등을 생각해 보시면 '표현적 목표'가 무엇인지 쉽게 상상해 보실 수 있겠죠.

이러한 '표현적 목표'가 달성되었다는 것을 어떤 방식으로 평가할 수 있을까요? 기존의 일제식 평가, 선다형 위주의 평가에서는 결코 '표현적 목표' 달성 여부를 확인할 수 없을 것입니다. 그래서 아이즈너가 주장하는 것이 '교육적 감식안'에 기초한 '교육비평으로서의 평가'입니다. '교육적 감식안'이란 마치 와인 애호가가 다양한 와인의 맛과 향을 그 미묘한 차이까지 혀끝으로 확인하는 것과 같은 안목을 의미합니다. 이러한 안목에 따라 예술 비평가가 예술작품의 질적 특징을 비평하는 것, 그것이 평가의 본질이라고 말합니다. 숫자로는 결코 측정할 수 없는, 겉으로 드러나지 않은 학생들의 내적 가능성까지도 확인하는 것이 '교육비평으로서의 평가'입니다.

'표현적 목표'와 '교육비평으로서의 평가'를 중심으로 한 '예술로서의 교육과정'은 우리에게 매우 낯선 것일 수도 있습니다. 그러나 교사들의 수업 장면을 곰곰이 생각해 보면 대략 이 개념을 이해할 수 있을 것입니다. 교사들에게 가장 짜릿했던 순간은 전혀 의도하지 않았는

데 학생들이 놀라운 반응을 보일 때, 그리고 그 반응을 중심으로 새로운 이야기를 풀어 나갈 때, 그 결과 교사와 학생이 함께 호흡하며 감동의 물결이 교실을 가득 채울 때였을 겁니다.

그런 점에서 저는 가장 좋은 수업은 역설적으로 '준비하지 않은 수업'이라고 생각합니다. '준비하지 않은 수업'은 무책임한 수업을 의미하는 것은 아닙니다. 훌륭한 배우는 공연을 철저히 준비합니다. 하지만 막상 연기에 몰입을 하면 공연 때마다 수없이 다양한 감정의 변주를 연기하게 되고, 그것이 관객과 호흡을 이루면서 더 좋은 공연을 만들어 갑니다. 마찬가지로 교사가 수업을 철저히 준비하되, 준비한 대로만 수업을 진행하는 것이 아니라 학생들의 풍부한 반응에 공명하여 새로운 수업을 함께 만들어 가는 것, 때로는 삼천포에 빠지기도 하는 것, 그러면서도 그 결과에 대해 열린 마음으로 기다리는 것이 오히려 더 좋은 수업일 수도 있습니다.

'성취기준'이라는 계륵, 닭갈비를 맛있게 만드는 법

강원도 춘천은 닭갈비로 유명합니다. 닭갈비를 한자어로 바꾸면 '계륵鷄肋'입니다. 버리자니 아깝지만 그다지 쓸모없는 것을 비유하는 말이지요. 이렇게 먹을 것도 없는 계륵 같은 닭갈비가 춘천의 명물이 된데에는 나름의 사연이 있습니다. 춘천 도심지 명동거리에는 돈 없는 대학생과 외출 나온 군인들이 유독 많았는데, 어느 식당에서 값싼 닭갈비에 양념과 야채를 잔뜩 넣어 볶아 팔던 술안주가 춘천의 명물이 되었다고 합니다.

저는 국가교육과정에서 강조하는 '성취기준'이 마치 계륵과도 같은 존재라고 생각합니다. '성취기준'이란 '교육과정을 정상적으로 이수한 학생이라면 누구나 도달해야 하는 최소한의 기준'을 의미하죠. 성취평가제에서는 성취기준에 따라 성취수준을 나누고 이를 근거로 평가를 해야 한다고 강조를 합니다. 그런데 사실 교사들의 입장에서는 성취기준이나 성취수준이라는 게 매우 애매합니다. 그냥 교육과정이나 평가계획에 억지로 끼워 맞추는 경우가 많습니다. 그런데 일부 교사들이 성취기준을 적극 활용해서 교육과정 재구성의 근거로 삼았습니다. '계륵'이 '닭갈비'가 된 셈이죠.

본래 '성취기준'이란 미국 교육과정에서 말하는 'standard'에서 온 개념입니다. 그런데 미국 교육과정과 한국 교육과정은 그 맥락이 완전히 다릅니다. 미국은 국가수준 교육과정이 없고 주정부마다 서로 다른 교육과정을 운영하고 있으며, 학교 교육과정에 대폭 자율권을 부여하고 있습니다. 그런데 문제는 미국 교사들이 한국 교사들과는 달리 전문성이 매우 부족합니다. 자기에게 부여된 자율권을 제대로 누리지 못하고 주먹구구식으로 가르치고 있었습니다. 그러다 보니 특히 소외계층이 모여 사는 지역의 공립학교의 경우 심각한 학력 저하 문제에 부딪히게 됩니다.

이 문제에 봉착한 미국 교육당국은 역설적으로 한국 등 동아시아 국가의 획일적인 교육과정에서 해답을 찾아냅니다. 모든 학교에 통일적으로 적용되는 기준을 만들고, 모든 학생들이 이 기준에 도달하도록 가르치게 하고, 그 결과를 일제고사를 통해 확인하여 기준에 도달하지 못하는 학교는 심지어 폐교 조치까지 내리는 정책, 그 악명 높은 NCLB(No Children Left Behind, 낙오자 방지법) 정책을 펴내게 됩니다.

그런데 이미 획일적인 국가교육과정을 운영하고 있는 한국에서 거꾸로 미국의 '성취기준' 개념을 도입하게 됩니다. 그리고 이명박 정부 시절에는 미국의 NCLB 정책을 본따 일제고사를 부활시킵니다. 굴이 두 번 회수를 해 탱자가 된 셈이죠. 그리고 이러한 '성취기준'이라는 개념은 전형적인 '목표 중심 교육과정론'의 맥락과 맞닿아 있습니다.

　이후 한국에서는 '성취기준'의 재개념화가 일어나게 되었습니다. 국가교육과정에서 '성취기준'을 강조하다 보니 교사들이 '교과서'가 아닌 '성취기준'을 바라보게 되었습니다. 그리고 "교과서가 아닌 성취기준을 가르쳐야 한다."는 담론이 형성되면서, 성취기준을 중심으로 교과서의 일부 내용을 덜어 내고 새로운 자료를 가져오고 순서를 바꾸는 등의 교육과정 재구성 운동이 일어나게 되었습니다. 또한 성취기준을 서로 연결하면서 통합적인 교육과정을 만들어 내고, 더 나아가 교과와 교과를 연결해 주제 중심 교육과정을 만들어 내었습니다. 역시 한국 교사들의 전문성은 매우 높습니다. 성취기준이 획일적인 목표가 아닌 교육과정 재구성의 재료가 되었습니다. 계륵을 가지고 맛있는 닭갈비를 요리해 내었습니다.

　현행 국가교육과정에 의하면 성취기준은 반드시 가르쳐야 할 목표입니다. 교사들은 이를 근거로 교육과정을 재구성하고 있습니다. 그러나 이제는 성취기준이라는 개념도 극복할 때가 왔습니다. 모든 학생이 동일한 성취기준에 도달해야 한다는 것도 어찌 보면 폭력일 수 있습니다. 학생마다 도달해야 할 목표가 다를 수도 있고, 도달하는 시기와 방법이 다를 수도 있습니다. 이렇게 학생마다 도달해야 할 목표, 학습하는 시기와 방법 등을 다르게 설정하는 것을 '개별화 교육과정IEP, Individualized Education Plan'이라고 합니다. 이러한 '개별화 교육과정'은 특히 장애학생을 대상으로 하는 특수교육에서는 보편적으로 적용되는 원리입니다. 그리고 핀란드, 스웨덴 등 북유럽 교육 선진국에서는 장애학생을 포함하여 모든 학생들에게 적용되는 원리이기도 합니다.

더욱이 '성취기준'은 '명시적·세부적 교육 목표'를 강조하는 목표 중심 교육과정론에서 나온 개념입니다. 이제는 '성취기준'보다 더욱 포괄적이고 본질적인 교육의 목표를 생각해야 할 때입니다. 2015 교육과정에도 등장하는 '핵심역량'이나 '일반화된 지식' 등의 개념도 성취기준이라는 협소한 개념을 뛰어넘는 개념입니다. 물론 2015 교육과정이 이러한 개념을 충분히 반영하지 못한 한계가 있습니다. 이에 대한 자세한 언급은 생략하겠습니다만, 성취기준이라는 협소한 목표를 넘어 본질적인 이해와 창의력, 자신의 삶을 주체적으로 살아갈 능력, 다른 사람과 더불어 살아가는 데 필요한 자질 등을 지향해야 합니다.

그리고 이러한 교육 목표는 교사들이 함께 만들어 가는 것이지만, 동시에 학생들과 함께 만들어 가는 것이기도 합니다. 지난 강의에서 말씀드렸던, 프레이리가 브라질 농민들의 삶의 현장 속에서 그들과 함께 호흡하며 만들어 갔던 '생성적 주제', 그리고 이 글에서 말씀드린 아이즈너의 '표현적 목표' 등의 개념이 지향하는 것도 결국은 '학생들과 함께 만들어 가는 교육과정'입니다. 학생들의 삶의 경험 속에서, 그리고 학생들이 살아갈 미래 사회가 추구해야 할 가치를 중심으로, 교사와 학생이 함께 만들어 가는 교육과정! 아직은 낯선 길이지만, 그리고 그 길을 가다가 삼천포로 빠질 수도 있겠지만, 그 길의 끝에서 '아름다운 세상을 꿈꾸며 함께 성장해 가는' 교육의 본질적 목표와 만나게 될 것입니다.

4.

배움의 공동체,
수업 모델을 넘어 민주주의 공동체로[25]
-사토 마나부의 배움의 공동체론

혁신학교 운동이 확산된 이후 가장 많은 관심을 받는 이론이 아마 일본의 사토 마나부 교수가 주창한 배움의 공동체론이 아닐까 싶습니다. 그런데 배움의 공동체 하면 보통 'ㄷ 자 수업'을 떠올리게 됩니다. 이처럼 배움의 공동체론을 수업 모델로 생각하는 경우가 많습니다.

결론부터 말씀드리자면 배움의 공동체론은 단지 수업 모델만을 의미하는 것은 아닙니다. 이는 '동아시아 교육 모델'을 극복하고자 하는 문제의식에서 출발한 것이며, 학교와 사회를 민주주의로 재구조화하려는 이론입니다. 또한 배움의 공동체론은 사토 마나부 교수만의 독창적인 견해가 아니라, 듀이, 비고츠키, 프레이리 등 여러 학자들의 이론과 다양한 학교개혁의 실천을 망라한 것입니다.

---

25. 이 글은 이형빈(2016a)을 수정 보완한 것입니다.

배움의 공동체론의 배경-'동아시아 교육 모델'의 한계

우리가 일본 학자인 사토 마나부의 배움의 공동체론에 관심을 갖게 된 것은 한국과 일본의 교육이 매우 유사한 특징을 가지고 있기 때문입니다. 그가 배움의 공동체론을 주창한 이유는 일본 교육의 위기를 극복하고자 하는 실천적 관심 때문이었습니다. 이는 그의 저서 『배움으로부터 도주하는 아이들』에 자세히 나와 있습니다.佐藤 學, 2000a

한국에서 1990년대 후반 '교실 붕괴론'이 등장한 적이 있습니다. 학생들이 수업시간에 잠을 자거나 교사의 말에 전혀 따르지 않고, 학교 폭력과 왕따가 본격적으로 나타난 때였습니다. 일본도 마찬가지였습니다. 예전에는 부등교不登校 현상, 이지메 등이 한국보다 심했을 뿐만 아니라, 최근에는 교육과 취업을 모두 포기하고 은둔 생활을 선택하는 히키코모리 현상이 나타날 정도입니다.

사토 마나부가 보기에 이러한 현상은 학생들이 더 이상 배움의 의미를 찾지 못하고 여기에서 도피하는 것을 의미합니다. 그는 이러한 현상의 근본에 허무주의와 냉소주의가 있다고 진단합니다. 즉 "누구나 열심히 공부하면 성공할 수 있다."는 신화가 무너지고, 공부를 해봐야 아무런 소용이 없다는 점을 일본 학생들이 간파하고 있다는 것입니다.

그런데 중요한 것은 이러한 현상은 비단 일본에서만 발견되는 것이 아니라 한국, 중국, 대만, 홍콩, 싱가포르 등 동아시아 국가에서 공통적으로 나타나는 현상이라는 점입니다. 이들은 과거 일본의 식민지였거나 그 영향력을 강하게 받았으며, 종전 이후에도 유사한 역사적 경로를 밟아 온 나라입니다. 사토 마나부는 이들 국가의 공통점을 묶어

'동아시아형 교육 모델'이라고 불렀습니다. 『배움으로부터 도주하는 아이들』에서 그가 말한 '동아시아형 교육 모델'의 특징은 다음과 같습니다.

1) 압축적 근대화
미국이나 유럽에서 200~300년 걸쳐 진행되어 온 근대화를 동아시아 국가들에서는 50~100년 만에 달성했다. 과거 신분 질서가 붕괴된 후 교육을 통해 계층상승을 꿈꾸는 욕망이 이처럼 급속한 근대화를 추진하는 원동력이었다.

(2) 경쟁교육
압축된 근대화의 원동력이 된 계층상승의 욕망은 가혹한 입시경쟁의 폐해를 가져왔다. 동아시아 국가들처럼의 치열한 고교입시, 대학입시는 미국이나 유럽 등에서는 발견하기 어렵다.

(3) 산업주의
경쟁교육의 결과 학교교육은 대량의 지식을 획일적·효율적으로 전달하는 모습을 띠게 되었다. 이는 마치 공장에서 물건을 대량으로 찍어 내는 것과 유사하다. 교과서를 중심으로 한 획일화된 일제식 수업이 이러한 산업주의 교육의 대표적인 모습이다.

(4) 관료주의
경쟁교육과 산업주의 교육을 효율적으로 유지하기 위해 필연적으로 중앙집권적 관료주의적 통제가 등장하게 되었다.

(5) 국가주의
국가의 입장에서 볼 때 학교교육은 근대화의 추진 동력이자 국가의 이념을 국민에게 효율적으로 주입하는 역할을 해야 한다.

(6) 공적 의식의 미성숙
학교교육은 국가의 입장에서는 복종적인 국민과 온순한 노동력을 키우는 것이고, 개인의 입장에서는 사적인 욕망을 실현하는 도구가 되었다. '국가주의'와 '이기주의'의 틈바구니에서 정작 '교육의 공공성'은 실현되지 못하고 있다.

이러한 동아시아형 교육은 과거에는 긍정적인 역할도 수행해 왔습니다. 한국의 경우 급속한 공교육의 팽창으로 인해 높은 취학률, 낮은 문맹률을 가져왔고, 이것이 놀라운 근대화에 기여했던 것도 사실입니다. 그러나 문제는 이제는 이러한 동아시아형 교육 모델이 더 이상 지속가능하지 않다는 점에 있습니다. 학생들은 경쟁교육에 병들어 왔고, 학부모는 엄청난 교육비를 낭비해 왔습니다.

공부에서 배움으로의 전환

사토 마나부가 배움의 공동체론을 주창한 데에는 이처럼 동아시아형 교육 모델이 더 이상 지속가능하지 않다는 문제의식이 있었습니다. 더욱이 후기 자본주의에 들면서 완전 고용 시스템이 붕괴되고 사회양극화가 심화됨에 따라 "개천에서 용 난다."는 신화가 무너지고 '배움으로부터의 도주' 현상은 가속화되고 있습니다. 학생들은 학교에서 잠을 자며 수업을 거부하고, 학교폭력으로 자신의 인정 욕구를 대리 충족하며 지냅니다. 이제는 학교교육이 이들에게 의미가 없게 된 시점임을 솔직히 인정해야 할지도 모릅니다.

이에 사토 마나부는 '공부'에서 '배움'으로의 전환을 이야기합니다.

> 공부의 세계는 아무도 만나지 않고 아무것에도 부딪치지 않고 스스로를 깨닫지 못하는 세계이며 쾌락보다 고통을 존중하고 비판보다는 순종을, 창조보다는 반복을 중시하는 세계였다. 공부의 세계는 장래를 위해 현재를 희생하는 세계이며, 그 희생의 대가를 재산이나 지위, 권력에서 찾는 세계였다. 또한 공부의 세계는 사람과 사람의 끈을 끊어 버리고 경쟁을 부추겨 사람과 사람을 지배와 종속관계로 몰아가는 세계였다. 지금의 아이들은 이러한 공부 세계의 바보스러움을 잘 알고 있다.
>
> 이에 반해 배움의 세계는 대상이나 타자, 그리고 자기와 끊임없이 대화하는 세계이다. 자기를 내면에서부터 허물어뜨려 세계와 확실한 끈을 엮어 가는 세계이다. 고독한 자기 성찰을 통해 사람들의 연대를 쌓아 올리는 세계이다. 또는 보이지 않는 땅으로 자신을 도약시켜 거기에서 일어난 일을 자신의 것으로 연결하는 세계이다. 그리고 스스로의 행복을 위해서뿐만 아니라 많은 타자와 함께 행복을 탐구해 가는 세계이다.
>
> _『배움으로부터 도주하는 아이들』 중에서

사토 마나부는 '공부'와 '배움'의 차이를 '만남과 대화'의 유무라고 합니다. 여기서 말하는 '만남과 대화'란 '세계와의 만남', '타자와의 만남', '자기와의 만남'을 의미하고, 그 만남은 '대화적 관계'에서 비롯됩니다. 교과서나 칠판을 넘어 대상 세계와의 만남(활동적 배움), 고립된 자아에서 벗어난 타자와의 만남(협력적 배움), 배운 것을 표현하고 공유하는 가운데 다시 자기 자신을 성찰하는 만남(반성적 배움)이 있어야 진정한 배움이라 할 수 있습니다.

이렇게 본다면 고3 학생들이 억지로 잠을 깨면서 독서실에 혼자 공부하는 것도 진정한 배움이 아닙니다. 여기에는 만남과 대화가 없습니다. 혹은 초등학교 교실에서 교사의 질문에 아이들이 "저요, 저요." 하며 손들며 발표하는 것도 진정한 배움이 아닙니다. 여기에는 자신이 아는 것을 경쟁적으로 드러내려는 모습만 있을 뿐 마찬가지로 만남과 대화가 없습니다.

배움의 공동체의 출발:
'서로 듣는 관계'에서 형성되는 '배려의 공동체'

'만남'이란 곧 '대화적 관계'를 형성하는 것입니다. '대화적 관계'가 형성되려면 우선 '단일주체성'에서 벗어나야 합니다. 이는 서양 근대철학의 한계를 극복하고자 했던 수많은 철학자들의 관심사이기도 했습니다.

사토 마나부는 『수업이 바뀌면 학교가 바뀐다』에서 일본 교육이 '거짓 주체성의 신화'에 사로잡혀 있다고 비판합니다.佐藤 學, 2000b 그가 예로 든 것은 일본 초등학교에서 흔히 발견되는 모습, 교사의 지시에 "저요, 저요." 하며 활발하게 손들고 발표하는 아이들의 모습입니다. 언뜻 보기에 이는 매우 주체적으로 수업에 참여하는 모습으로 보이나, 사실 '학생들을 일방적인 조작의 대상으로 보는 수업', '애매하거나 다의적인 의견을 묵살하고 명시적인 정답을 강요하는 수업'입니다. 그래서 그는 이를 '거짓 주체성'이라고 불렀습니다. 놀랍게도 이 점은 일본뿐만 아니라 한국에서도 흔히 볼 수 있는 행동주의 수업 전략입니다. 사토 마나부는 일본 초등학교 교실의 특징은 '소란스러움(발언 과잉)'이고, 중고등학교 교실의 특징은 '침묵(발언 거부)'이라 분석하였습니다. 한국도 이와 크게 다르지 않습니다.

사토 마나부는 교사들이 '확실한 말, 명확한 표현'을 선호한다고 분석합니다. 그 속에서 '더듬거리는 말, 애매한 표현'은 묵살되고 이에 따라 많은 학생들이 수업에서 소외된다고 보았습니다. 그렇기 때문에 그는 교사가 우선시해야 할 일은 '학생들의 다양한 반응에 주목하고 한명 한 명의 말을 잘 들어 주는 일'이라고 보았습니다. 또한 학생들끼리도 '서로 잘 들어 주는 관계'를 형성하는 것이 매우 중요하다고 보았습니다.

배움의 공동체의 출발은 '서로 잘 들어 주는 관계'의 형성입니다. 자기가 잘 모른다는 사실을 부끄러워하지 않고 편하게 말할 수 있는 분위기, 자기가 공부를 잘한다고 자랑하지 않고 다른 친구를 도와줌으로써 자신도 도움을 받을 수 있다는 사실을 깨닫는 분위기를 형성하는 것입니다. 그런 점에서 좋은 교실은 학생들이 적극적으로 발표를 하는 소란한 교실이 아니라, 서로 잘 들어 주는 관계가 형성된 차분한 교실입니다. 이러한 교실에서는 서로 안심하며 자신을 맡길 수 있고,

한 명 한 명의 존재가 인정되는 신뢰적 관계가 구축되어 있습니다. 사토 마나부는 이러한 '수동적 능동성'이 역설적으로 '참된 주체성'을 형성하는 토대라고 보았습니다.

그는 또한 '독백의 언어'와 '대화의 언어'를 구분하였습니다. 예를 들어 찬성과 반대의 의견의 명확히 대립하는 토론은 독백의 언어에 가깝고, '더듬거리는 이야기', '다른 사람의 언어를 매개로 이어 가는 이야기'가 대화의 언어에 가깝습니다. 이는 러시아의 기호학자 바흐친이 말한 '다성적多聲的 목소리'라는 개념과 유사합니다.Bakhtin, 1981 '다성적 목소리'란 독백과 반대되는 개념입니다. 한 개인의 발언 속에 여러 사람의 관점과 견해가 어우러지는 목소리를 의미합니다. 이 속에서 타자와의 대화적 관계가 형성되며, 이러한 협력적 관계를 통해 비고츠키가 말한 '외적 언어의 내적 언어로의 내면화를 통한 고등정신기능의 형성'이 이루어질 수 있습니다.

이렇게 본다면 초등학교에서 "저요, 저요." 하며 손들고 발표하는 모습도, 중고등학교에서 명확하게 찬성과 반대의 입장으로 나누어 상대방의 주장을 제압하는 토론수업의 모습도 어쩌면 '대화를 가장한 독백'일 수 있습니다. 중요한 것은 서로 잘 듣는 관계(경청)가 형성된 교실, 머뭇거림이나 더듬거림 혹은 애매하고 다의적인 의견도 편안하게 허용되는 교실, 배움이 느린 학생이나 소수의 의견도 보장되는 교실입니다. 이러한 대화적 관계가 형성되기 위해서는 우선 교사가 학생 한 명 한 명의 반응에 민감하게 반응하고 그들의 이야기를 경청하는 자세를 보여야 합니다. 교사부터 '말하는 전문가'가 아니라 '듣는 전문가'가 되어야 한다는 것입니다.

이는 교육철학자 나딩스가 말하는 '배려의 교육'에 맞닿아 있습니다.Noddings, 1992 나딩스는 '교육'과 '돌봄'을 분리하는 전통적인 관념을 비판하고, 이 둘을 결합한 '배려의 교육'을 지향해야 한다고 보았습니다. 여기서 말하는 '돌봄'이란 보육이나 복지 차원을 넘어 배려의 관계를 구축하는 공동체적 학교문화를 말합니다. 나딩스는 교사가 학생들과 배려의 관계를 형성하기 위해 필요한 것이 모델링, 대화, 동기부여 등이라고 하였습니다. 이러한 점에서 볼 때 '배움의 공동체'는 곧 '배려의 공동체'에서 출발한다고 할 수 있습니다.

'만남과 대화'가 있는 배움

'서로 듣는 관계'로부터 형성된 '배려의 공동체'는 세 차원의 배움을 지향합니다. 사토 마나부가 말하는 세 차원의 배움이란 '대상 세계와의 만남', '타자와의 만남', '자기와의 만남'을 통해 형성되는 '활동적 배움', '협력적 배움', '반성적 배움'입니다.佐藤 學, 2000b

(1) 활동적 배움-대상 세계와의 만남

사토 마나부는 지금까지의 '공부'를 '좌학座學', 즉 '혼자 앉아서 하는 공부'라고 불렀습니다. 이는 오직 자리에 앉아서 교사의 설명을 듣고 교과서의 지식을 습득하는 공부를 말합니다. 우리나라의 전통적인 공부 방식, 즉 성현의 말씀을 읽고 스스로 그 의미를 터득하는 '독서백편의자현讀書百篇意自顯'도 이러한 방식에 해당합니다. 그는 이러한 공부의 특징을 플라톤의 '동굴의 비유'에 빗대어 설명하였습니다. 동굴 안에 갇힌 죄수가 동굴 벽에 비친 그림자를 현실로 오해하고 있듯이,

학생들이 대상 세계와 직접 만나지 않은 채 교과서와 칠판에 비친 그림자를 현실로 오해하고 있다는 것입니다.

그렇다고 하여 인간이 모든 대상 세계를 직접 만날 수는 없습니다. 인간은 언어와 도구 등을 '매개'로 대상 세계와 만날 수 있습니다. 그렇기 때문에 사토 마나부는 '활동적 배움'을 다른 말로 '매개된 활동'이라고 칭하였습니다. 이러한 '매개된 활동'은 비고츠키의 개념과 맞닿아 있습니다. 비고츠키는 인간은 동물과 달리 언어라는 사회적·심리적 도구를 통해 고등정신기능을 발달시킨다고 보았습니다. 학생들은 교사 혹은 동료들과 끊임없이 언어적으로 상호작용하면서 세계와 만납니다. 반면에 가만히 자리에 앉아 지식을 암기하는 것은 세계와의 만남이 없는 무의미한 활동에 불과합니다.

그렇다고 하여 수업시간에 무턱대고 여러 가지 활동을 하는 것이 능사는 아닐 것입니다. 일부 학생 활동 중심의 수업을 보면, 그 활동을 왜 하는 것인지 이유를 모른 채, 학생들의 흥미만 자극하는 경우도 있습니다. 때로는 차분히 책을 읽도록 하는 것이 오히려 대상 세계와의 만남을 촉진할 수도 있습니다. 중요한 것은 잘 설계된 학습활동지, 모둠활동, 프로젝트 활동 등을 통해 학생들이 교실에서 대상 세계와 만나도록 하는 것입니다.

(2) 협력적 배움-타자와의 만남

사토 마나부는 지금까지의 공부를 '자학自學', 즉 '타자를 필요로 하지 않는 개인주의'라 보았습니다. 독서실에 혼자 앉아 자습을 하는 것은 물론이고 일부 자기주도적 학습법에서 강조하는 모델도 타자와의 만남을 배제한 개인주의적 방식이라 할 수 있습니다.

앞에서도 언급했듯이, 협력적 배움은 '서로 들어 주는 관계'에서 시작된 '대화적 의사소통'에서 시작됩니다. 아무리 활발하게 의견이 발표되고 있다고 하더라도 '서로 들어 주는 관계'가 형성되지 않는다면 이는 독백에 불과합니다. 나아가 협력적 배움은 '친구와의 대화에 의한 발돋움 및 점프', 즉 내면의 성장을 지향합니다. 인간 의식의 성장은 먼저 협력적인 관계에서 성립되며, 그다음에 한 사람 한 사람에게 개성적으로 내면화되는 것입니다.

제가 보기에 이러한 사토 마나부의 설명은 비고츠키의 '근접발달영역' 이론을 아주 쉽게 풀어서 말하고 있다고 생각합니다. 근접발달영역이란 '실제적 발달수준(혼자서 해결할 수 있는 수준)과 잠재적 발달수준(교사의 도움이나 또래와의 협력을 통해 해결할 수 있는 수준) 사이의 영역'을 의미합니다. 교사의 역할은 교실 내에서 이러한 근접발달영역이 일상적으로 창출될 수 있도록 하는 데에 있습니다. 그리고 이러한 근접발달영역이 이루어지기 위해서는 타자와의 만남과 협력이 필수적입니다.

(3) 반성적 배움-자기와의 만남

이러한 '대상 세계와의 만남', '타자와의 만남'은 궁극적으로 '자기와의 만남'으로 이어질 때 의미가 있습니다. 자기가 깨달은 것을 표현하고, 이를 다른 사람과 공유한 후에, 다시 자기의 문제로 성찰함으로써 더 큰 자아로 성장할 수 있습니다.

사토 마나부는 프레이리가 말한 '은행저축식 교육'과 '문제제기식 교육'을 빌려 이 개념을 설명합니다. 흔히 '은행저축식 교육'을 주입식 교육으로, '문제제기식 교육'을 자기주도적 학습으로 설명하는 경우도 많습니다. 하지만 이는 단편적인 이해에 불과합니다. '은행저축식 교육'이란 마치 복지 수혜자에게 선심을 쓰듯 혜택을 베풀면서 정작 민중들이 자신의 현실을 자각하지 못하고 늘 억압된 상태에 갇혀 있도록 하는 교육을 의미합니다. 반면 '문제제기식 교육'은 민중들이 자신을 둘러싼 현실을 자각하고 이를 타파할 수 있는 실제적인 힘을 길러 주는 교육을 의미합니다. 이는 단지 자기주도적 학습능력을 키워 자기만의 스펙을 쌓아 가는 것과는 다릅니다.

'주제-탐구-표현'으로의 교육과정

기존의 전통적인 교육과정 모델은 타일러 등이 주창한 '목표-실행-평가'입니다. 미리 명시적이고 세부적인 목표를 정하고, 이 목표에 도달하기 위해 수업을 하고, 학생들이 얼마나 지식을 정확히 습득하였는지 여부를 평가하는 방식이지요. 이는 마치 산업주의 시대 공장의 모델과 유사한 것으로서 동아시아형 교육의 특징과도 어울리는 방식입니다. 사토 마나부는 이러한 교육과정을 넘어 활동적 배움, 협력적 배움, 반성적 배움에 어울리는 '주제-탐구-표현'의 교육과정을 지향해야 한다고 보았습니다.

제가 보기에 배움의 공동체론을 도입한 한국의 혁신학교에서도 수업의 형태는 바뀌었으나, '주제-탐구-표현'로의 전환은 충분히 이루어지지 않은 것 같습니다. 그 이유는 우선 '성취기준'이라 불리는 획일적인 국가교육과정 목표가 명시적으로 존재하기 때문입니다. 이러한 장벽을 넘기 위해 교사들이 성취기준을 중심으로 교육과정을 새롭게 재구성하면서 학생들이 탐구해야 할 주제를 선정하기도 합니다. 하지만 프레이리가 '생성적 주제'라 불렀던 것들, 예를 들어 학생들이 자신들의 삶 속에서 부딪히는 문제들을 스스로 제기해 가며 선정한 주제가 교육과정 목표로 선정되는 경우는 흔하지 않습니다.

다음으로 '평가'를 '표현'으로 전환한다는 것은 한국적 상황에서 더더욱 어려운 일입니다. 특히 중등학교에서는 교사별 평가권이 부여되어 있지 않고 여전히 일제고사식 지필평가가 존재하고 있기 때문입니다. 학생들이 자신들이 탐구한 지식을 '표현하고 공유하며 음미하는 것' 자체가 평가의 과정으로 자리 잡기에는 현실의 벽이 높습니다.

궁극적으로는 국가교육과정 및 평가 제도가 변화해야 합니다. 국가교육과정에서는 대략의 교육 목표만 제시되고, 세부적인 성취기준은 학교와 교사들이 스스로 결정할 수 있도록 해야 합니다. 다행히 2015 개정 교육과정에서는 성취기준의 수가 줄어들고 '핵심 개념과 일반화된 지식(이를 이해중심 교육과정론에서는 'Big Idea'라고 부릅니다)' 중심으로 수업을 진행하도록 되어 있습니다. 또한 이제는 중학교에서도 수행평가만으로 평가를 치르는 것이 가능해졌습니다. 여전히 제한적이기는 하지만 교사들의 자율성이 넓어질 여지가 생겼습니다.

따라서 이제는 수행평가를 수업의 과정 속에서 통합적으로 진행하면서, '주제-탐구-표현'이 유기적으로 이루어지도록 해야 할 것입니다. 나아가 학교에서는 교육과정 주제 선정에 학생들이 함께 참여하는 방식에 대해 고민할 필요가 있습니다. '예술로서의 교육과정'을 주창했던 아이즈너가 '표현적 목표'라 불렀던 것, 사전에 명시적으로 수립한 목표가 아닌 수업의 과정에서 교사와 학생의 상호작용 속에 새롭게 제기된 목표를 적극적으로 반영해야 합니다. 또한 궁극적으로는 학생들이 탐구한 지식을 '표현하고 공유하는' 과정 자체를 평가로 인식하는 것이 필요합니다. 일제식 지필평가가 없는 외국의 학교에서는 대부분 '포트폴리오 졸업 전시'나 '발표회' 방식으로 총괄평가를 대신하는 것이 대표적인 사례입니다.

배움의 공동체의 지향
─민주주의 공동체 형성과 사회민주주의

배움의 공동체론은 단순한 수업 모델이 아닙니다. 배움의 공동체는 우선 학생들이 서로 배우면서 성장하는 공동체를 의미합니다. ㄷ 자 수업, 모둠활동 등의 수업 형태는 단지 '효율적인 수업 전략'이 아니라 '서로 듣는 관계'에서 시작되는 '배려의 공동체'이자, 협력과 우정을 핵심으로 한 '민주주의 공동체'입니다.

배움의 공동체는 또한 교사들이 서로 배우면서 성장하는 공동체를 의미합니다. 요즘에는 이를 흔히 '교사들의 전문적 학습공동체'라고 말하지요. 여기에서 핵심적인 것은 교사들 간의 학급/교과의 장벽을 넘어 '동료성'을 구축하는 것입니다.

나아가 배움의 공동체는 단지 학생, 교사들만의 공동체를 의미하지 않습니다. 배움의 공동체가 확장되면 '학부모 공동체', '지역사회 공동체'로 발전할 수 있습니다. 이를 위해 사토 마나부가 제안하는 것 중의 하나가 '학부모의 수업 참가'입니다. 이는 학부모들이 특정한 수업 공개의 날에 학교에 방문하여 자기 자녀의 수업만을 '참관'하는 것을 넘어, 학부모들이 학생의 입장에서 혹은 교사의 입장에서 협력적으로 수업을 '참가'하는 것을 말합니다. 학부모가 학생들과 똑같은 입장에서 수업에 참여한다든가, 학생 모둠활동의 도우미 역할을 한다든가, 나아가 교사와 팀티칭을 하는 형태입니다. 사토 마나부는 이를 '학부모의 공적 의식'을 발전시키는 유효한 수단으로 보고 있습니다. 즉 '내 자식'을 중심으로 한 관계에서 '남의 자식'을 중심으로 한 관계를 발전할 수 있습니다. 이것이 자녀 이기주의를 넘어선 '공적 의식'의 토대가 됩니다. 현재 학부모의 학교 참여가 학교운영위원회나 학부모회를 중심으로 한 소수의 형식적 참여에 머물러 있다는 점에서, 사토 마나부의 제안은 경청할 가치가 있다고 하겠습니다.

나아가 사토 마나부는 '배움의 공동체'를 학교개혁의 전략을 넘어선 사회개혁의 일환으로 사고하고 있습니다. 그는 『교육개혁을 디자인한다』라는 책에서 '배움의 공동체'를 '신자유주의에 맞서는 사회민주주의 전략'이라 표방하였습니다.佐藤 學, 1999 다소 도식적으로 나타내자면 '학교 → 지역사회 → 시민사회 및 국가'로 확장되어 가는 민주주의 전략을 의미합니다. 학교를 넘어 학부모와 지역사회를 매개로 우리 사회 곳곳에서 배움의 공동체, 민주주의 공동체가 형성되는 것입니다. 그 구체적인 모습이 무엇일지는 아직 상상하기 어렵습니다. 최근에 시도되고 있는 '마을교육공동체'도 그 모습 가운데 하나일 것입니다.

사토 마나부는 '배움의 공동체'가 지향해야 할 핵심 가치를 '공공성'과 '민주주의'로 보았습니다. 그가 '동아시아 교육 모델'의 폐해를 '공적 의식의 미성숙'으로 분석했듯이, 이를 넘어서기 위해 배움의 네트워크에 기반을 둔 교육의 공공성과 민주주의가 중요하다는 것입니다. 여기서 말하는 민주주의는 제도적·정치적 절차가 아니라 듀이가 말한 '마음의 습관, 삶의 방식으로서의 민주주의'를 의미합니다.Dewey,

¹⁹²³ 이러한 민주주의는 학생들이 단지 교과의 내용으로서 배우는 것이 아니라, 학교운영의 원리, 교육과정-수업-평가의 방식을 통해 습득할 수 있습니다.

그동안 혁신학교에서의 '배움의 공동체'론은 주로 수업 및 교사문화 차원에 머물러 있는 듯합니다. 하지만 이제 성숙한 혁신학교의 경우 '배움의 공동체'를 학교구조 개혁의 차원에서 적극적으로 고민하고 있으며, 또한 지역사회와의 연대, 마을교육공동체 형성까지 그 실천이 이어지고 있습니다. 이제는 사토 마나부가 제기한 애초의 문제의식, 즉 '동아시아 교육 모델'의 한계에 대한 대응으로서의 배움의 공동체, 사회적 차원의 민주주의를 확장하려는 전략으로서의 배움의 공동체에 대한 지향을 모색해야 할 때라고 생각합니다.

배움의 공동체의 출발은 '배려의 공동체'이고 지향점은 '민주주의 공동체'라 할 수 있습니다. 이 점에 대해서는 미국의 교육학자 애플의 논의를 참고할 만합니다. 그는『마이클 애플의 민주학교』라는 책에서 미국의 여러 혁신학교에 대한 분석을 토대로 '민주적 학교'의 요소를 제기하였습니다.Apple & Beane, 1995 그가 말하는 민주학교의 핵심은 '모든 사상에 대한 자유로운 공유, 문제를 해결할 수 있는 비판적 성찰, 공공선과 타인의 복지에 대한 관심, 모든 개인의 존엄성과 권리에 대한 관심, 삶의 방식으로서의 민주주의' 등입니다.

이 책에는 다섯 학교의 사례가 나옵니다. 이 학교들은 대부분 극도로 빈곤한 아프리카계 미국인들이 거주하는 지역에 설립된 학교입니다. 그러나 학생들은 교사들과 함께 스스로 학습 주제를 탐구하고, 자신의 역사와 사회적 조건을 탐구하며, 열악한 여건을 개선하기 위한 실천을 보입니다. 예를 들어 유리창에 생긴 총탄 자국을 테이프로 대충 막아 놓은 열악한 학교 여건을 개선하기 위해 학생들이 집단적으로 의원들을 만나 설득을 하고 여론을 형성하는 모습 등은 참으로 눈물겹습니다. 또한 어떤 학교 학생들은 자신이 학교에서 배운 지식과 기능을 활용하여 지역사회를 바꾸는 프로젝트에 적극적으로 동참하는 모습을 보이기도 합니다.

이 책에 제시된 사례 가운데 주목할 만한 부분은, 학생들이 자신이 처한 현실로부터 탐구해야 할 주제를 스스로 선정하고 이것이 학교 교육과정의 중심을 이루고 있다는 점입니다. 그리고 이러한 교육과정을 통해 학생들이 스스로 자신들이 처한 현실을 바꿔 나갈 수 있는 힘을 얻어 가는 임파워먼트empowerment가 이루어지고 있다는 점입니다. 이러한 민주적 학교의 모습은 한국의 혁신학교 운동에 많은 영감을 줄 것으로 보입니다.

5.

학교혁신을 위한 새로운 리더십
-서지오바니의 '도덕적 리더십'

교장, 학교혁신의 걸림돌?

우리 선생님들에게는 한 가지 소원이 있습니다. 교직 생활 중에 단한 번이라도 '좋은 교장'을 만나는 것입니다. 교사들이 아무리 오랜 시간 동안 논의를 해서 결정한 사항도, 교장이 "안 돼."라는 한마디로 물거품이 되고 맙니다. 교장 선생님이 출장을 나간 학교는 '행복학교', 교감 선생님까지 출장을 나간 학교는 '모두가 행복한 학교'라는 농담도 있습니다.

그만큼 학교에서 교장의 영향력은 절대적입니다. 현행 법령 자체가교장에게 매우 큰 권한을 부여하고 있습니다. 교장 승진제도 자체가교사시절부터 꾸준히 승진점수를 관리한 사람들만 교장에 오를 수 있도록 되어 있습니다. 그 경쟁을 뚫고 교장이 된 사람에게는 자연스럽게 제왕적 권력을 휘두르고자 하는 욕망이 생기게 됩니다.

하지만 이제 교장의 리더십에 대한 인식이 달라지고 있습니다. 혁신학교 운동이 확산되면서 교장의 역할이 새롭게 달라질 것을 요구하고있습니다. 또한 평교사도 응모할 수 있는 내부형 교장공모제가 확대되면서, 새로운 교장 리더십을 바탕으로 학교가 달라지는 사례도 적지 않습니다. 최근에는 '교장 리더십'을 넘어 '교사 리더십'에 대한 논의도 활발하게 이루어지고 있습니다.

여전히 교장의 권한이 막강하더라도 이제는 리더십에 대한 인식이 달라져야 할 때입니다. 여전히 제한적이기는 하지만 '교장은 교사가 하기 나름'일 수도 있습니다.

일부에서는 "교장은 1/N에 불과하다."라고도 합니다. 교장이 1/N에 불과한 존재라면, 아예 교장이라는 직위 자체를 없애는 것이 논리적으로 합당합니다. 하지만 모든 조직에는 그 조직을 대표하는 리더가 있기 마련입니다. 평교사들의 연구모임에도 대표는 있고, 취미 동호회에도 회장은 있습니다. 다만 그 리더의 역할이 달라져야 합니다. 교장은 1/N이지만 1/N 이상의 자기 역할을 찾아야 합니다.

리더십 이론의 변화

교육행정학을 전공하는 분들은 대부분 '리더십 이론'을 공부하게 됩니다. 리더십 이론은 보통 경영학에서 발달되어 교육행정학에도 수입이 되었습니다. 하지만 기존의 리더십 이론은 여러 가지로 한계가 많습니다.

전통적인 리더십 이론은 개인의 자질을 중시합니다. 예를 들어 카리스마 넘치는 리더가 조직을 장악하여 효과적으로 운영하는 것을 중시합니다. 하지만 이러한 이론이 학교에 적합할 리가 없습니다. 학교는 이윤을 창출하는 회사가 아니라, 아이들을 길러 내는 교육공동체이기 때문입니다.

전세계적으로 교육개혁 운동이 확산되면서 새로운 리더십 이론이 등장했습니다. 대표적으로 '분산적 리더십'과 '변혁적 리더십' 이론을 들 수 있습니다. '분산적 리더십'은 교장의 권한을 일부 교사들에게 위임하여 교사들이 학교운영에 적극적으로 참여하도록 하는 리더십입니다. '변혁적 리더십'은 교장이 학교의 비전을 제시하고 교사들에게 새로운 영감을 불러일으켜 학교개혁에 나설 수 있도록 하는 리더십을 말합니다. 그러나 이러한 리더십 이론도 한계가 있습니다. 권한을 위임하고, 조직의 비전을 제시하는 주체를 여전히 교장 개인으로 설정하고 있기 때문입니다.

학교혁신에 필요한 리더십은 '교장 개인의 리더십'이 아니라 '학교 구성원 모두의 리더십'입니다. 학교의 비전을 세우고 문화를 새롭게 바꾸는 것, 구성원들의 자율성을 보장하고 전문성을 발휘하는 것은 교장 개인의 역할이 아니라 학교 구성원 모두의 공동체적 역할입니다.

이러한 새로운 리더십 이론 중 우리가 주목해야 할 것은 서지오바니Sergiovanni, 1992의 이론입니다. 그는 『학교혁신을 위한 도덕적 리더십 Moral Leadership』이라는 책을 통해 '섬김의 리더십', '도덕적 학교'라는 새로운 개념을 제시했습니다. 이 책은 학교혁신을 모색하는 교사, 새로운 리더십을 꿈꾸는 교장들에게 큰 도움이 될 것입니다.

섬김의 리더십

'섬김의 리더십'의 모습은 헤르만 헤세의 소설 『동방기행』에 잘 드러나 있습니다. 이 소설의 줄거리는 다음과 같습니다.

『동방기행』의 주인공은 구원의 길을 찾아 나선 순례자 집단의 하인인 레오이다. 레오는 맑은 영혼을 가진 사람으로, 순례자들이 여행을 무사히 마칠 수 있도록 허드렛일을 도맡아 한다. 그리고 순례자들의 이야기를 경청하며 그들의 지친 영혼을 위로하기도 하고 영적 여행의 목적을 잃지 않도록 격려해 준다. 하지만 레오는 하인에 불과했기 때문에 순례자들은 그의 존재감을 크게 느끼지는 못했다.

그러다 어느 날 레오가 갑자기 순례자 집단에서 사라져 버린다. 그때부터 순례자들은 큰 혼란에 빠져 버렸다. 어디로 가야 할지 방향도 잡을 수 없었고, 레오가 그동안 해 왔던 허드렛일도 제대로 할 줄 몰랐다. 그때야 비로소 순례자들은 레오가 매우 중요한 역할을 하고 있는 존재라는 사실을 깨닫게 된다. 레오는 그들에게 길을 안내하고 심부름만 하는 사람이 아니라, 그들의 지친 영혼이 쉴 수 있는 쉼터였다는 사실을 알게 되었다.

순례자 중 한 사람이 레오를 찾아 나선다. 몇 년을 헤맨 후에야 레오를 만나게 된다. 그런데 알고 보니 레오는 교단의 최고 책임자이자 정신적 지도자였다. 하인으로 알았던 레오가 사실은 순례 여정을 가능하게 하는 리더였다는 사실을 깨닫게 된다.

이 이야기는 오늘날 리더들에게 많은 깨달음을 줍니다. 진정한 리더는 다른 사람들에게 봉사하며 솔선수범하는 모습을 보여 주는 사람입니다. 다른 사람들의 내면의 목소리에 귀를 기울이고, 그들에게 필요한 것이 무엇인가를 찾아 묵묵히 도와주는 사람입니다. 또한 그들이 목적지를 잃지 않도록, 늘 공동체의 이상과 가치를 지켜 가는 사람이 진정한 리더입니다.

이러한 리더십을 '섬기는 리더십servant leadership'이라고 합니다. 이는 높은 사람이 되고자 하는 사람은 남을 섬기는 사람이 되어야 하고, 으뜸이 되고자 하는 사람은 종이 되어야 한다는 예수의 가르침에도 잘 나타납니다. 이러한 섬김의 모습을 지금의 학교에서는 찾아볼 수 있을까요? 이는 단지 교장에게만 필요한 모습이 아니라 학교의 중간 리더라 할 수 있는 부장교사, 학급을 운영하는 담임교사에게도 필요한 모습입니다.

도덕적 학교

서지오바니는 이러한 '섬김의 리더십'이 정착된 학교를 '도덕적 학교'라고 불렀습니다. 리더가 '섬기는 사람'으로 바뀐 도덕적 학교에서는 리더와 구성원의 관계가 완전히 바뀝니다. 도덕적 학교에서는 리더 역시 구성원의 일부가 됩니다. 구성원들이 따라야 할 대상은 리더의 지시가 아니라, 조직의 도덕적인 목표와 가치입니다.

따라서 도덕적 학교에서는 '교장=이끄는 사람', '교사=교장의 지시를 따르는 사람'이 아닙니다. 교장이 학교의 대표인 것은 맞지만 교장역시 학교 구성원의 일부로서 학교의 목표와 가치를 함께 따르는 사람입니다.

그렇다면 학교의 목표와 가치는 누가 정하게 될까요? 예전 학교에서는 '학교장 경영목표'를 강조했습니다. 이제는 그런 말을 사용할 때가 지났습니다. 학교의 목표와 가치는 교사, 학생, 학부모 등 모든 사람이 함께 정해야 합니다. 그래야 학교의 목표와 가치를 따르고자 하는 책임감이 자연스럽게 생기게 됩니다.

서지오바니는 도적적 학교에서는 '리더십을 대체하는 것들'이 생긴다고 하였습니다. 그것은 '공동체 규범', '전문가적 이상', '일 자체에의 몰입', '동료의식' 등입니다.

이 중 가장 중요한 것이 '공동체 규범'입니다. 학교는 상급기관이 정한 지침에 따라 움직이는 행정조직이 아니라, 가치와 정서, 신념을 공유하는 공동체가 되어야 합니다.

이런 공동체가 되어야 교사가 진정한 전문가가 됩니다. 상급자의 지시가 아니라 자신의 판단에 따라 자율적으로 교육활동을 하고, 그 결과에 대해 책임을 지닌 윤리의식을 지닌 교사가 진정한 교육 전문가입니다. 도덕적 학교에서는 성과에 대한 보상이 주어지는 학교가 아니라 마땅히 해야 할 이상을 추구하는 책임이 있는 학교입니다.

이런 학교에서는 누가 시키지 않아도 교사들이 스스로 자기가 해야 할 일을 찾아 하게 됩니다. 그때 '일 자체에 대한 몰입'이 생길 수 있습니다. 칙센트미하이Csikszentmihalyi가 말한 '몰입flow'이란 '어떤 활동에 몰입한 경험 자체가 너무나 소중하여 다른 대가를 치르고서라도 그것을 행하려는 상태'를 의미합니다. 이 글을 읽으시는 선생님은 이런 몰입의 경험을 학교에서 해 보신 적이 있는지요? 수업 준비를 하는 시간이 너무 소중해서, 다른 교사들과 학습공동체 모임을 하는 시간이 너무 소중해서 그 일 자체에 흠뻑 빠져 보신 적이 있는지요? 이런 몰입 경험을 하기 위해서는 두 가지 전제 조건이 필요합니다. 다들 공감하시겠지만 우선 불필요한 행정업무가 대폭 줄어야 합니다. 하지만 업무가 줄었다고 본질적인 교육활동에 모두가 몰입하는 것은 아닙니다. 교육활동 자체에 보람을 느껴야 누가 시키지 않아도 거기에 완전히 몰입할 수 있습니다.

도덕적 학교의 마지막 덕목은 '동료의식'입니다. 제1부 5장에서도 말씀드렸듯이, 대부분의 학교는 개인주의와 고립의 문화를 지니고 있습니다. 이를 극복하기 위해서 많은 사람들이 교사 사이의 협력적 문화를 강조하고 있습니다. 서지오바니는 여기서 '친목'과 '동료의식'을 구분합니다. 학교에 다양한 친목 모임(여전히 일부 초등학교에 존재하는 배구모임 등)을 한다고 해서 동료의식이 생기는 것은 아닙니다. 동료의식이 생기려면 함께 공유하는 목표가 있어야 합니다. 그렇기 때문에 학교의 가치, 공동체적 규범, 전문가적 이상, 일 자체의 몰입, 동료의식은 서로 연관되는 도덕적 학교의 특징입니다.

이러한 도덕적 학교문화가 형성된다면 어떤 교장이 오더라도 흔들리지 않는 학교혁신을 이루어 낼 수 있습니다. 이러한 도덕적 리더십은 교장을 포함해 학교 구성원 모두가 공동체적으로 형성해야 할 리더십입니다.

섬김의 리더십, 도덕적 학교는 가능하다

그런데 정말 이런 학교가 있을까요? 저는 이런 학교를 직접 목격했습니다. 경기도에 있는 덕양중학교입니다.

덕양중학교는 서울시와 고양시 경계선에 있는 작은 학교입니다. 이 학교는 그린벨트, 군사보호지역에 위치해 있어 지역 여건이 매우 열악합니다. 학생들은 학습의욕이 매우 부족하고 생활질서도 잡히지 않아 교사들도 1년 만에 전출을 희망하는 학교로 유명했습니다. 게다가 학생수 감소로 폐교 위기에까지 몰렸습니다.

하지만 이 학교를 살리기 위해 의욕 있는 교사들이 모이기 시작했습니다. 그리고 2008년 교장공모제와 2009년 혁신학교 지정을 계기로 큰 변화가 생기기 시작했습니다. 그리고 2012년에 내부형 교장공모를 통해 이준원 교장이 부임하면서 모범적인 혁신학교로 크게 성장했습니다.

이 학교가 모범적인 혁신학교로 인정받는 이유는 무엇보다도 존중과 협력의 학교문화 속에서 '평화'를 핵심가치로 하는 교육과정을 운영하고 있으며, 이준원 교장이 '섬김의 리더십'을 발휘하고 있기 때문입니다. 이준원 교장은 2020년 2월 자로 정년퇴임을 하게 되었으며, 덕양중학교 혁신학교 10년의 역사가 담긴 『평화의 교육과정, 섬김의 리더십』이 출간되었습니다.[이준원·이형빈, 2020]

이준원 교장은 기존의 권위적 교장과는 달리 교사들의 의견을 먼저 듣고, 이를 학교운영에 최대한 반영하며, 남들보다 솔선수범하는 모습을 보여 왔습니다.

> 교사 1 이전 학교에서는 교장 눈치를 많이 봤는데, 지금은 그렇지 않아요. 이전 학교에서는 교장과 교사 사이에 구분이 있었는데, 지금은 구분이 없어요.

그리고 교장 선생님이 학교 행사가 있을 때 가장 늦게까지 남아서 뒤처리를 하세요. 그러면서 선생님들이 하는 일이 의미가 있다고 지지해 주는 느낌을 주세요.

교사 2   교장 선생님은 늘 교사들과 함께 있으세요. 교무실에도 자연스럽게 오시고, 교사들과 일상적으로 소통을 하죠. 다른 학교에서는 교장 선생님이 교무실에 오시면 다들 자리에서 일어나거나 어색해하는데, 우리 학교에서는 그런 게 전혀 없어요. 그냥 교장 선생님도 학교공동체 속으로 자연스럽게 스며드는 거죠.

교장   교장의 역할은 따뜻하게 삶을 나누면서 공동체의 일원이 되는 거예요. "저 사람은 정말 우리를 위해 헌신하고 있다, 자신의 성과를 거두려는 사심이 없다."라고 느끼게 하는 것이 중요해요. 그런 관계가 형성되고 나면 "이렇게 하면 좋지 않을까요?"라는 교장의 말에 선생님들이 자연스럽게 동의하게 되죠.

섬김의 리더십은 단지 리더가 구성원들에게 봉사하는 것만을 의미하지 않습니다. 이는 구성원들에게 권한을 부여하고 그들도 학교를 위해 봉사하는 것이 의미 있다고 느끼게 하는 역할을 합니다. 덕양중학교 이준원 교장은 이러한 리더십의 면모를 잘 보이고 있습니다. 개인적인 인격이 훌륭할 뿐만 아니라, 교장과 교사 사이의 '구분'을 최대한 없애며, 교사들의 의견을 꾸준히 경청하고 격려하며, 교사들도 최대한 학교의 가치에 봉사할 수 있도록 하고 있습니다.

이 학교의 교장은 교사 사이에, 학생 사이에 자연스럽게 '스며드는' 존재입니다. 그렇다고 하여 교장이 다른 교사들과 동등한 위치에만 머물러 있는 것은 아니고, 자기만의 역할을 수행하고 있습니다.

교사 1   교장으로 책임을 져야 할 것은 책임을 지세요. 학교폭력 때문에 학부모와 갈등이 생길 때, 교장 선생님이 학부모와 면담을 해서 자기가 책임질 것은 책임지고, 거절할 것은 단호하게 거절하세요.

교사 2   다른 학교에서는 교사가 무언가를 새롭게 시도할 때 교장 선생님의 눈치를 보게 돼요. "이런 행사하다가 문제가 생기면 당신이 책임질 거야?" 하는 식이죠. 여기서는 교육적으로 의미가 있는 것은 교사들이 마음껏 시도할 수 있어요. "문제가 생기면, 내가 시말서 한 장 쓰고 말지."라고 말해 주시고, 든든한 방어막이 되어 주세요.

학교는 교육당국의 통제, 학부모의 요구, 지역사회와의 관계 속에서 늘 취약한 위치에 있습니다. 따라서 교장에게 요구되는 역할은 외부로부터 오는 위협에 대한 방어막을 형성하는 것입니다. 덕양중학교 교사들은 이준원 교장에 대해 한결같이 '책임을 지는 교장'이라고 묘사하고 있습니다. 예를 들어 학교폭력으로 인한 학부모 간의 갈등은 교사 개인의 힘으로는 해결하기 힘듭니다. 그때 교장은 적극적으로 나서 학부모를 설득하거나 갈등을 중재하고, 때로는 강력한 권한을 행사해야 합니다. 또한 교사들이 마음껏 소신을 펼칠 수 있도록 방어막 역할을 해야 합니다.

학교 구성원 모두의 공동의 리더십이 형성되기 위해서는 교장의 섬김의 리더십이 전제가 되어야 하고, 이를 바탕으로 학교가 추구하는 공동의 가치가 있어야 합니다. 덕양중학교에서 학교 구성원들이 공동으로 추구하고 있는 가치는 '평화'입니다. 이는 이 학교의 교육과정 문서에도 다음과 같이 명시되어 있습니다.

> 평화를 의미하는 히브리어 '샬롬shalom'은 전쟁 없는 상태를 넘어, 정의와 평등에 기초하여 모두가 최상의 존재 상태를 유지하는 상태를 의미한다. 평화교육은 인간의 삶을 구성하고 있는 네 차원(개인적·주관적 차원, 대면 접촉의 차원, 사회적·정치적 차원, 생태적·우주적 차원)에서 상생의 관계를 맺어 갈 수 있는 능력을 기르는 것이다. 우리는 평화교육을 개인적 차원에서 스스로를 이해하고 다른 사람과 공동체, 세계, 자연과의 올바른 관계를 맺고 그 속에서 일어나는 여러 갈등과 문제를 이해하고 해결하는 안목과 힘을 길러 주는 교육으로 규정하고자 한다.
>
> _「2019학년도 덕양중학교 교육과정 운영계획」 중에서

덕양중학교의 교육과정은 교사들의 오랜 실천과 고민, 문제해결을 위한 숙의 과정을 통해 만들어졌습니다. '평화'라는 가치는 단지 선언적 차원에서 머무르는 것이 아니라, 교과 수업과 창의적 체험활동, 회복적 생활교육 전반에서 구현되고 있습니다.

> 교사 2 2011년 당시 가장 큰 문제로 대두된 것이 학교 생활교육, 특히 따돌림 문제였어요. 기존에는 체험활동 중심으로 우리 학교의 가치를 구현하려 했는데, 이제는 정규 교육과정에서 그것을 다뤄보자고 교사들이 의견을 모았죠. 이준원 교장 선생님이 부임한 후 회복적 생활교육을 시작했고, 학교 교육과정의 궁극적 가치를 '평화'로 정하게 되었어요.

덕양중학교는 중학생들 사이에 흔히 일어나는 갈등 상황을 해결하기 위해 회복적 생활교육을 도입했습니다. 회복적 생활교육은 가해자를 처벌하는 '응보적 정의'를 넘어 구성원의 관계를 새롭게 하는 '회복적 정의'를 구현하는 학생생활교육의 새로운 패러다임입니다. 덕양중학교는 이를 단지 생활교육에만 적용하는 것이 아니라 학교 교육과정 전반에 구현하고자 했습니다. 평화를 중심으로 주제 중심 통합 교육과정을 운영하고 다양한 프로젝트 활동을 하기 위해 모든 교사들이 노력하고 있습니다.

교사의 이동이 잦은 공립학교에서 공동체적 가치를 공유하는 것이 쉬운 일은 아닙니다. 하지만 덕양중학교에서는 전입 교사들도 이러한 가치를 공유하고 있습니다. 그러기 위해서는 교사학습공동체가 일상적으로 이루어져야 합니다. 대부분의 학교에서는 특정한 시간에 연수나 연구모임을 진행하는 것을 '전문적 학습공동체'라고 말합니다. 덕양중학교는 이에 더하여 일상적인 교무실 문화에서도 교사공동체가 형성되어 있습니다. 이것이 학교의 공동체적 가치와 규범을 공유하는 원동력이 되고 있습니다.

> **교사 1** 우리학교는 교무실 하나에 전체 선생님 20명이 함께 근무해요. 그런데 각자 자기 일만 하는 것이 아니라 차도 함께 마시고 이런저런 이야기도 나눠요. 연수에서도 일방적으로 강의를 듣는 것이 아니라, 자기 고민을 솔직히 나누고 있어요.

> **교장** 전입 교사가 우리학교 문화를 익히는 데 시간이 좀 걸리죠. 그래서 갈등이 생기기도 하죠. 그러면 제가 그 선생님과 자연스럽게 상담을 해요. 그 선생님 내면에 어떤 두려움이 있는지 살피고 도움을 드려요. 자신의 내면을 드러낼 수 있도록 계속 격려해 주고, 그것을 공감해 주면 진정한 공동체가 형성돼요.

서지오바니는 이런 문화 속에서 '공동의 리더십'이 형성될 수 있다고 보았습니다. 그리고 이 속에서 '교사 리더십'이 발전할 수 있습니다. '교사 리더'란 부장교사만을 의미하는 것이 아니라 모든 교사가 리더가 될 수 있다는 개념입니다. 교사 리더십이 형성되기 위해 학교장이 해야 할 일은 장애물을 제거하고 교사의 의견을 경청하며 교사의 잠재력을 발굴하고 이에 적합한 역할을 부여하는 것입니다.

> 교사 2   우리학교에서는 이미 교사들이 학교 문제에 대한 해법을 스스로 찾아왔어요. 그것을 교장이 존중해 주고, 교사 안으로 들어와서 "어떻게 하면 좋을까요?"라고 교사들에게 물어요. 교사들에게 질문을 하고, 교사의 역량을 발견하는 것이 리더십의 핵심이라고 봐요.

이처럼 덕양중학교에서는 교사들이 자신의 의견을 자유롭게 이야기하는 문화, 그것이 학교의 의사결정에 수용되는 문화, 나아가 자신의 내면을 드러내며 서로 치유하는 문화가 형성되어 있습니다. 이를 통해 교사들이 학교공동체 전체를 책임지는 리더십이 형성되고 있습니다.

메시아를 기다리지 말고, 잠자는 거인을 깨워라

서지오바니의 도덕적 리더십 개념은 한국의 학교혁신에도 많은 시사점을 줍니다. 그동안 교육과정-수업-평가 혁신, 민주적 학교운영, 학생자치 및 생활교육 등에 대해서는 많은 연구와 실천이 이루어져 왔습니다. 하지만 학교혁신에 필요한 리더십에 대해서는 별다른 논의가 이루어지지 않았습니다.

실제로 성공적인 혁신학교에서조차 교장이 바뀌면서 성과가 하루 아침에 물거품이 되는 경우도 있습니다. 반대로 내부형 교장공모제를 통해 임명된 교장 개인의 역량으로 학교혁신이 추진되는 경우도 있습니다. 이러한 현실에 비추어 볼 때 서지오바니의 이론과 덕양중학교의 사례는 많은 시사점을 줍니다.

서지오바니는 '메시아 신드롬messiah syndrome'을 경계합니다. 그동안 학교에서 교장의 영향력이 워낙 막강하다 보니 '좋은 교장'이 나타나기를 기대하는 심리가 자연스럽게 생길 수 있습니다. 하지만 서지오바니는 학교의 가치와 공동체적 규범, 교사의 협력적 문화 등을 통해 새로운 공동의 리더십이 형성될 수 있다고 보았습니다. '메시아 신드롬'을 극복하기 위한 학교 구성원들의 실천을 촉구하고 있습니다. 덕양중학교 사례는 어떤 교장이 오더라도 흔들리지 않을 교사 리더십이 어떻게 형성될 수 있는지 보여 주고 있습니다.

이런 학교는 교사와 학생 등 구성원 모두가 리더로 성장할 수 있습니다. 캐천마이어와 몰리Katzenmeyer & Moller, 2009는 『잠자는 거인을 깨워라』라는 인상적인 책에서 교사 리더십이 향후 교직사회의 새로운 희망으로 부각될 것으로 전망했습니다. 우리 선생님들 안에는 누구에게나 '잠자는 거인'이 있습니다. 그동안 관료주의적 행정과 경쟁교육 풍토 속에 거인이 잠들어 있었습니다. 하지만 요즘은 그 거인들이 꿈틀대고 있습니다. 교원학습공동체를 통해 선생님들이 협력하며 전문성을 신장시키고 있습니다. 이제는 그 거인들이 활짝 기지개를 펴고 모두가 학교의 리더로서 새로운 학교를 만들어 갈 때입니다. 교장이 되려는 분들은 선생님들의 잠재력을 일깨우는 섬김의 리더십을 발휘해야 합니다. 선생님들은 위축되어 있던 가능성을 활짝 일깨우며, 모두가 공동체의 가치에 헌신하는 도덕적 학교를 만들어 가야 합니다.

6.

'능력'과 '정의'에 대한 또 다른 시각
– 영과 롤스의 사회정의론

기회는 평등하게, 과정은 공정하게, 결과는 정의롭게

"기회는 평등하게, 과정은 공정하게, 결과는 정의롭게"라는 말이 많은 사람들의 공감을 얻었습니다. 촛불민심을 바탕으로 출범한 정부가 새롭게 제시한 슬로건입니다.

헌법 제31조 1항에는 "모든 국민은 능력에 따라 균등하게 교육을 받을 권리를 가진다."고 규정하고 있습니다. 이 구절이 우리나라 공교육의 기본 원리를 규정하고 있습니다. "태어난 집안은 달라도 교육기회는 균등해야 한다."는 교육의 기회균등 원리를 부정할 사람은 없을 것입니다.

교육학에서는 교육의 기회균등 원리는 크게 보아 '교육여건의 균등, 교육과정의 균등, 교육결과의 균등'으로 나눕니다. 누구나 교육에 균등하게 접근할 수 있는 권리가 보장되어야 하고, 교육을 받는 과정에서도 동일한 권리가 보장되어야 하며, 교육의 결과로 나타날 수 있는 차이가 차별로 이어져서는 안 된다는 것입니다. 무상교육, 평준화, 각종 교육복지 정책 등이 이러한 교육의 기회균등 원리를 확보하기 위한 수단입니다.

그런데 무엇이 공정하고 정의로운 교육인가에 대해서는 다들 생각이 조금씩 다른 것 같습니다. 교육적으로 볼 때 '수능'보다는 '학교생활기록부 전형'이 바람직하다는 것이 교육계의 일반적인 통념입니다. 그런데 의외로 수능을 선호하는 국민들이 적지 않습니다. 수능처럼 '점수로 명확하게 판별되는 시험'이 '공정한 규칙'이라는 논리입니다. 특히 공직사회의 각종 채용비리라든가 '금수저의 특혜'를 목격한 젊은 이들의 심리적 박탈감 때문에 더더욱 '명확하고 공정한 기준'을 선호하는 것 같습니다. 이분들의 심정 속에는 부모의 지위나 사회적 '빽'보다는 '본인의 능력'에 따라 공정하게 채용되는 것이 가장 공정하다는 생각이 깔려 있습니다.

그 심정을 충분히 이해할 만합니다. 하지만 교육에서의 '공정'과 '정의'가 과연 무엇인지에 대해서는 다시 성찰해 볼 필요가 있습니다. 그렇지 않으면 '공정'과 '정의'라는 명분으로 '경쟁'과 '차별'을 정당화할 우려가 있습니다. 여기서 먼저 "본인의 능력에 따라 대접받는 사회가 공정한 사회이다."라는 담론에 대해 살펴보도록 하겠습니다.

'능력주의'는 정당한가?

여기서 소개할 학자는 영국 교육사회학자 마이클 영입니다. 그는 1958년에 출간한 『The Rise of the Meritocracy』라는 책에서 '메리토크라시'라는 용어를 처음 사용합니다.Young, 1958 '메리토크라시 meritocracy'의 어원인 'merit'는 보통 '장점', '이익'으로 번역되지만 '업적', '혜택'의 의미를 갖기 때문에 이 용어는 보통 '능력주의'로 번역됩니다.

'능력주의'는 전근대사회의 '귀속신분주의'를 대체하는 개념입니다. 전근대사회에서는 아무리 출중한 능력이 있어도 자신의 뜻을 펼치는 데에는 한계가 있었습니다. 예를 들어 홍길동은 굉장히 탁월한 능력이 있었지만 서자라는 이유로 조선사회에서 차별을 받았습니다. 하지만 이러한 귀속신분이 폐지된 근대사회에서는 가장 중요한 것이 '개인의 능력'입니다. 누구나 능력이 있으면 성공할 수 있다는 것이 근대사회를 지탱하는 중요한 이념으로 작용하고 있습니다. 아까 말씀드렸던 "모든 국민은 능력에 따라 균등하게 교육을 받을 권리를 가진다."는 헌법의 조항에서도 교육받을 권리의 조건을 '능력'과 '균등성' 두 가지로 제시하고 있습니다.

이처럼 '능력주의'는 봉건적 굴레를 타파하고자 하는 진보적 이념으로 등장했습니다. 그런데 '능력주의'를 작동 가능하게 하는 조건이 바로 '공정한 시험'입니다. 중세 사회인 조선시대에도 이러한 능력주의가 일부 작동을 했습니다. '과거 제도'가 대표적인 예입니다. 어떤 사람이 비록 평민의 자제로 태어나더라도 과거 시험에만 합격하면 누구나 신분 상승을 할 수 있는 기회를 제공했습니다. 물론 평민의 자제가 과거 시험에 합격한다는 것이 현실적으로 거의 불가능하기는 했지만, 적어도 고려시대의 음서제도를 통해 관직이 세습되는 폐해를 극복하는 데 일정 부분 기여한 것도 사실이지요.

이러한 '능력주의'와 '공정한 시험'의 결합이 지금 우리 사회의 '학벌사회'를 합리화하는 역할을 하고 있습니다. 과거의 학력고사나 지금의 수능시험을 통해 학생들의 능력을 명확하게 측정하고, 그 결과에 따라 소위 명문대 합격이 결정되고, 그러한 학벌을 바탕으로 부와 권력을 분배하는 시스템입니다. 행정고시나 사법고시를 통해 고위직 공무원이나 법조인이 되는 것을 당연하게 여기는 것도 이러한 능력주의 시스템의 소산입니다.

그런데 문제는 이러한 능력주의가 자칫 학벌주의에 의한 차별을 정당화할 수 있다는 것입니다. 예를 들어 최저임금을 겨우 받는 가난한 노동자가 사회구조적 모순을 문제 삼기보다는 "아버지는 공부를 못해 이렇게 살고 있으니, 너는 어떻게 해서든 좋은 대학에 가야 한다."라고 자녀에게 강요하는 경우입니다. 오찬호 선생은 『우리는 차별에 찬성합니다』라는 책에서 대부분의 대학생들이 자신들도 비정규직 노동자가 될 확률이 매우 높음에도 불구하고, 비정규직 노동자가 정규직 전환을 주장하는 것을 '날로 먹는 심보'로 여기고 있다고 말합니다.[오찬호, 2013] 즉 사회적 연대의식을 발휘하기보다는 차별을 내재화하는 풍토가 일반화되고 있다는 것입니다.

더 큰 문제는 능력주의가 극단화되면 사회적 소수자에 대한 '혐오'로 이어질 수 있다는 점입니다. 소위 '일베' 현상이 이를 잘 나타냅니다. 박권일 선생은 『지금, 여기의 극우주의』라는 책에서 '일베'의 특징을 박탈감이나 분노가 아니라 '극단적 능력주의'로 보았습니다. 이들은 사회적 약자에 대해 '○○충'이라는 용어를 즐겨 씁니다. 이들은 자신을 스스로 강자와 동일시하면서, 자격이나 능력이 없는 사람은 벌레 취급당해도 된다고 봅니다. 이는 비단 '일베'만의 문제가 아닙니다. 학교 사회에서도 '급식충', '지균충'이라는 용어가 쓰이기도 했습니다.

마이클 영은 '능력주의'가 극단화된 사회에 대해 신랄한 경고 메시지를 보냈습니다. 그가 쓴 『The Rise of the Meritocracy』는 1958년 시점에서 2015년 미래 사회의 디스토피아를 예견한 풍자소설 형식을 취하고 있습니다. 당시는 제2차 세계대전 이후 본격적인 산업화가 진척되고 있는 시점이자, 마이클 영이 살고 있던 영국에서는 노동당이 위세를 확장하는 시기였습니다. 하지만 노동당 역시 '능력주의' 이념에 기반을 둔 '공정하고 정의로운 사회'를 지향했습니다. 그런데 마이클 영은 노동당이 주장하는 능력주의가 민주주의를 확대하기보다는 오히려 민주주의를 파괴할 가능성이 있다고 보았습니다.

그는 '메리트merit'(능력)를 '지능+노력'이라고 정의했습니다. 이는 당시에 프랑스의 교육심리학자 비네의 이론에 근거한 지능검사가 널리 확산되고 있어 이에 영향을 받은 개념이기도 합니다. 그는 만약 엄격한 지능검사와 시험에 따라 모든 인간의 능력에 합당한 직업이 배분되면 실제로 어떤 일이 벌어질 것인가를 상상하며 능력주의의 위험성을 비판했습니다. 이러한 가상소설의 핵심 줄거리는 다음과 같습니다.[26]

> 봉건사회의 세습주의를 반대하고 근대국가를 발전시키기 위해 능력주의 이념이 대두되었다. 이에 따라 노동자계급의 자녀들도 공교육의 혜택을 받게 되었고 교육을 통한 신분 상승을 꿈꾸게 되었다. 하지만 근대 산업사회가 성장함에 따라 사람들이 직접 기계를 돌리는 대신 자동화가 진척되어 대규모 실업이 발생한다. 이에 따라 적재적소에 인재를 선발하는 것이 국가와 기업의 관심사로 등장한다. 이에 따라 한 인간의 능력에 따라 그에 알맞은 직업을 직접 연결하는 능력주의

---

26. 성열관(2015)에서 제시된 내용을 재구성했습니다.

체제가 완성된다. 능력주의가 확산될수록 사회구조적 문제를 타파하려는 노동자의식이 쇠퇴하고 이에 따라 민주주의가 종말을 맞이한다.

교육과 노동시장의 연계에서 낭비적 요소를 없애기 위해서는 어린 시절부터 한 인간의 능력(특히 지능)을 정확히 측정하는 것이 필요해진다. 이때쯤에는 조기 지능검사가 완벽하게 발전하여 아예 학교에서 시험을 볼 필요가 없어진다. 이에 따라 태아에 대한 우생학적 관심이 늘어나고, 과학의 발전으로 인해 유전자를 조작할 수 있게 된다. 결국 부유층은 유전자 조작을 통해 자신의 지위를 자녀에게 세습하고, 이에 따라 민주주의는 물론이고 능력주의 체제 역시 종말을 맞이한다.

그가 예견했던 2015년이 이미 지난 지금의 시점에서 볼 때 그가 상상한 디스토피아는 황당해 보일 수도 있습니다. 그러나 그가 말하고자 하는 핵심은 '능력주의'의 원리가 '민주주의'의 원리와는 맞지 않는다는 점입니다. 능력주의가 봉건사회의 신분주의를 대체했지만 그럼에도 불구하고 인간의 존엄성을 보장하는 이념은 아니라는 것입니다.

우선 능력주의는 개인의 능력에 따라 그에 합당한 사회적 지위가 있다는 것을 전제로 합니다. 극단적으로 말해 '더럽고 위험하고 힘든 일'은 '머리는 나쁘나 힘은 센 사람'이 맡아야 한다는 논리입니다. 이것이 과연 타당한 논리인지 다시 생각해 보아야 합니다.

다음으로 생각해 볼 문제는, 설령 개인의 능력에 따른 합당한 지위가 있다는 것을 인정한다 하더라도, 능력이 낮다는 이유로 차별을 받는 것이 당연한가 하는 점입니다. 개인의 능력 탓이 아니라 선천적인 지능이나 환경, 사회의 제약 조건 등으로 인해 자신의 능력을 발휘할 기회를 얻지 못하는 사람도 있습니다. 설령 개인의 노력이 부족했다 하더라도 인간의 존엄성마저 무시당하는 것이 민주주의의 원리에 맞는 것인지도 생각해 볼 필요가 있습니다.

하늘나라는 이렇게 비유할 수 있다. 어떤 포도원 주인이 포도원에서 일할 일꾼을 얻으려고 이른 아침에 나갔다. 그는 일꾼들과 하루 품삯을 돈 한 데나리온으로 정하고 그들을 포도원으로 보냈다. 아홉 시쯤에 다시 나가서 장터에 할 일 없이 서 있는 사람들을 보고 "당신들도 내 포도원에 가서 일하시오. 그러면 일한 만큼 품삯을 주겠소." 하고 말하니 그들도 일하러 갔다. 주인은 열두 시와 오후 세 시쯤에도 나가서 그와 같이 하였다. 오후 다섯 시쯤에 다시 나가 보니 할 일 없이 서 있는 사람들이 또 있어서 "왜 당신들은 하루 종일 이렇게 빈둥거리며 서 있기만 하오?" 하고 물었다. 그들은 "아무도 우리에게 일을 시키지 않아서 이러고 있습니다." 하고 대답하였다. 그래서 주인은 "당신들도 내 포도원으로 가서 일하시오." 하고 말하였다.

날이 저물자 포도원 주인은 자기 관리인에게 "일꾼들을 불러 맨 나중에 온 사람들부터 시작하여 맨 먼저 온 사람들에게까지 차례로 품삯을 치르시오." 하고 일렀다. 오후 다섯 시쯤부터 일한 일꾼들이 와서 한 데나리온씩을 받았다. 그런데 맨 처음부터 일한 사람들은 품삯을 더 많이 받으려니 했지만 그들도 한 데나리온씩밖에 받지 못하였다. 그들은 돈을 받아 들고 주인에게 투덜거리며 "막판에 와서 한 시간밖에 일하지 않은 저 사람들을 온종일 뙤약볕 밑에서 수고한 우리들과 똑같이 대우하십니까?" 하고 따졌다. 그러자 주인은 그들 가운데 한 사람을 보고 "내가 당신에게 잘못한 것이 무엇이오? 당신은 나와 품삯을 한 데나리온으로 정하지 않았소? 당신의 품삯이나 가지고 가시오. 나는 이 마지막 사람에게도 당신에게 준 만큼의 삯을 주기로 한 것이오."

_공동번역 성경, 마태복음 20장 1~10절

이 이야기는 우리의 상식과는 정반대의 사회 논리를 제시합니다. 아침 일찍부터 일한 사람이나 오후 늦게 일을 시작한 사람에게도 모두 동일한 임금을 제시합니다. 나중에서야 일을 시작한 사람은 특별히 게으르거나 능력이 없는 사람이 아니라 일자리를 얻을 기회가 없었던 사람이기에 모두에게 최소한의 삶을 유지할 임금을 제공해야 한다는 것입니다. 이는 능력주의에 기반을 둔 논리라기보다 모든 사람의 존엄한 삶을 중시하는 논리라 할 수 있습니다.

이 이야기는 능력에 따라 차등한 몫을 분배하는 사회가 공정한 사회라는 논리를 근본적으로 뒤엎습니다. 나아가 "나의 능력은 과연 누구의 것인가?"라는 근본적인 질문을 제기해 볼 수 있습니다.

나의 능력은 누구의 것인가?

여기서 소개할 학자는 미국의 정치철학자 롤스입니다. 비록 교육학자는 아니지만 그의 유명한 저서 『정의론』은 우리 교육에도 많은 시사점을 제공합니다.Rawls, 1971 한국에서도 폭발적인 인기를 끌었던 샌델의 『정의란 무엇인가』라는 책도 롤스의 정의론에 뿌리가 있습니다.Sandel, 2010

롤스의 이론과 대척점에 있는 이론은 자유지상주의입니다. 노직, 하이예크, 프리드먼 등으로 대표되는 자유지상주의는 개인의 소유권 행사와 무제한의 자유를 옹호하는 이론입니다. 이로부터 자유경쟁의 원리에 충실한 국가, 사회복지제도의 축소 등을 주장하는 신자유주의 논리가 탄생했습니다. 이러한 논리에 의하면 사회적 약자를 돕는 것은 개인의 선택일 뿐 반드시 그러해야 할 의무는 없다고 말합니다. 능력주의 역시 이러한 논리의 연장선과 맞닿아 있습니다.

롤스 역시 기본적으로 자유주의자입니다만 자유주의의 틀 내에서 능력주의에 대한 근본적인 도전을 하였습니다. 그는 "우리가 왜 사회적 약자를 배려해야 하는가?"에 대한 윤리적 근거를 설명하기 위해 '무지의 베일'이라는 비유를 활용했습니다.

눈앞에 베일(혹은 커튼)이 가려져 있어 그 건너편을 볼 수 없다고 가정해 봅시다. 그런데 그 건너편에 있는 사람은 다음 생애의 내 모습입니다. 다음 생애에 내가 어느 시대에, 어느 나라에, 어떤 신분이나 가문에서 태어날지 전혀 알 수 없습니다. 이러한 상태라면 어떤 사회를 가장 정의로운 사회로 인식하게 될까요? 다음 생애에 여성으로 태어나더라도 현재 남성으로서 누리는 특권을 당연하다고 여길 수 있을까요? 다음 생애에서는 집안 형편 때문에 고졸자로 살아갈 운명이라 할지라도 현재 소위 명문대 출신으로서 누리는 혜택을 정당하다고 용인할 수 있을까요?

> 정의의 원칙들은 무지의 베일 뒤에서 확정된다. 이것은 그 누구도 자연적 우연성이나 사회적 지위 때문에 불이익을 당하거나 특권을 누릴 수 없다는 것을 보증한다. 모든 사람이 똑같은 입장에 있고, 아무도 자신의 특수 상황에 유리한 원칙들을 생각해 낼 수 없기 때문에, 정의의 원칙들은 공정한 합의나 토론의 결과로 드러난다.
>
> _『정의론』 중에서

만약 자신이 최상위층으로 태어날 가능성도 있고 최하위층으로 태어날 가능성도 있다면 정의로운 사회의 기준을 어느 입장에서 정하는 것이 합리적일까요? 모든 사람이 자신이 최하위층일 수도 있다는 가정하에 새롭게 설계하는 사회야말로 가장 정의로운 사회가 아닐까요? 그렇기 때문에 롤스는 '최소 수혜자에게 최대 이익이 돌아가는 사회'가 가장 합리적이면서도 정의로운 사회라고 말합니다.

> 차등의 원리는 결국 천부적 재능을 공동의 자산으로 생각하고 그 결과에 상관없이 이러한 분배가 주는 이익을 함께 나누어 가지는 데 합의함을 나타낸다. 누구든지 간에 천부적으로 보다 유리한 처지에 있는 자는 아주 불리한 처지에 있는 자의 여건을 향상시켜 주는 조건에서만 그들의 행운에

의해 이익을 볼 수 있다.

_『정의론』 중에서

이 구절에서 롤스는 개인의 선천적 배경(가문, 성별, 경제적 배경 등)이나 사회적 지위(학벌, 직업 등)를 한마디로 '운' 혹은 '공동의 자산'이라고 말합니다. 한 개인이 소유하고 있는 지식이나 능력도, 이에 따른 사회적 지위도 결코 자기의 것이 아니라는 겁니다. 만약 어떤 아이가 타고난 지능이 매우 높다고 생각해 봅시다. 게다가 이 아이는 어려서부터 다양한 문화적 혜택과 사교육을 받아 예술적 감성도 뛰어나고 다양한 체험활동을 한 덕분에 성격도 원만합니다. 이렇게 공부도 잘하고 성격도 좋고 교양도 풍부한 이 '엄친아'의 능력은 누구의 것일까요? 부모에게 물려받은 선천적 특성에 사회문화적 환경까지 누릴 수 있는 것은 그 아이가 '우연히' 그 집안에 태어났기 때문입니다. 롤스의 표현을 빌리면 '행운'에 의해 '이익'을 본 것입니다. 따라서 그는 한 인간의 능력이 결코 개인의 노력으로 획득한 것이 아니기 때문에 개인이 그 소유권을 주장할 수 없는 '공동의 자산'이라고 봅니다.

롤스의 정의론으로부터 많은 영향을 받은 샌델은 『정의란 무엇인가』에서 이런 주장을 합니다. "하버드 대학에 합격한 학생은 엄청 대단한 사람이 아니라, 19살이라는 시기에 하버드 대학이 요구하는 특성을 가진 학생에 불과하다." 즉 "우연한 순간에 우연한 특성을 갖게 된 행운아"일 따름이라는 것입니다. 롤스와 샌델의 정의론에 의하면 이들은 대학 합격이라는 영광을 자랑할 이유도, 학벌을 사유화하여 자기에게 유리한 쪽으로 사용할 자격도 없습니다.

물론 개인의 노력도 중요한 변수입니다. 그렇다 하더라도 그 노력이 혼자의 힘만으로 이루어진 것이라고 보기 어렵습니다. 열심히 공부한 학생은 결국 수많은 선인들이 이룩한 지식을 물려받은 것이고, 그가 열심히 노력할 수 있는 배경에는 누군가 공장에서 땀 흘려 일해 이룩한 환경이 있습니다. 또한 그 학생이 성장하며 만났던 수많은 사람들의 직접적·간접적 영향이 없었더라면 그의 노력은 결코 꽃필 수 없을 것입니다. 그러니 개인의 능력에 따른 결과를 사유화하는 것은 공정하지도 정의롭지 않습니다. 오히려 그 능력을 얻을 기회를 얻지 못한 사람들을 위해 써야 합니다. "공부해서 남 주자"라는 말에 드러나듯, 사회의 공공선을 위해 환원해야 합니다. 롤스가 말했듯이 "유리한 처지에 있는 자는 아주 불리한 처지에 있는 자의 여건을 향상시켜 주는 조건에서만 그들의 행운에 의한 이익"을 누릴 수 있는 것입니다. 이것이 그가 말하는 정의론의 핵심입니다.

저 역시 마찬가지입니다. 그동안 제가 쌓아 왔던 지식과 경험을 마치 자랑이라도 하듯 책을 쓰고 강의를 하고 있지만, 이 모든 것은 저의 것이 아니라 인류 공동의 자산입니다. 제가 교직시절에 만난 수많은 학생들이 없었더라면 교육의 본질에 대해 깊이 있게 고민할 기회도 없었을 것이고, 연구자 시절에 만난 선생님들이 없었더라면 교육학 이론을 현장감 있게 해석해 볼 기회도 없었을 것입니다.

교사가 능력주의에서 벗어나야 하는 이유

안타깝게도 대부분의 교사들은 능력주의에 빠질 가능성이 큰 조건에서 성장해 왔습니다. 학창시절에 대부분 공부도 잘하고 말도 잘 들는 소위 모범생으로 성장해 왔습니다. 예전에는 공부 잘하지만 가난한 학생들이 주로 교대·사대에 진학을 했지만, IMF 이후 안정적 일자리에 대한 선호가 높아지면서 경제적 여유가 있으면서도 공부도 잘하는 학생들이 교대·사대에 진학을 했습니다. 대학시절에도 학점 관리를 잘하고, 경쟁률이 엄청 치열한 임용시험에 합격을 해야 교직에 나올 수 있습니다. 그러다 보니 자연스럽게 능력주의가 교사들의 내면에 자리할 수밖에 없는 조건이 형성되었습니다.

이러한 교사들이 교직에 진출하니 학생들을 이해하기가 참 어렵게 됩니다. 사회양극화 이후 교사들은 더 유능해지고 사회경제적 지위가 상대적으로 높아진 반면, 학교에는 참으로 어려운 처지에 있는 학생들이 많아졌습니다. 그러다 보니 학생들과 세대적 거리감이 적은 젊은 교사들도 학생들과 경제적·문화적인 거리감을 더 크게 느낄 수 있습니다.

이런 간극 때문에 교사와 학생이 서로 소통하는 것이 더 어려워졌습니다. 요즘은 연세 지긋한 선생님보다 갓 임용된 젊은 선생님들이 학생들과의 소통에 더 어려움을 겪는 경우도 많습니다. 웬만큼 사는 집에서 모범생으로 성장한 교사라든가 그렇지 못한 처지에서도 치열한 임용시험을 통과한 교사들의 입장에서는 공부 못하는 학생들, 말썽꾸러기 학생들을 이해하는 게 쉽지 않은 모양입니다.

문제는 교사들이 스스로 내면화한 능력주의를 우리 학생들에게 강요할 수 있다는 점입니다. 특히 교직 초기에는 보통 무한한 열정을 갖게 되는데, 그 열정이 능력주의와 결합되는 순간 자칫 잘못된 방향으로 흐를 수 있습니다. 예를 들어 고등학교 교사가 "학생들을 모두 책임지겠다."는 마음으로 보충수업이나 야간학습을 억지로 강요하는 등 입시경쟁에 내몰 수도 있습니다. 물론 그 결과 원하는 성과를 거둘 수도 있지만, 모든 학생이 이른바 명문대에 들어가서 인생역전을 할 수 있는 것은 아닙니다. 이러한 능력주의는 '아이들을 위한 것'이라는 미명하에 사회구조적인 문제를 외면하는 결과를 낳을 수도 있습니다.

교사에게 필요한 것은 학생들을 무모한 경쟁에 내모는 것이 아니라, 자기가 스스로 내면화한 능력주의를 극복하고 우리 학생들이 살아가는 삶의 조건을 살피는 것입니다. 모두가 일등이 될 수는 없는 구조 속에 과연 우리 학생들에게 필요한 것이 무엇일지 성찰해야 합니다.

능력주의를 넘어

최근 들어 한국 사회에서 '능력주의'가 화두가 되고 있습니다. 이른바 '공정한 사회'를 '능력에 따라 대접받는 사회'와 동일시하고 있습니다. 물론 능력주의의 원리라도 철저히 통하는 사회가 부모의 경제적 지위가 대물림되는 사회보다는 정의롭습니다. 그러나 우리 교육자들은 '능력주의'를 넘어 '능력' 자체에 대한 교육적·철학적 검토가 필요합니다. 마이클 영은 능력주의가 철두철미하게 관철되는 사회가 또 하나의 신분고착사회가 될 수 있음을 보여 주었습니다. 롤스는 한 인간의 능력이란 '운' 혹은 '사회의 공동자산'임을 고찰하면서 정의로운 사회란 '최소 수혜자에게 최대의 이익이 돌아가는 사회'임을 설파했습니다.

없는 게 메리트라네. 있는 게 젊음이라네.
두 팔을 벌려 세상을 다 껴안고 달려갈 거야.

나는 가진 게 없어 손해 볼 게 없다네.
정말 괜찮아요. 그리 슬프지 않아요.
주머니 속에 용기를 꺼내 보고 오늘도 웃는다.

오늘은 나 눈물을 참고 힘을 내야지.
포기하기엔 아직은 나의 젊음이 찬란해.

_옥상달빛 노래, 〈없는 게 메리트〉

이 노래는 '금수저'를 물고 태어날 운도 없고, '공정한 경쟁시험'에서도 매번 탈락의 고배를 맛보고 있는 젊은이들에게 '없는 게 메리트'라는 잔잔한 위로의 메시지를 전합니다. 가진 것이 별로 없는 사람이야말로 '손해 볼 것도 없고', 사회적 약자의 아픔을 진정 공감할 수 있기에 '세상을 다 껴안고 달려갈' 수 있는 넉넉한 용기가 있을 것입니다.

물론 이러한 메시지가 진정한 위로가 되기에는 세상의 벽이 너무 높을지도 모릅니다. 그렇기 때문에 '능력주의'를 넘어선 '사회정의'의 원리를 구현해야 합니다. 운이 좋게도 탁월한 능력을 소유하게 된 사람은 그럴 기회가 없는 사람을 위해 자신의 능력을 기꺼이 환원할 줄 아는 사회, 무능력해 보이는 사람도 인간으로서의 존엄성을 존중받을 수 있는 사회가 '능력주의'를 넘어선 '민주주의'의 모습입니다. 그러한 역량을 길러 주는 교육이야말로 진정한 사회정의교육일 것입니다.

오늘날 한국 사회에서도 매우 익숙한 사회 문제는 청년실업, 불안정, 고령화, 1인 가구 등이다. 이제 불안과 위험을 숙명적으로 안고 살아가게 될 아이들에게 교육자들은 어떤 공동체를 물려줄 것이며, 교육을 통해 어떤 힘을 길러 줄 것인가? 자라나는 아이들에게 더 나은 세상, 더 살기 좋은 사회를 스스로의 힘으로 열어 갈 수 있도록 도와주기 위해서는 어떤 교육이 필요할까? 이러한 질문에 대한 대답을 준비함에 있어 Young이 남겨 놓은 교훈은 무엇일까?

아마도 그의 교훈은 더 좋은 사회란 모두의 존엄성이 인정되는 사회, 스스로의 인권을 옹호할 수 있는 사회, 누구나 품위 있는 삶을 영위할 수 있는 소득이 주어지는 사회로 볼 수 있을 것이다. 그래서 불안, 위험, 불확실성과 함께 더불어 살아가야 할 아이들이 '누구나 존엄하고 품위 있는 삶'을 영위할 수 있기 위해서는 데모크라시를 그 윤리적 방향으로 추구해야 할 것이다. 나는 이것이 Young의 저서가 후세대에 남겨 놓은 교훈의 핵심일 것으로 생각한다.[27]

---

27. 성열관(2015)에서 인용하였습니다.

7.

민주적이고 평등한 교실을 위하여
- 번스타인의 교육과정사회학

    지금까지 말씀드린 내용은 크게 보아 교실 안에서의 실천과 교실 밖에서의 실천으로 나누어 볼 수 있습니다. 이 두 가지는 모두 소중합니다. 교실에서의 구체적 실천 없는 제도적 개혁은 공허한 구호로 남을 수 있고, 제도적 개혁 없는 실천은 근본적 한계가 있기 때문입니다. 그러나 교사들이 두 가지 과제를 모두 수행하기란 여간 어렵지 않습니다. 그럼에도 불구하고 이 두 가지 과제가 접점을 이루는 영역을 끊임없이 찾아 나가야 할 것입니다.

    이 지점에서 마지막으로 소개해 드릴 학자는 영국의 교육과정사회학자인 번스타인입니다.Bernstein, 1975; 1996 국내에는 아직 번역된 저서가 하나도 없을 만큼 낯선 사람입니다. 하지만 이 학자의 이론을 통해 교실 안에서의 실천과 교실 밖의 실천을 연결할 만한 영감을 얻을 수 있을 겁니다.

'분류'와 '통제'
-일상 속에 작용하는 권력과 지배의 코드

교육사회학에서는 학교교육을 기본적으로 자본주의의 지배 구조가 재생산되는 영역으로 보고 있습니다. 보울즈와 진티즈가 말했던 '경제결정론'이나, 알튀세르가 말했던 '이데올로기적 국가 장치론', 부르디외가 말했던 '문화재생산 이론' 등이 이에 해당합니다. 이들이 보기에 자본주의 사회에서 가난한 학생들이 아무리 열심히 공부를 하더라도, 경제적·문화적 구조로 보아 이들이 계층 이동을 할 가능성은 매우 희박합니다. 무상교육이나 평준화 등을 통해 교육의 기회균등을 확충하더라도 그 결과는 크게 다르지 않습니다. 한마디로 자본주의 사회에서의 교육은 '계급재생산의 장'이거나 '불평등을 정당화하는 이데올로기적 장치'에 불과하다는 것이 이들의 결론입니다. 이들의 주장은 상당히 설득력이 있습니다. "더 이상 개천에서 용 나지 않는다."는 사실은 공공연한 비밀이니까요. 하지만 이들의 주장을 액면 그대로 수용한다면, 사실상 우리가 할 수 있는 일은 아무것도 없습니다. 이들의 주장이 '비판의 언어'는 될 수 있을지언정, '가능성의 언어'가 되기는 어렵습니다.

지금 소개해 드릴 번스타인도 다른 교육사회학자들과 마찬가지로 교육을 기본적으로 자본주의 사회의 계급구조가 재생산되는 영역으로 보았습니다. 하지만 그는 좀 더 구체적인 구조에 관심을 가졌습니다. 그는 자본주의의 사회구조가 학교의 규범과 문화, 교육과정-수업-평가의 방식을 통해 재생산되는 맥락을 분석했습니다. 그는 이러한 학교의 구조를 '분류'와 '통제'라는 개념을 활용했습니다.

'분류classification'란 어떤 대상을 특정한 기준에 따라 등급class을 매기는 방식입니다. 사람들은 흔히 대상을 이분법적으로 나누는 경우가 많습니다. 예를 들어 인간을 '남성과 여성', '백인과 흑인'으로 나누는 데에 익숙합니다. 그런데 이러한 분류 방식 자체에 권력관계가 나타납니다. 인간을 '남성과 여성'으로 나누는 것 자체에 남성을 우월적인 존재로, '백인과 흑인'으로 나누는 것 자체에 백인을 우월한 존재로 바라보는 인식이 담겨 있습니다.

선생님들의 학급 학생들을 두 부류로 나눠 볼까요? 예전에는 흔히 학생들을 '모범생과 문제아'로 분류했습니다. '공부를 잘하거나/못하거나'(학업질서) 혹은 '학칙을 잘 지키거나/못하거나'(생활질서)로 나누는 것이 익숙한 방식입니다. 이러한 분류 방식이 곧 우리 사회의 계급 구조를 반영한 '코드code'입니다.

물론 어떤 선생님은 다른 방식의 분류 코드를 갖고 있거나 아예 분류 자체에 관심이 없기도 합니다. 예를 들어 '꿈이 있는 학생/꿈이 없는 학생'으로 나눌 수도 있고, 아예 그러한 분류 자체에 관심이 없을 수도 있습니다. 요즘 초등학교에서 많이 부르는 노래인 「예쁘지 않은 꽃은 없다」에는 '분류' 자체에 관심을 갖지 않고 모든 학생의 가능성에 관심을 갖는 교사들의 마음이 담겨 있습니다. 따라서 '분류의 기준'이 단일한지 다양한지, '분류의 정도'가 강한지 약한지에 따라 일상적 문화가 얼마나 평등한지가 결정됩니다.

번스타인이 말한 또 하나의 코드인 '통제framing'는 사회적 상호작용이나 의사소통이 이루어지는 틀frame을 의미합니다. '통제'가 강한 문화에서는 자유로운 의사소통이 이루어지기 어렵습니다. 겉으로는 다들 평등한 관계처럼 보이지만 실제로는 한 사람이 모든 의사소통을 주도하고 있다면 매우 통제가 강한 구조라고 할 수 있습니다.

선생님들이 근무하는 학교의 교직문화는 어떤가요? 교장/교감/평교사 사이의 '분류'가 강한가요, 약한가요? 예를 들어 교장이 늘 모임의 앞자리나 가운데에 앉는 것을 당연하게 여기는 학교라면 '분류'가 강한 학교입니다. 교직원회의 시간에 누구나 자연스럽게 이야기하는 분위기가 형성되어 있나요? 그렇지 않다면 '통제'가 매우 강한 학교입니다.

선생님들의 학급문화는 어떤가요? '공부를 잘하고 학칙을 잘 지키는 학생/그렇지 않은 학생'이 명확히 나눠지지 않는다면 '분류'가 약한 학급입니다. 수업시간에 누구든지 자유롭게 발언할 수 있는 분위기가 형성되어 있다면 '통제'가 약한 학급입니다.

이렇게 본다면, '분류'가 약할수록 평등한 구조에 가깝고 '통제'가 약할수록 민주적 구조에 가까울 수 있습니다. 그리고 이 개념을 통해 학교의 질서와 문화를 성찰해 볼 수 있습니다.

학교는 근본적으로 사회의 영향을 받습니다. 학교 밖 사회가 억압적이고 불평등하다면 학교 안 사회도 마찬가지입니다. 그러나 학교 안 '분류'와 '통제'의 정도에 따라 그 상관관계는 조금 달라질 수 있습니다. 다시 말해 학교가 사회의 구조를 재생산하는 영역에서 벗어나 조금 더 민주적이고 평등한 구조를 갖출 수 있습니다.

'교육과정-수업-평가'에서의 '분류'와 '통제'

번스타인의 '분류'와 '통제'라는 개념은 교육과정-수업-평가의 유형에도 적용할 수 있습니다. 성열관 교수는 번스타인의 이론을 확장하여 교육과정-수업-평가의 유형을 정교하게 분석하였습니다. 그 내용을 간단히 소개하면 다음과 같습니다.성열관, 2012

C+: 강한 분류(classification), C-: 약한 분류(classification)
F+: 강한 통제(framing), F-: 약한 통제(framing)

횡적 분류가 강한 교육과정은 '교과 사이의 단절'이 분명한 교육과정입니다. 반면에 요즘 활발히 이루어지고 있는 통합 교육과정은 횡적 분류가 약한 교육과정입니다. 이 경우 '국영수' 중심의 교육과정을 극복하고 '학생의 삶'이나 '사회적 이슈'를 중심으로 모든 교과가 대등한 관계를 형성하게 됩니다.

종적 분류가 강한 교육과정은 '단편적인 지식 위주'의 교육과정입니다. 반면에 종적 분류가 약한 교육과정에서는 교과 안에서 '지식/기능/태도 및 가치'가 유기적으로 연결되어, 학생들이 배운 것을 실천하며 그 가치를 내면화하게 됩니다.

수업은 교사와 학생, 학생과 학생 사이의 관계 속에서 이루어집니다. '통제'가 엄격한 수업은 교사가 일방적으로 지식을 전달하고 학생들은 이를 수동적으로 받아들이는 수업입니다. 반면에 '통제'가 약한 수업은 학생들이 적극적으로 참여하면서 자신의 의견을 드러내는 분위기가 형성된 수업입니다.

'분류'가 강한 수업은 학생들을 능력에 따라 편성하거나(이른바 우열반), 학생들 사이에 협력이 이루어지지 않는 수업입니다. 반대로 '분류'가 약한 수업은 다양한 학생들이 서로 어우러져 있는 가운데 협력이 일상적으로 이루어지는 수업입니다.

평가의 유형도 '분류'와 '통제'의 방식에 따라 구분할 수 있습니다. '분류'가 강한 평가는 학생 사이의 서열을 명확히 매기는 상대평가입니다. 이것도 좀 더 세부적으로 나누면 분류가 매우 강한 상대평가(전교 석차까지 매기는 평가)와 분류가 약한 상대평가(3등급 정도로만 나누는 평가)가 있습니다.

'통제'가 강한 평가는 '하나의 정답만을 인정하는 평가'입니다. 선다형 평가는 물론이고 '엄격한 채점기준'이 있는 서술형 평가도 이에 해당합니다. 반면에 통제가 약한 평가는 '정답의 개방성을 인정하는 평가'입니다. 다양한 사고력을 존중하는 논술형 평가나 수업의 과정에서 이루어지는 수행평가 등이 여기에 해당합니다.

이렇게 '분류'와 '통제'라는 기준에 따라 '교육과정-수업-평가'의 유형을 확인할 수 있습니다. 대체로 전통적인 교육과정-수업-평가의 유형은 '강한 분류와 통제'를 지닙니다. 반면에 '교육과정 재구성 → 학생 참여형·협력형 수업 → 성장과 발달을 돕는 과정 중심 평가'는 '약한 분류와 통제'를 지니고 있습니다. 그리고 이렇게 '약한 분류와 통제'가 형성될 때 학생들의 참여와 협력, 성장과 발달이 보장될 수 있습니다.[이형빈, 2015a]

하지만 눈에 보이는 형태만 바꾸었다고 해서 반드시 민주적이고 평등한 구조가 실제로 마련되는 것은 아닙니다. 예를 들어 모둠활동이 이루어지더라도 학생들이 서로 배려하는 평등한 관계, 누구나 거리낌

없이 자신의 의견을 밝힐 수 있는 분위기가 형성되지 않는다면, 그 속에서 사실상 '분류'와 '통제'가 작동하는 것이나 마찬가지입니다. 따라서 중요한 것은 일상적인 학교 문화와 관행을 예리하게 성찰하는 교사의 안목, 교육과정-수업-평가의 유형에 따라 학교 밖 불평등이 교실 안에서 심화할 수도 있고 완화할 수도 있다는 사회학적 통찰입니다.

'학생생활'에서의 '분류'와 '통제'

학생들이 학교에서 보내는 시간은 '수업시간'과 '수업 외 시간'으로 나눌 수 있습니다. 앞에서 분석했던 교육과정-수업-평가는 주로 수업시간과 관련된 영역입니다. 이와 관련된 규범을 '학업질서'라 칭할 수 있습니다. 반면에 학급활동, 학생생활규정, 학교운영 방식과 관련된 규범을 '생활질서'라고 칭할 수 있습니다. 예를 들어 '학업질서'가 엄격하다는 것은 교육과정 및 평가의 난이도가 높으며, 엄격한 학습태도를 요구하는 것입니다. '생활질서'가 엄격하다는 것은 학교의 문화가 폐쇄적이고 자유로운 활동이 보장되지 않는다는 뜻입니다.

'강한 분류'가 형성된 학교는 이른바 '모범생'과 '문제아'를 가르는 기준이 명확합니다. 이런 학교는 보통 학칙이 엄격하고, 이에 따른 상과 벌이 명확한 학교입니다. 반면에 '약한 분류'가 형성된 학교에는 다양한 학생들이 골고루 인정받을 수 있는 문화가 형성되어 있습니다. 예를 들어 요즘은 학급회장 제도가 폐지되어 모든 학생들이 골고루 리더십을 발휘할 기회를 주는 초등학교가 많습니다. 중학교나 고등학교에서도 상벌점제가 폐지되고 '회복적 생활교육'이 이루어지고 있습니다.

'강한 통제'가 형성된 학교는 쉽게 말해 '할 말을 못하게 하는' 분위기가 강한 학교입니다. 이는 일제식 수업에서와 마찬가지로 학교운영에 학생들의 의견이 반영될 통로가 아예 없는 학교입니다. 반면에 '약한 통제'가 형성된 학교는 '누구나 하고 싶은 말을 자유롭게 할 수 있는' 학교입니다. 일부 초등학교에서는 전교생이 모두 모여 자신의 의견을 자유롭게 말하는 '학생 다모임'을 진행합니다. 일부 중고등학교에서는 교사와 학생, 학부모가 자신들이 지켜야 할 약속을 스스로 정하고 이를 실천하는 '3주체 생활협약'을 맺고 있습니다.

이렇게 번스타인이 말한 '분류'와 '통제'라는 개념은 학교의 생활질서를 성찰하는 데에 유용합니다. 이를 통해 학교의 규범과 문화가 얼마나 민주적이고 평등한지, 그 속에서 학생들이 학교에 주인으로 참여할 수 있는지를 살펴볼 수 있을 것입니다. 지금까지 말씀드린 학교의 학업질서와 생활질서를 정리해 보면 다음과 같습니다.^{이형빈, 2015d}

학교의 질서와 학생참여양상

범주		닫힌 학교	열린 학교
학교 질서	학업 질서	• 강한 분류 　- 분절적 교육과정 　- 동질집단 내 경쟁적 수업 　- 서열을 중시하는 상대평가 • 강한 통제 　- 일방적 주입식 수업 　- 정답의 개방성이 보장되지 않는 　　평가	• 약한 분류 　- 통합적 교육과정 　- 이질집단 내 협력적 수업 　- 성장을 중시하는 절대평가 • 약한 통제 　- 학생 참여 중심의 수업 　- 정답의 개방성이 보장되는 평가
	생활 질서	• 강한 분류 　- 소위 '모범생/문제아'의 구분이 　　명확함 　- 상과 벌이 공식화됨 • 강한 통제 　- 위계와 권위가 명확한 문화 　- 학생의 의견이 학교운영에 반영 　　될 여지가 거의 없음	• 약한 분류 　- 소위 '모범생/문제아'의 구분이 　　명확하지 않음 　- 상과 벌이 공식화되지 않음 • 약한 통제 　- 참여와 협력을 촉진하는 문화 　- 학생의 의견이 학교운영에 폭 　　넓게 반영됨

학생 참여 양상	순응	학교질서에 대한 수동적 인정	참여	학교질서에 대한 긍정적인 인식과 적극적인 참여
	냉소	학교질서에 대한 소극적 불만		
	괴리	학교질서에 적응할 능력의 부재		
	소외	학교질서에 대한 거부와 일탈		
	저항	학교질서를 개선하려는 노력		

학교에는 '투명인간', '이방인'도 살고 있다

번스타인은 이러한 학교질서에 대해 학생들이 어떤 참여양상을 보이고 있는지 '전념', '냉담', '괴리', '소외' 등 네 가지로 구분하였습니다. 저는 이를 재구조화하여 학생참여양상을 '순응', '냉소', '괴리', '소외', '저항', '참여' 등 여섯 가지로 설명해 보겠습니다.

먼저 '순응'이란 흔히 '모범생'이라 불리는 학생들의 모습입니다. 공부도 잘하고 학교규칙도 잘 지키는 학생입니다. 이 학생들은 학교질서를 따르는 것이 자신에게 유리하다는 것을 깨달을 뿐만 아니라 그럴 만한 능력이 있다는 점입니다. 하지만 이들은 불평등하고 비민주적인 학교질서를 별다른 문제의식 없이 수용하는 학생입니다. 이들이 학교생활을 성공적으로 마치고 사회에 진출하게 된다면 불평등하고 비민주적인 질서를 재생산하게 됩니다. 이런 모습을 올바른 성장이라고 보기는 어려울 것 같습니다.

두 번째 유형인 '냉소'는 어쩌면 학교에서 가장 흔하게 볼 수 있는 학생들의 모습입니다. 이들은 겉으로 보기에는 수업시간에도 열심히 참여하고 있고 별다른 말썽을 부리지 않습니다. 하지만 이들은 소위 '모범생'과는 달리 마음속으로는 학교질서를 동의하지 않습니다. 불만은 있어도 그것을 드러내지도 않고, '모범생'처럼 주목을 받지도 못합니다. 그래서 별다른 존재감이 없이 '투명인간'처럼 사는 학생입니다. 어찌 보면 이들은 학교에서 가장 관심을 받지 못하는 학생입니다.

세 번째 유형인 '괴리'는 '아무리 노력해도 안 되는 학생'들의 모습입니다. 이들은 학교질서에 기꺼이 동의하고 그 속에서 인정을 받고자 합니다. 하지만 성적도 별로 좋지 않고, 친구들 사이에서도 별로 인기가 없습니다. 이들에게는 공부도 잘하고 인기도 많은 학생들이 그야말로 '넘사벽'입니다. 어찌 보면 가장 안쓰러운 학생들입니다. 마치 한국에 유학을 온 이방인, 지구의 질서에 적응하지 못하는 외계인이라고나 할까요.

네 번째 유형인 '소외'는 학교의 질서에도 동의하지 않고, 학업에 의미를 찾지 못해 늘 무기력하게 살거나 말썽을 부리는 학생들의 모습입니다. 흔히 '문제아'라고 불리는 학생들이죠. 이들은 소위 '모범생'들과는 다른 이유로 늘 교사의 주목을 받습니다. 그래서 '투명인간'이나 '이방인'과는 달리 존재감이 분명합니다. 하지만 이들은 학교 안에서 가장 힘들게 살아가는 존재입니다. 수업시간에 잠을 자면서 무의미한 시간을 때우고, 때로는 교칙을 어기며 기존 질서에 반항하고, 어떨 때에는 학교폭력을 저지르며 인정욕구를 왜곡된 방식으로 충족시킵니다.

이 네 가지 유형은 '분류와 통제'가 강하게 작동하고 있는 '닫힌 학교'에서 흔히 나타나는 학생들의 모습입니다. 하지만 이러한 학교에서도 학생들은 참 꿋꿋하게 살아갑니다. 이 속에는 이런 학교를 바꾸기 위해 '저항'을 하는 학생들도 있습니다.

하지만 '닫힌 학교'가 조금씩 '열린 학교'로 바뀌면서 학생들도 학교 생활에 의미를 발견하고 여기에 적극적으로 참여하게 됩니다. 여기서 말하는 '참여'란 학교의 질서를 따르는 것이 자신에게 유리하다는 판단에 따라 형식적으로 동참하는 것과는 다릅니다. 진정한 의미의 참여는 학교에서 배우는 것이 자신의 삶에 의미가 있다는 것을 깨닫고 학교의 질서에서 자신의 위치, 역할을 인정받고 이를 통해 의미 있는 발달과 성장을 해 가는 것을 의미합니다.

민주적이고 평등한 학교: 인정과 참여, 임파워먼트

'열린 학교'란 1990년대에 잠시 유행했던 '열린 교육'과는 다릅니다. 그 당시 '열린 교육'이 실패했던 핵심적인 원인은 학교의 구조와 문화를 바꾸지 않은 채 수업 방법만 바꾸려고 했던 것입니다. '열린 교육' 이후 가장 의미 있는 학교 변화는 2010년부터 확산된 '혁신학교 운동'입니다. 열린 교육이 '위에서부터 아래로' 강요되는 개혁이라면, 혁신학교 운동은 교사의 자발성을 중시하는 '아래로부터 위로의' 개혁입니다. 열린 교육이 주로 수업 방법 개선 등 부분적 변화에 주목했다면, 혁신학교 운동은 학교의 구조와 문화의 변화 속에서 교육과정-수업-평가를 혁신해 가는 총체적인 변화를 추구하고 있습니다.

하지만 여전히 수업은 바뀌었지만 학교의 구조와 문화가 바뀌지 않은 혁신학교도 있습니다. 학생을 존중하는 문화는 구축되었지만 여전히 학생이 주인이 되는 구조는 마련되지 않았다든가, 수업의 형태는 바뀌었지만 그 속에 여전히 협력의 질서가 내면화되지 않는 경우도 있습니다. 따라서 학교교육을 사회학적으로 분석하는 것이 필요합니다. 학교 안에서 행복하게 살던 학생들이 졸업 후에도 인생을 주체적으로 살아갈 힘까지도 키우고 있는지를 생각해 보아야 합니다.

학교의 질서가 '강한 분류' 혹은 '약한 분류'를 지니는지 여부에 따라, 우리 학생들의 '위치'가 결정됩니다. 특정한 지식만이 중시되는 분절적 교육과정에서는, 학생 사이의 서열이 분명한 수업과 평가에서는, 소위 모범생과 문제아의 구분이 명확한 생활질서 속에서는 우등생과 모범생들을 위한 자리만이 존재할 따름입니다. 반면에 다양한 역량이 중시되는 통합적 교육과정에서는, 협력과 성장이 중시되는 수업과 평가에서는, 다양한 성향의 학생들을 두루 배려하는 생활질서 속에서는 배움이 느린 학생, 사회경제적으로 불리한 처지에 있는 학생, 학교의 규범에 적응하지 못하는 학생들도 자신의 위치를 확인할 수 있습니다.

학교의 질서가 '강한 통제' 혹은 '약한 통제'를 지니는지 여부에 따라, 우리 학생들이 자신의 '목소리'를 드러낼 수 있는지가 결정됩니다. 일방적인 주입식으로 이루어지는 수업, 오직 하나의 정답만이 인정되는 평가, 위계와 권위가 명확한 학교문화에서는 학생들의 다양한 목소리가 드러날 여지가 없습니다. 반면에 학생들이 주체적으로 참여하는 수업, 정답의 개방성이 보장되는 평가, 학생들의 의견이 반영되는 통로가 마련된 학교문화에서는 다양한 학생들의 목소리가 드러날 수 있습니다.

정치철학자 프레이저는 사회정의의 핵심적인 요소를 '분배'와 '인정'

으로 보았습니다. 정의로운 사회는 우선 물질적 자원이 동등하게 '분배'되어야 합니다. 예를 들어 빈부격차가 최소화되어야 하며, 모든 사람에게 균등한 기회를 제공해야 하는 것이 '분배의 정의'입니다. 이와 함께 계급, 인종, 성 등 다양한 정체성을 가진 사람들이 동등한 가치로 '인정'받는 정의가 실현되어야 한다는 것이 프레이저가 제시한 '인정의 정치학'입니다.Fraser & Honneth, 2003

이와 마찬가지로 학교의 '분배'와 '인정' 구조에 대한 성찰이 필요합니다. 사회에서 다양한 사회경제적 자원(권력, 지위, 임금 등)이 분배되는 것과 마찬가지로, 학교에서도 점수나 등수, 상과 벌, 학급 내의 역할과 같은 무형의 자원이 분배됩니다. 오로지 성적이나 규칙 준수 등을 중심으로 인정 구조가 형성되어 있는 학교는 매우 폐쇄적인 학교입니다. 그러나 다양한 인정 구조를 가진 학교는 배움이 느린 학생도, 가난한 학생도, 소수자 정체성을 가진 학생들도 자신의 위치와 역할을 확인하며 학교의 주인으로 참여할 수 있습니다.

이러한 인정과 참여 속에서 학생들이 스스로 기존의 질서를 비판적으로 성찰하며 주체로 성장해 가는 역량을 발휘하는 '임파워먼트empowerment'가 형성될 수 있습니다. 교육행정학에서는 흔히 '임파워먼트'를 '권한 위임'으로 번역합니다. 예를 들어 교육부의 권한을 일부 단위학교에 위임하거나, 학교장의 권한을 일부 교사에게 위임하는 것을 말합니다. 그러나 이처럼 '위에서 아래로' 내려주는 방식의 권한 위임은 근본적인 한계가 있습니다. '임파워먼트em-powerment'는 말 그대로 권력을 스스로 획득하거나 그러한 권한을 행사할 수 있는 역량을 길러 주는 것입니다. 다시 말해 '학생들이 주권자로서의 권한을 행사할 수 있는 조건을 제공하는 것'이라고 할 수 있습니다.

학교도 마찬가지입니다. 교육부의 권한이 시도교육청으로, 시도교육청의 권한이 단위학교로 이양되어야 하며, 학교장의 권한이 교사에게로, 교사의 권한이 학생에게로 위임되어야 하는 것은 자연스러운 흐름입니다. 그러나 이것이 단지 위에서 아래로 선심을 쓰듯 넘겨주는 것이어서는 곤란합니다. 대중의 힘과 역량이 모여 더 많은 권한을 행사해 가는 것이 민주주의의 확대 과정이듯이, 학교민주주의가 성숙하기 위해서는 학생들에게 실질적인 권한과 역량을 부여하는 '임파워먼트'가 필요합니다.

선생님의 학교는 어떤가요? 이 글을 읽으시는 선생님들은 학생들이 학교 안에서 인정받고 참여하며 삶의 주인공으로 성장하기를 진심으로 바라고 계실 겁니다. 중요한 것은 교사 개인의 노력뿐만 아니라 학교의 일상적인 구조와 문화입니다. 학교의 교육과정과 수업, 평가에서 그리고 학급운영이나 학생자치활동 등에서 누구나 인정받고 참여하는 구조가 형성되어 있는지요? 그 속에서 우리 학생들이 스스로 삶의 주인공으로 성장해 가는 힘을 키워 가고 있는지요?

8.

학교, 얼마큼 변해 왔는가?[28]
-소설과 드라마를 통해 본 학교의 변화 양상

이제 어느덧 마지막 강의입니다. 앞에서 번스타인의 이론을 바탕으로 '열린 학교'와 '닫힌 학교', 학생참여양상 등에 대하여 말씀드렸습니다. 이번에는 소설과 드라마 세 편을 인용하면서, 번스타인의 이론을 좀 더 구체적으로 적용해 볼까 합니다. 아울러 소설과 드라마를 통해 우리 학교가 그동안 얼마큼 변화했는지, 그리고 앞으로 어떤 방향으로 변해 갈지에 대해서도 함께 생각해 볼까 합니다.

여기서 살펴볼 작품은 1950년대 초등학교의 모습을 담고 있는 이문열의 소설 「우리들의 일그러진 영웅」(1987년 발표), 1980년대 고등학교의 모습을 담고 있는 최시한의 연작소설 「모두 아름다운 아이들」(1996년 발표), 그리고 2013년에 방영된 KBS 드라마 〈학교 2013〉입니다. 1950년대, 1980년대, 2010년대 학교의 모습을 30년 간격으로 살펴볼 수 있을 것 같습니다. 앞에서 말씀드린 번스타인의 이론을 통해 이 작품들에 반영된 학교의 모습을 살펴보겠습니다.

---

28. 이 글은 이형빈(2015d)을 수정 보완한 것입니다.

「우리들의 일그러진 영웅」: 닫힌 학교, 거짓 민주주의

이문열의 소설 「우리들의 일그러진 영웅」은 1950년대 후반 시골의 초등학교를 배경으로 하여 1987년에 창작된 작품입니다. 이 작품은 권력의 형성과 몰락의 과정을 초등학교 교실을 통해 우화적으로 나타낸 소설로 널리 알려져 있습니다. 특히 작중 배경이 1960년 4월 혁명 직전으로 설정되어 있어, 독재정권의 몰락과 민주주의의 성장이라는 시대적 분위기를 암시하고 있는 것으로 평가받고 있습니다. 또한 이 소설은 1950년대 후반 초등학교의 학교질서와 문화, 그리고 그 속에서 생활하는 학생들 사이의 권력관계 양상을 분석하는 데에 적절한 자료라 할 수 있습니다.

이 작품의 서술자 '나'는 서울에서 전학을 온 학생입니다. '나'가 이 학교에서 새롭게 부딪혔던 현실은 이 학급의 급장 엄석대가 지배하는 교실의 질서였습니다.

> 그때껏 서울에서 내가 겪었던 급장들은 하나같이 힘과는 거리가 멀었다. 집안이 넉넉하거나 운동을 잘해 거기서 얻은 인기로 급장이 되는 수도 있었으나 대개는 성적순으로 급장 부급장이 결정되었고, 그 역할도 급장이란 직책이 가지는 명예를 빼면 우리와 선생님 사이의 심부름꾼에 가까웠다. (중략) 그런데 나는 그날 전혀 새로운 성질의 급장을 만나게 된 것이었다.

서울 학교에서 '급장'은 하나의 '역할'에 불과했지만 이 학교에서의

'급장'은 '권력'을 행사하는 지위였습니다. 번스타인의 관점에 따르면 급장과 일반 학생 사이에는 '강한 분류'가 형성되어 있었고, 이에 따라 학생들은 급장의 명령에 따라야 하는 '강한 통제'가 형성되어 있었습니다.

엄석대가 이러한 권력을 행사할 수 있는 이유는 담임교사가 자신의 권력을 덩치가 크고 힘도 센 급장 엄석대에게 위임하여 이 학급을 효율적으로 통제하였기 때문입니다.

> 석대를 관찰하면서 더 자주 확인하게 되는 것은 담임선생이 그를 신임하지 않을 수 없는 까닭들이었다. 그에게 맡겨진 우리 반의 교내생활은 다른 어느 반보다 모범적이었다. 그의 주먹은 주번週番 선생님들이나 4학년 선도善導들의 형식적인 단속보다 훨씬 효율적으로 우리 반 아이들의 군것질이나 그 밖의 자질구레한 교칙위반을 막았다.

이러한 권한위임의 방식은 교육부가 시도교육청에, 시도교육청이 단위학교에 권한을 위임했지만, 학교민주주의가 성숙하지 않아 학교장의 권한만 커지고 정작 교사들의 권한은 축소되는 현상과 유사하다고 할 수 있습니다. 이 학급도 마찬가지입니다. 담임교사로부터 권력을 위임받은 엄석대는 더욱 엄격한 생활질서를 형성하여 학생들을 일상적으로 통제하게 됩니다.

> 조금만 손톱이 길어도 며칠만 이발이 늦어져도 나는 어김없이 위생불량자의 명단에 올랐고, 옷솔기가 터지거나 단추

하나만 떨어져도 복장위반자로 벌을 받아야 했다. 재수 없게 주변선생님에게만 걸리지 않으면 되는 등하굣길의 군것질도 내게는 모두가 범죄를 구성했으며, 동네 만화가게의 골방에 숨어서 읽은 만화도 담임선생님의 귀에 들어가 어김없이 꾸중을 듣게 되었다.

생활질서 영역에서 완벽하게 엄석대에게 제압된 '나'가 취할 수 있는 대응전략은 학업질서 영역에서 우월성을 증명하는 일이었습니다. 이는 수업시간에 교사에게 칭찬을 받거나 숙제를 완벽하게 잘하는 방법입니다. 이 중 가장 효과적인 것은 '평가'에서 우월성을 보이는 것이었습니다.

> 나는 먼저 성적으로 그를 납작하게 만들어 놓으리라고 별러 왔다. (중략) 나는 은근히 날짜까지 손꼽아 가며 일제고사를 기다렸으나 결과는 참으로 뜻밖이었다. 놀랍게도 석대는 평균 98.5로 우리 반에서는 물론 전 학년에서 1등이었다. 나는 평균 92.6 우리 반에서는 겨우 2등을 차지했지만 전 학년으로는 10등 바깥이었다.

평가는 학업질서가 최종적으로 관철되는 영역입니다. 번스타인이 말한 '분류'가 가장 강한 평가는 학생들의 전교 석차를 매기는 상대평가이고, '통제'가 가장 강한 평가는 모든 학생이 동시에 동일한 시험을 치러야 하는 일제식 평가입니다. 이 소설에는 '일제고사'라는 용어가 버젓이 등장하고, 그 결과에 따라 소수점까지 점수를 매기고 전교 등

수까지 석차를 산출합니다. 그런데 놀랍게도 엄석대는 일제고사에서도 절대자의 자리를 차지하게 됩니다.

그러나 엄석대가 지배하는 권력구조는 학년이 바뀐 후 새로운 권력자인 담임교사에 의해 붕괴됩니다. 엄석대가 모든 과목에서 전교 1등을 차지하는 것을 수상히 여긴 담임교사는, 그가 다른 학생의 답안지를 바꿔치기 한 사실을 알아내었습니다.

> "엄석대는 평균 98점으로 전 학년에서 1등을 했고 나머지는 모두가 전 학년 10등 밖이다. 나는 오늘 이 수수께끼를 풀어야겠다."
> 그리고 갑자기 매서운 목소리로 엄석대를 불러 댔다.
> "교단 모서리를 짚고 엎드려뻗쳐." (중략)
> 석대도 매를 맞는다. 저토록 무참하고 무력하게-그것은 나뿐만 아니라 우리 반 아이들 모두에게 충격이었을 것이다.

하지만 이 과정은 하나의 권력이 또 다른 권력으로 교체되는 과정에 불과했습니다. 엄석대에게 위임된 권력은 다시 담임교사에게 회수되었고, 담임교사는 민주주의라는 새로운 질서를 수립했습니다. 그러나 민주주의 질서가 수립되는 과정은 전혀 민주적이지 않았습니다. 담임교사는 '체벌'이라는 수단을 통해 엄석대의 권력을 무너뜨리고 민주주의 질서를 수립하였습니다.

> "너희들은 당연한 너희 몫을 빼앗기고도 분한 줄 몰랐고, 불의한 힘 앞에 굴복하고도 부끄러운 줄 몰랐다. 그것도 한

학급의 우등생인 녀석들이… 만약 너희들이 계속해 그런 정신으로 살아간다면 앞으로 맛보게 될 아픔은 오늘 내게 맞은 것과는 견줄 수 없을 만큼 클 것이다. 그런 너희들이 어른이 되어 만들 세상은 상상만으로도 끔찍하다… 모두 교단 위에 손들고 꿇어앉아 다시 한 번 스스로를 반성하도록."

담임교사가 수립한 민주주의는 아래로부터 획득한 권리라기보다 위로부터 부여된 시혜에 가까웠습니다. 진정한 임파워먼트의 과정이 생략된 채 형식적 민주주의만 남았습니다. 그러다 보니 주인공 '나'는 민주주의 자체에 대한 냉소적 태도를 취합니다. 그리고 성인이 된 주인공 '나'는 결국 독재자에 대한 향수를 품게 됩니다.

재능과 노력, 특히 정신적인 능력과 학문에 대한 천착의 깊이로 모든 서열이 정해지고, 자율과 합리에 지배되는 곳들만을 지나와, 그때까지도 석대는 여전히 부정의 이미지에 묻혀 있을 수밖에 없었다. (중략)

실업자가 되어 한발 물러서서 보니 세상이 한층 잘 보였다. 그전 학교에서의 성적이나 거기서 빛났던 내 자랑들은 아무런 소용이 없는, 그들만의 질서로 다스려지는 어떤 가혹한 왕국에 내던져진 느낌 그리고 거기서 엄석대는 아득한 과거로부터 되살아 나왔다.

이런 세상이라면 석대는 어디선가 틀림없이 다시 급장이 되었을 것이다.

주인공 '나'가 학교 졸업 후에 마주친 세상은 앞에서 말씀드렸던 '능력주의'가 지배하는 세상이었습니다. '능력주의'는 지위나 직업, 계급 등의 선천적인 지위를 중시하는 것이 아니라 '개인의 능력'에 따라 부와 권력을 배분하는 사회적 원리입니다. '재능과 노력, 특히 정신적인 능력과 학문에 대한 천착의 깊이로 모든 서열이 정해지고, 자율과 합리에 지배되는 곳'은 분명 엄석대의 주먹이 지배하는 세상보다 합리적입니다. 하지만 '나'가 경험한 사회는 능력주의의 원리조차 온전히 실현되지 못하는 사회였습니다. 그러고 나니 '나'는 엄석대가 지배하는 질서에 대해 묘한 향수를 품게 됩니다.

민주주의가 정착되지 않은 사회, 심지어 능력주의 원리조차 배반되는 사회에서 대중들은 차라리 강한 카리스마적 권위가 지배하는 질서를 그리워하게 됩니다. 이는 새로운 담임교사가 보여 준 '거짓 민주주의'의 한계이기도 합니다. 여기에는 학생들에게 진정한 권력과 역량을 부여하는 '임파워먼트'의 과정이 빠져 있습니다.

「모두 아름다운 아이들」: 닫힌 학교, 새로운 교육적 실천

최시한의 연작소설 「모두 아름다운 아이들」은 1980년대 후반 고등학교를 배경으로 하여 1996년에 창작된 작품입니다. 이 작품은 대입 경쟁 시스템 속에서의 고등학교 문화를 사실적으로 반영하고 있으며, 1989년 교원노조 결성을 둘러싼 당시의 풍경을 배경으로 하고 있는 것이 특징적입니다. 이 작품에는 입시 위주의 교육과 새로운 교육의 양상이 대립적으로 드러나 있으며, 그 속에서 생활하는 학생들의 다양한 모습이 풍부하게 나타나 있습니다.

작중 화자 '나'는 매일 반복되는 입시 위주의 고등학교 생활에 큰 의미를 찾지 못하는 학생으로, 앞에서 제시했던 학생참여의 유형에 의하면 '냉소'에 가까운 모습을 보이고 있습니다.

> 전부가 시들하고 지겨웠다. 선생님은 월급 때문에 수업을 하고, 학생들은 효자가 되기 위해서거나 불량학생이 되지 않기 위해 자율학습을 하는 것 같았다. '자율학습'이라니, 얼마나 웃기는 말이냐. 수업이 다 끝났는데도 학생들이 몇 시간씩이나 '자율적으로' 책상에 고개를 처박고 있다? 다들 말장난에 놀아나는 꼴이다. 이건 무엇을 세뇌하는 수용소지 학교가 아니다.

이 작품에서 매우 중요한 인물로 등장하고 있는 '윤수'는 이른바 '왕따'에 가까운 학생으로 앞에서 제시했던 학생참여양상의 '소외'에 해당합니다. 그러한 윤수와 '나'가 유일하게 좋아하는 교사는 국어교사인 '왜냐 선생님'입니다. 그가 '왜냐 선생님'이라는 별명을 얻은 이유는 학생들에게 끊임없이 "왜냐? 왜냐?"라며 질문을 던지는 방식으로 수업을 이끌었기 때문입니다. 다음은 왜냐 선생님이 박지원의 소설 '허생전'을 가르치는 수업 장면입니다.

"왜 줄거리 잡기 숙제를 냈느냐?"
"그건 소설의 줄기, 그러니까 핵심 사건이 어떻게 시작되고 끝났나를 붙드는 힘을 기르기 위해섭니다. 자, 그럼 누가 먼저 얘기할까?"

선생님은 교단에서 내려서셨다. (중략)

"김동철, 허생은 왜 과일과 말총을 죄다 사 모았을까요?"

동철이가 일어서며 말했다.

"네. 돈을 벌기 위해섭니다."

"내 시간에는 앉아서 대답해도 좋다고 했죠? 그래, 앉아요. 돈을 벌기 위해서라… 그럼, 돈은 왜 벌었나요?"(중략)

그때 고개를 푹 숙이고 있던 윤수가, 여전히 고개를 숙인 채 선생님의 말씀을 자르며 말했다. 의외였다.

"선비가 도, 돈을 벌려고만 그, 그랬다고 하니까, 허생을 거, 겉 다르고 속 다른 가짜 선비로 마, 만들었…."

아이들이 와아 웃었다. (중략)

그때 동철이의 말이 들렸다.

"다시 생각해 보니, 허생은 자기가 잘 먹고 살기 위해서가 아니라 다른 이들을 도우려고 돈을 벌었습니다. 그래서 자기 몫은 남겨 두지 않은 겁니다."

잘나 빠진 놈! 놈이 채뜨리지만 않았으면, 윤수가 말을 마무리 지을 수 있었을지도 몰랐다.

왜냐 선생님은 지식을 일방적으로 전달하기보다는 학생들에게 끊임없이 질문을 던지며 생각하게 만듭니다. 이러한 수업은 학생들의 적극적인 참여를 유도한다는 점에서 번스타인이 말한 '약한 통제'와 프레이리가 말한 '문제제기식 교육'과 가깝습니다. 왜냐 선생님이 교사의 권위를 상징하는 교단에서 내려와 학생들 사이로 다가가는 모습이나 학생들이 자기 자리에 앉아서 발표를 하도록 하는 모습도 교사와 학생 사이의 '약한 통제'를 형성하는 모습입니다. 또한 다른 학생들의 조롱거리가 되고 있는 윤수를 소외시키지 않고 배려하는 모습도 인상적입니다.

하지만 수업에 참여하는 학생들의 모습은 요즘 말하는 '참여형·협력형 수업'과는 거리가 있습니다. 학생들이 다양한 의견을 제시한다는 점에서 '참여형 수업'의 모습을 보이고 있지만, 학생들 사이의 협력이나 의사소통은 이루어지지 않고 있습니다. 더욱이 말을 더듬는 윤수의 모습에 웃음을 터뜨리는 학생들의 모습이나, 윤수의 말을 가로채 잘난 척을 하는 동철의 모습에서는 학생들 간의 진정한 협력과 소통이 형성되어 있지 않다는 것을 알 수 있습니다.

왜냐 선생님의 수업은 당시로서는 파격적인 것이었습니다. 하지만 그의 수업은 지속될 수 없었습니다.

국어 선생님께서 오늘 또 시간에 들어오시지 않은 건 바로 그 '노동조합' 때문이었다. (중략) 동철이는 회장이라도 되는 양 아주 일어서서 이렇게 말했다. 교사는 노동자가 아니다, 그러니 노동조합에 가입하는 건 잘못이다, 법이 그렇고 스승에 관한 우리 나라의 전통이 그렇다. 신문과 텔레비전에서 떠들던 말이어서 새로울 게 없는데도 동철이는 제 말처럼 당당하게 내뱉었다. (중략)

윤수는 흥분해서 심하게 더듬거렸다. 걔의 말을 주워 모으면 이렇다. 왜냐 선생님은 결국 쫓겨날 거다, 허생처럼 어디론가 사라져 버릴 수밖에 없을 거다, 자기 편이 너무 없기 때문이다. 그리고 윤수는 내게 물었다. 너는 물론 왜냐 선생님 편이지? 나는 그렇다고 대답했다. 그런데 물은 뜻은 그게 아니었다. 윤수는 말했다. 그렇다면 너는 왜 동철이와 싸우지 않느냐, 어서 들어가서 동철이 녀석의 주장을 꺾어라, 너처럼 글도 잘 쓰고 말도 술술 하는 애가 안 한다면 누가 하겠냐.

왜냐 선생님이 교원노조 가입 문제로 수업을 들어오지 못했던 때에 학생들은 왜냐 선생님의 노동조합 가입에 대해 논쟁을 벌입니다. 동철은 당시 언론에서 제기한 논리나 전통적인 스승관에 입각하여 왜냐 선생님의 노동조합 가입을 비판합니다. 그는 학교가 요구하는 질서를 비판적으로 인식할 줄 모르고 기존의 논리에 그대로 순응하는 인물로 볼 수 있습니다. 반면 윤수는 학교가 요구하는 질서에서 소외된 인물이지만 나름대로의 비판적 인식을 갖고 실천을 모색하는 인물입니다. '나'는 비판적인 인식을 가진 인물이지만 그러한 인식을 실천에 옮기는 데에는 소극적인 인물입니다. 이렇게 볼 때 '동철'은 앞에서 제시한 학생참여양상 중 '순응'에, 윤수는 '소외'와 '저항' 사이에, '나'는 '냉소'에 해당하는 인물로 볼 수 있습니다.

"자, 먼저 허생전에 나와 있는 사실들을 근거 삼으면서, 허생이 어떤 사람인가를 나름대로 얘기해 봐요."(중략)
"홍길동은, 일종의, 투사입니다. 홍길동은 자기 부하들이나 자기가 돕는 이들과 하나가 되어 싸우고, 끝에 가서 승리합

니다. 그러나 허생은, 돕기만 할 뿐 어디까지나 선비이고, 그래서 결국 지고… 맙니다."(중략)

선생님은 주먹을 불끈 쥐어 보이며 커다란 소리로 말씀하셨다.

"지금 한 말을 잘 들었겠죠? 참말 멋진 지적입니다! (중략) 그는 한 번도 선비의 자리, 양반사대부라는 자리를 떠난 적이 없다 그 말입니다. 허생은 장사를 하지만 장사꾼을 경멸하고, 백성을 돕고 북벌책 같은 국가대사를 논하지만 조정에 뛰어들어 적극적으로 그것을 실천하려고는 하지 않습니다. 사농공상을 구별하던 당시의 규범, 때가 아니면 초야에 은둔한다는 선비의 처세관에 묶여서 거리를 두고 비판하거나 도와줄 뿐, 하나가 되어 함께 살고 책임지지는 않는 겁니다. 이점이 바로 허생의 한계요, 허생전을 지은 연암 박지원의 한계라고 할 수 있습니다."

이 장면에는 왜냐 선생님의 교육과정과 수업의 특징이 잘 드러나 있습니다. 앞서 살펴보았듯이 왜냐 선생님의 수업은 모든 학생들을 적극적으로 참여시킨다는 점에서 '약한 통제'를 보이고 있습니다. 또한 왜냐 선생님의 수업은 교육과정의 측면에서 '약한 분류'를 보이고 있다. 왜냐 선생님은 문학 작품을 역사 교과의 지식과 통합적으로 가르치고 있으며, 나아가 소설 속의 인물 '허생'의 특성을 비판적으로 접근함으로써 지식과 탐구, 가치관을 통합하려는 시도를 하고 있습니다. 무엇보다도 중요한 것은 그가 학생들에게 전달하려는 지식을 교사 자신의 삶을 통해 보여 주고 있다는 점입니다. 선비의 자리에서 벗어나

백성들과 하나 되지 못한 허생을 비판한 왜냐 선생님은 왜곡된 교육 현실을 바로잡으려는 노력을 하고 있습니다. 이렇게 왜냐 선생님은 그의 수업을 통해 '교과 간 통합', '교과와 실천의 통합'을 보여 주고 있습니다.

이러한 왜냐 선생님의 수업은 특히 윤수처럼 학교질서에서 소외된 학생을 참여와 실천의 장으로 안내합니다. 그리고 이 과정은 어떤 특정 가치를 주입하는 방식으로서가 아니라 교사 자신의 삶을 통해 이루어지고 있습니다.

아침에 등교하려니까 교문이 한쪽만 열려 있었다. 그리고 교문 주위에 교감과 교무주임 선생님, 그리고 못 보던 이들이 서성이고 있었다. 왜냐 선생님이 학교에 못 들어오게 막은 것이었다. (중략)

창밖을 보았다. 땡볕이 쏟아지는 누우런 운동장 한가운데에 누가 홀로 주저앉아 있었다. 윤수였다. 무릎 앞에 무어라 적힌 종이가 세워져 있었다. 나는 온몸이 떨렸다. 그 종이에 적힌 말은 보이지 않아도 읽을 수 있었다. 아이들이 우르르 창가로 몰렸다. (중략)

왜냐 선생의 '허생전' 수업은 계속되고 있다.

위 장면은 이 소설에서 가장 인상적인 순간입니다. 왜냐 선생님은 교원노조 가입으로 인해 결국 학교에서 해직되어 출근을 저지당합니다. 이때 학교에서 늘 소외되어 왔던 윤수 혼자 운동장에 나가 일인시위를 벌입니다. 화자인 나는 이 순간을 '왜냐 선생의 허생전 수업은 계속되고 있다'고 표현합니다.

 기존의 질서가 왜냐 선생님을 배제시키고 이를 모두가 외면하며 침묵하고 있을 때, 유일하게 자신의 목소리를 낸 인물은 윤수였습니다. 왜냐 선생님의 임파워먼트가 윤수를 일깨운 것이라고 할 수 있습니다. 그러하기에 왜냐 선생님은 학교에서 쫓겨났지만 왜냐 선생님의 허생전 수업은 계속되고 있는 것입니다. 왜냐 선생님은 학교에서 해직되었지만, 윤수는 여전히 학교에서 고군분투합니다.

  오늘 생물 시간에 선생님이 '적자생존'에 대해 설명하면서 그 깨알 같은 글씨로 칠판을 한참 메워 나가고 있을 때였다. (중략)
  교실이 물을 끼얹은 듯 조용해졌다. 윤수가 질문이라곤 해 본 적이 없어서, 나부터도 윤수가 질문 같은 걸 하리라고는 생각지 않았던 탓이다. 게다가 윤수의 질문은 까다롭기로 소문난 생물 선생님의 수업을 느닷없이 중간에서 끊어 버린 셈이었다.
  "화, 환경에 맞지 아, 않는 건 모두 죽어, 죽어야 합니까?" (중략)
  "지다니? 이런 참, 지고 이기고가 아니야, 좋고 나쁜 것도 아니고! 생물의 법칙이 그렇다는 거지. 적자생존, 자연선택설, 그것만 기억하면 돼. 돌연변이도 설명할 참이니까, 이젠 자리에 앉아."
  그러나 윤수는 앉지 않았다. 계속 교복 앞자락을 만지작거리며 더듬대다가 가까스로 말을 만들어 냈다.

"그, 그럼, 사람, 사람은 평등한데, 환경에 따, 따라… 그게 저, 적자생존인지, 조, 조화인지…."

"왜 쓸데없이 복잡하게 생각을 하고 그래? 진도 방해 그만 하고, 그냥 외워!"

이 장면에 나타난 생물 교사의 수업은 '강한 분류'와 '강한 통제'를 특징으로 하는 전형적인 수업입니다. 교사가 일방적으로 지식을 전달하고 학생은 수동적으로 암기하는 방식의 수업이라는 점에서 '강한 통제'를 지니고 있습니다. 또한 교육과정의 측면에서 볼 때 교과의 지식을 삶의 문제와 통합적으로 사고하게 하지 못한다는 점에서 '강한 분류'를 지니고 있습니다.

하지만 윤수는 "까다롭기로 소문난 생물 선생님의 수업을 느닷없이" 끊어 버립니다. 또한 환경에 적응하지 못하는 종은 도태되는 것이 마땅하다는 적자생존의 원리에 대해 강한 의문을 제기하면서, 사회진화론에 입각한 경쟁사회의 원리를 비판하고 있습니다. 이는 생물 지식을 사회 문제와 통합적으로 바라보면서 이를 비판적으로 인식하고 있다는 점에서 '강한 분류'를 해체하는 시도로 볼 수 있습니다.

당시 학교는 적자생존의 원리가 적용되는 곳이었습니다. 그러한 생존 경쟁의 본무대인 대학입시를 앞두고 이 학교는 고3 수험생들이 대학입시에서 좋은 성적을 거두기를 기원하는 행사인 기원의 밤을 준비합니다.

교장 선생님이 초에 불을 붙였다. 3학년 담임선생님들이 초를 한 자루씩 들고 나와 그 촛불에서 불을 붙였다. 담임선생님들은 가만가만 무대에서 내려와 자기 반 앞에 섰다. 두 손으로 초를 받쳐 든 학생들이 한 명 한 명 나와서, 다시 그 촛불에 불을 붙였다. (중략)

누가 불쑥 나타났다. 그의 목소리가 확성기에서 울려 나왔다.

"우, 우, 우리는 마, 마라톤 선수, 선수가 아닙니다."

"모, 모두 승리, 승리하면 누가, 패, 패배합니까?" (중략)

"자기, 자기, 초, 촛불을 꺼! 꺼! 그러면 아, 아무도 패배하지 않⋯."

아아, 나는 또다시 어쩔 수 없었다. 얼굴이 무시무시하게 일그러진 3학년들이 무더기로 달겨들어 윤수를 무대 아래로 끌어내렸다. 문밖으로 질질 끌고 갔다. (중략)

각자의 촛불을 끄면, 아무도 패배하지 않는다─윤수의 그 말이 바로 내가 찾던 말 같다. 어쩌면 그보다 훨씬 나은 말인지도 모른다.

윤수의 "촛불을 꺼! 그러면 아무도 패배하지 않아."라는 말은 적자생존의 경쟁 질서를 정면으로 해체하자는 메시지를 담고 있습니다. 그 경쟁 질서를 미화한 촛불을 끌 때 비로소 이들은 '모두 아름다운 아이들'이 될 수 있다는 것을, 그래야만 학교는 모두에게 의미 있는 공간이 될 수 있다는 것을 알려 주고 있습니다.

〈학교 2013〉: 열린 학교로의 변화 가능성

드라마 〈학교 2013〉은 2010년대 고등학교를 배경으로 하고 있습니다. 이 드라마는 여느 드라마와 달리 흥미나 대중성을 추구하기보다는 학교의 모습을 있는 그대로 보여 주는 사실성을 획득하고 있다는 점에서 호평을 받아 왔습니다. 이 드라마가 보여 주는 고등학교의 현실은 1980년대 후반의 고등학교 현실을 다룬 「모두 아름다운 아이들」과는 또 다른 양상을 띠고 있습니다. 입시경쟁뿐만 아니라 최근 사회적 현안으로 대두된 학교폭력 문제, 고교서열화와 일반고 위기 현상, 교직사회에서 상대적 약자인 기간제 교사의 고충, 학교를 스스로 떠날 수밖에 없는 빈곤층 청소년의 문제 등을 다루고 있습니다.

> 안녕하십니까. 교장 임정수입니다. 안타깝게도 승리고등학교는 지난 유월 학력평가에서 서울 시내 178개 고등학교 중 149등 거의 최하위를 기록했습니다. 뿐만 아니라 여러분들의 생활 태도 또한 불량해서 지역사회의 항의와 민원이 끊이지 않으며 학교의 기강 또한 무너졌습니다. 이제 이 학교에 더 이상의 관용은 없습니다. 교칙을 위반하는 학생들에겐 확실하고 엄격한 징계가 따를 것이며 필요하다면 퇴학 조치 역시 주저하지 않을 것입니다. 이것은 승리고등학교를 명문학교로 거듭나게 하기 위한 첫걸음입니다. (제1회)

위의 학교장의 발언에는 이 학교의 학업질서와 생활질서의 양상이 여실히 드러나 있습니다. 여느 고등학교와 마찬가지로 이 학교는 대학입학을 위한 성적을 지상의 목표로 하고 있으며, 이러한 목표를 효율적으로 달성하기 위해 엄격한 교칙을 강조하고 있습니다.

이 드라마에는 다양한 학생들의 유형이 등장하고 있습니다. 소위 '모범생'으로 구분될 수 있는 송하경, 김민기, 길은혜 등은 학업성적도 우수하고 학교의 질서를 그대로 수용하는 유형의 학생들로, 앞에서 제시했던 학생참여양상 중 '순응'에 해당합니다. 이들과 정반대의 유형을 보이는 학생들은 소위 '문제아'로 구분될 수 있는 오정호와 그의 친구들입니다. 이들은 소위 '일진'으로 학교에 다니는 의미를 찾지 못하는 학생들이며, 학생참여양상 중 '소외'에 해당하는 학생입니다.

이 드라마의 주인공에 해당하는 인물인 고남순은 중학교 시절 소위 '일진'에 소속된 학생이었으나 고등학교에서는 적당히 학교의 질서에 거리를 둔 채 조용히 학교를 다니는 학생으로, 학생참여양상 중 '냉소'에 해당하는 인물입니다. 또 한편 주목해야 할 인물로는 특수학교에서 전학을 온 한영우입니다. 학교를 좋아하고 열심히 다니고자 하지만, 수업을 따라가기 어렵고 늘 따돌림을 당한다는 점에서 학생참여양상 중 '괴리'에 해당하는 학생입니다.

이 드라마에서 중요한 역할을 하는 정인재는 기간제 여교사입니다. 그는 기간제 교사의 특성상 교직사회에서 상대적 약자의 처지에 있으면서도 학생들에 대한 강한 애정을 갖고 자신의 교육적 소신을 굽히지 않습니다. 그러나 그의 소신은 학생들이나 동료 교사와의 관계 속에서 늘 흔들리며 꺾이곤 합니다. 그는 학원 강사 출신의 동료 교사 강세찬과 대립되는 교육관을 지니고 있습니다.

정인재　　애들한테 책 읽지 말라고 하셨어요?

강세찬   아, 그 바쁜 애들한테 소설책까지 읽으라고 시키
                  신 장본인이시군요.

정인재   아니, 뭘 읽어야, 그래서 뭘 알아야 문제 풀 능력
                  이 생기죠.

강세찬   수능 풀 때 잡다한 지식이 많으면 묻는 답 안 쓰
                  고 자기가 아는 걸로 쓰게 된다고요. 그러면 문
                  제도 틀리고 대학도 뚝 떨어지고, 검증된 사실인
                  데 너무 안일하게 수업하시는 거 아닙니까?

정인재   아니, 그리고 어떻게 대학 안 간다고 했다고 교실
                  에서 학생을 내쫓을 수가 있어요? 지 머리로 생
                  각하는 인간을 키우는 학교예요, 여기가. 대학
                  가는 요령만 가르치는 곳이 아니고요. 장사하는
                  학원이 아니라 인간 키우는 교육을 하는 곳이요.

                                        (제2회)

이처럼 정인재 교사는 단순한 입시교육이 아닌 '자기 머리로 생각
하는 인간을 키우는 교육'을 지향합니다. 하지만 그의 교육관은 동료
교사들에게도 학생들에게도 환영받지 못합니다. 그럼에도 불구하고
정인재 교사는 자신의 교육관을 바탕으로 새로운 수업을 하고자 고군
분투합니다.

정인재   자, 오늘은 모둠으로 나눠서 시 이해하기를 연습
                  해 볼 거야. 활동지에 써 있지? 자, 시를 네 가지
                  방법으로 이해하는 거다. 시적 화자, 시적 상황,

시적 대상, 시적 정서가 적힌 칸에 모둠의 의견을 모아서 정리하고 발표하면 되는 거야. 한 명도 빠지면 안 된다, 알겠지? (중략)

김해림   쌤! 이런 거 안 하면 안 돼요? 애들 자꾸 싸우고 막 엉망진창이에요.

정인재   의견들 좀 잘 맞춰 봐. 그래도 아무도 안 자잖아. 수업 분위기도 나름 활기차고, 어?

김민경   그니까 언제까지 이렇게 하실 건데요? 어차피 애들 모둠 끝나면 다 다시 잘 텐데.

남경민   선생님. 이제 시간 좀 그만 뺏으세요. 우리 수능 공부해야 돼요. (중략) 지난 시간에 모둠 수업 싫다고 말씀드렸는데, 안 하는 애들 좋은 일만 시키는 거라니까요. (중략)

정인재   솔직히 너희들 수업 처음부터 끝까지 집중한 적 거의 없잖아. 나는 지금 아무도 안 자는 것만으로도 커다란 희망이 있다고 본다. 그래서 앞으로도 쭉 이렇게 수업을 하고 싶어.

김민경   앞으로 쭉이요? 그럼 진도는 어떻게 다 빼실 건데요?

정인재   그것도 생각해 봤는데, 음, 세상의 모든 시를 해석해서 정답을 가르치는 거는 불가능해. 나는 니들이 시 하나만이라도 스스로 느끼고 해석해 보는 경험이 필요하다고 생각한다. 그래야지 처음 보는 시도 니들 스스로 해석할 능력이

생기지. (제8회)

정인재 교사가 시도한 수업 형태는 최근 혁신학교 등에서 일반화되고 있는 '모둠별 협력수업'입니다. 모둠별 협력수업은 '약한 통제'와 '약한 분류'를 형성하는 수업 방식으로 학생의 참여와 협력을 유도합니다. 그러나 이미 기존의 입시교육에 익숙해진 학생들이 이러한 새로운 수업 방식을 거부하고 있습니다. 소위 모범생들은 모둠 수업을 '수능 공부할 시간을 뺏는 것', '안 하는 애들 좋은 일만 시키는 것'으로 여깁니다.

그러나 정인재 교사는 '학생들이 수업시간에 잠을 자지 않는 것'만으로도 큰 희망을 발견하고 있습니다. '수업시간에 잠을 자는 현상'은 제1부에서도 말씀드렸듯이 학생들이 수업 참여를 기피하는 대표적인 예로서, 수업의 질서를 바꾸고 학생들의 참여와 협력을 보장할 때 일정 부분 극복될 수 있습니다.

이러한 정인재 교사의 새로운 수업 속에서 소외된 인물 고남순, 한영우 등에게 조금씩 임파워먼트가 이루어지기 시작합니다. 학교에서 늘 자신의 존재감을 확인하지 못하고 있었던 특수학교 출신 한영우는 교사 정인재를 무척 따르며 학교에 정을 붙이게 됩니다. 중학교 시절 소위 '일진'으로 지냈던 고남순은 자신의 과거를 고백하는 용기를 얻고, 중학교 시절 자신에게 폭력을 당했던 박홍수와 관계를 회복하게 됩니다.

학업질서의 영역에서 새로운 실천을 모색했던 정인재 교사는 생활질서의 영역에서도 새로운 실천을 모색합니다. 그가 담임교사로서 원하는 것은 '2반 아이들 단 한 명도 빠지지 않고 3학년에 올려 보내는 거, 애들 성적도 못 올려 주고 애들 인생도 책임 못 져 주지만, 내가 맡았던 아이들 그대로 다음 담임한테 인계하는 거'(제9회)였습니다. 한 명의 담임교사이자 재계약이 보장되지 못하는 기간제 교사가 할 수 있는 것은 매우 미약하지만, 그는 '아이들을 기다려 주는 것'이 자신의 역할이라고 여깁니다.

> 엄대웅 박홍수 무단 결석으로 교내 징계 불이행이면 더 이상 구제할 방법이 없습니다. 오늘 교내 봉사 마지막 날인데 결석을 안 해야 어떻게 손이라도 써 볼 수 있을 것 같은데요. (중략)
>
> 엄대웅 오늘 박홍수 안 왔죠?
>
> 정인재 네. (교실 문을 열고 박홍수 입장) 이제 왔네요. 홍수 빨리 자리에 가서 앉아, 빨리.
>
> 엄대웅 왔긴 왔는데 방과 후에 왔으니까 결석으로 보고 하겠습니다.
>
> 정인재 저기, 선생님. 저희 종례 아직 안 끝났는데요. 종례 끝나기 전에 왔으니까, 박홍수 너 지각이야. 오늘 하루도 학교에서 버티느라 수고가 많았다. 이것으로 오늘 종례를 마친다, 이상. (제7회)

학년부장 교사 엄대웅은 엄격한 학교질서를 유지하는 역할을 수행하는 인물입니다. 그러나 정인재 교사는 늘 학생들을 신뢰하고 끝까지 기다려 주는 모습을 보입니다. 이러한 진정성에 학생들과 동료 교사들도 조금씩 변화하는 모습을 보이게 됩니다. 학부모들의 부당한 간섭에 의해 정인재 교사가 계약 해지 통보를 받고 학교에서 쫓겨나는 극단적인 상황이 닥치자, 학교에서 존재감 없이 지내던 학생 계나리는 "사실은… 담임 좋았어."라고 자신의 속내를 드러내고, 최고의 문제아 오정호는 "학교 그냥 다니게 해 달라고요!"라고 외칩니다. 그리고 이러한 변화는 학교의 엄격한 질서 자체를 조금이나마 완화시키게 됩니다.

> 엄대웅　오정호 같은 경우에는 워낙 누적된 징계가 많아서 이번 것까지 추가하면 퇴학 조치가 불가피할 것 같습니다.
>
> 정인재　정호 많이 달라졌는데 다른 방법은 없을까요?
>
> 김대수　그 교칙 적용을 좀 느슨하게….
>
> 학교장　그게 무슨 뜻인지 알고 말씀하시는 겁니까? 다른 학생들 모두에게 그 느슨한 원칙을 적용해야 한다는 뜻입니다. 그렇게 되면 아주 느슨한 학교로 소문이 날 것이고, 주변 다른 학교에서 문제를 일으키고 전학 권고를 받는 아이들이 죄다 이 학교를 선택할 게 뻔하지 않습니까? (중략)
>
> 정인재　저기, 어머니. 한 번만 다시 생각해 봐 주시면 안 될까요?
>
> 강세찬　꼭 이렇게 하셔야 되겠습니까? 엄마의 힘으로 오정호 자르면 하경이 마음은 안 다칠 것 같습니까? (제16회)

위의 장면은 사소한 폭력 문제를 일으킨 오정호의 처벌 문제를 둘러싼 학교폭력대책자치위원회의 모습입니다. 학교장은 여전히 학교의 엄격한 질서를 고수하려는 입장이지만 정인재 교사를 비롯해 일부 교사들은 학교의 질서를 완화할 것을 요구합니다. 또한 학원 식 입시교육을 대변하고 있었던 강세찬 교사 역시 적극적으로 피해자 학부모를 설득하는 모습을 보입니다. 결국 폭력의 피해자 송하경이 처벌을 원하지 않게 되어 오정호에 대한 퇴학 조치가 철회됩니다.

정인재　너 학교는 왜 안 나와?

오정호　돈 벌어야 돼요. 저희 아버지가 다치셨거든요. 한 달에 백만 원은 벌어야 살 수 있어요. (중략)

정인재　돈은 선생님이 도와줄 수도 있다.

오정호　언제까지요? 이번 달 도와준다고 치면 그다음 달은요? 그럼 내년에는요? 저 같은 새끼들 볼 때마다 계속 돈 주실 거예요? 어차피 저 그 돈 못 갚아요. 졸업한다고 바로 직업이 있는 것도 아니고, 어차피 대학도 못 갈 거, 지금 벌기 시작하나 나중에 벌기 시작하나 다 똑같아요. 그니까 쌤, 이제 좀 놔요.

정인재　정호야, 밥은 먹고 가라.

오정호　너무 걱정하지 마세요. 나쁘게는 안 살게요.

(제16회)

　그러나 오정호에게는 학교의 질서보다도 사회의 구조가 더욱 가혹합니다. 학교의 질서가 다소 완화되더라도 사회 양극화로 대표되는 사회의 구조는 오정호에게 여전히 자리를 마련해 주지 않습니다.

오정호가 결국 학교로 돌아오지는 못했지만 정인재 교사에게 "너무 걱정하지 마세요. 나쁘게는 안 살게요."라고 고백을 합니다. 그리고 오정호의 변화는 다른 학생들의 변화를 이끌어 냅니다. 특히 입시 경쟁에 매달려 일반고 학생임을 부정하고 자신의 신분을 속인 채 특목고 학원에 다니던 송하경은 친구들과의 우정을 회복하고 자신에게 피해를 입힌 오정호의 징계를 반대할 만큼 성숙한 인물로 변해 갑니다.

학교, 어떻게 변화하고 있는가

1950년대 초등학교를 배경으로 하는 이문열의 소설 「우리들의 일그러진 영웅」을 통해 그 당시 학교의 '학업질서'와 '생활질서'를 엿볼 수 있습니다. 당시의 '학업질서'를 대표하는 것이 '일제고사'입니다. 1968년에 중학교 입시가 폐지되기 이전에는 초등학교에 월말고사가 있었고 그 결과에 따라 전교 석차를 산출했습니다. '엄석대'는 일제고사를 통해서도 우위를 입증하며 자신의 권력을 행사합니다.

당시 학교는 '손톱길이', '군것질'처럼 아주 사소한 것도 교칙으로 통제했습니다. 담임교사에게 막강한 권한을 위임받은 엄석대는 자신에게 복종하는 학생에게는 보상을 제공하고 그렇지 않은 학생에게는 폭력이나 따돌림 등의 처벌을 가했으며, 자신의 성적을 조작하는 등 온갖 부조리를 일삼았습니다. 이는 당시 1950년대의 정치적 상황과 무관하지 않습니다.

엄석대가 지배하고 있던 학교질서에 균열이 일어난 것은 새로운 담임교사의 등장이었습니다. 그러나 새로운 담임교사가 세우고자 하는 민주주의는 철저히 '위에서 아래로 부여된' 제도적 변화에 불과했습니다. 이는 진정한 임파워먼트와는 거리가 먼 것으로서, 학교질서의 변화를 가져오기에는 근본적인 한계가 있었습니다.

최시한의 소설 「모두 아름다운 아이들」에 그려지고 있는 1980년대의 고등학교 역시 엄격한 학업질서가 형성되어 있었습니다. 학생들은 모두 방과 후에도 몇 시간씩 '자율학습'을 빙자한 '강제학습'을 진행하고 있었으며, 이는 마치 '학교가 아닌 수용소'나 다름없는 풍경이었습니다. 교사들은 대부분 교과서 진도 나가기 식 수업을 진행하고 있으며 '복잡하게 생각하지 말고 그냥 외울 것'을 강요하였습니다.

그러나 「우리들의 일그러진 영웅」과는 달리 「모두 아름다운 아이들」에서는 새로운 교육을 추구하는 인물이 등장합니다. 왜냐 선생님은 학생들에게 끊임없이 "왜냐?"라는 질문을 던지며 스스로 생각할 능력을 키우고자 하였습니다. 그러나 왜냐 선생님의 수업 방식도 한계를 지니고 있었습니다. 즉 교사와 학생 사이에는 대화적 관계가 형성되어 있지만, 학생과 학생 사이에는 협력적 관계가 형성되어 있지 않았습니다. 이는 협력수업이나 프로젝트 수업 등이 일반화되기 이전인 1980년대의 수업 풍경을 현실적으로 반영하고 있는 모습이기도 합니다. 또한 왜냐 선생님이 다른 동료 교사와 고립된 채 외로운 실천에 머물러 있었던 것도 당시의 시대적 한계를 반영하고 있는 모습입니다.

이 작품에는 학교의 생활질서의 변화가 나타나 있지 않습니다. 강제적인 야간학습, 획일적인 두발·용의복장 규정 등이 대입이라는 명분으로 정당화되었습니다. 또한 동철과 같이 학교의 질서에 순응하는 소위 모범생이 여론을 주도하고 있고, 윤수와 같이 학교의 질서에 적응하지 못하는 학생들의 목소리는 외면당하고 있었습니다. 다만 이러한 질서에 도전하는 윤수의 외로운 실천이 드러나 있을 따름입니다.

2010년대의 고등학교 풍경을 다루고 있는 드라마 〈학교 2013〉은 1980년대와 크게 다를 바 없는 입시 위주의 고등학교 교육을 보여 주고 있습니다. 다만 1980년대의 풍경과 차이점을 보이는 것은 수업시간에 잠을 자거나 학교에 등교하는 것을 거부하는 학생들의 모습이 빈번하게 나타나고 있다는 점입니다. 이는 1990년대 후반 외환위기 이후 사회양극화가 본격화되면서 경쟁 자체를 포기하는 학생들이 늘어나는 현상을 반영한 것이기도 합니다. 그 속에서 사토 마나부가 말했던 '배움으로부터 도주하는 아이들'이 늘어 갑니다.

이러한 학교에서 정인재 교사는 새로운 실천을 하고자 고군분투합니다. 그는 자기 생각을 표현하는 글쓰기, 스스로 작품을 해석하는 능력을 키우는 수업을 강조합니다. 그의 수업 방식은 「모두 아름다운 아이들」의 왜냐 선생님과 유사하면서도 다른 점이 있습니다. 정인재 교사는 왜냐 선생님에 비해 학생들을 장악하는 개인적 카리스마가 부족한 기간제 여교사입니다. 그러나 그는 교사 개인의 역량으로 학생들을 수업에 이끌기보다는 수업의 질서를 바꿈으로써 학생들의 참여와 협력을 유도합니다. 모둠별 협력학습이 대표적인 예입니다. 이는 왜냐 선생님에게 결여되어 있던 '학생과 학생 사이의 협력'를 형성하려는 모습입니다. 수능 문제풀이식 수업에 길들여 있는 학생들은 그러한 수업 방식을 거부하지만, 조금씩 정인재 교사의 교육철학을 이해하며 변화하는 모습을 보입니다. 정인재 교사의 새로운 수업 방식은 혁신학교에서의 수업 방식과 유사합니다. 이 작품은 이러한 시대상의 변화를 일정 부분 반영한 것으로 볼 수 있습니다.

이 드라마에는 수업 질서의 변화와 함께 생활질서도 변할 수 있다는 가능성을 보여 줍니다. 언제 계약이 해지될지 모르는 기간제 교사 정인재의 처지는 언제 퇴학당할지 모를 학생들의 처지와 크게 다르지 않습니다. 하지만 정인재 교사의 눈물겨운 노력은 동료 교사들과 학생들의 마음을 조금씩 움직이고, 오정호를 퇴학당할 위기에서 구해 내는 등 완강한 학교의 질서를 다소나마 완화시켜 나갑니다. 이 역시 요즘 많은 학교에서 '협력과 소통의 학교문화'를 강조하는 것과 맥락을 같이합니다.

이 드라마에는 이전에는 크게 부각되지 않았던 새로운 주체의 모습이 등장하고 있습니다. 소위 '일진'으로 불리는 학생들, 학교에 아무런 의미를 느끼지 못하며 배움으로부터 도주하는 학생들은 기존의 학교 시스템이 더 이상 지속가능하지 않다는 점을 상징적으로 보여 주고 있습니다. 이 속에서 새로운 교육적 실천을 하고 있는 정인재는 기간제 여교사라는 점에서 일반적인 교사 집단과는 또 다른 주체 양상을 보이고 있습니다. 정인재 교사의 노력이 고립된 실천에 머물렀던 것이 아니라 동료 교사 사이의 공감을 형성해 갔으며, 정인재 교사의 학급운영 및 수업 방식 역시 학생과 학생 사이의 협력과 소통을 형성해 가고 있습니다. 더욱이 이 드라마는 섣부른 희망을 제기하기보다는 냉정한 현실 인식을 나타내는 리얼리즘의 미덕을 지니고 있습니다.

꽃들에게 희망을

나의 사랑아 이제 내 눈을 떠 봐요. 삶의 참된 의미를 찾

아보아요. 네가 올라 있는 그들은 너의 사랑. 이제 내려와 모
두 함께 노래 불러.

나의 귀여운 사랑 나비야 날아라. 세상 저 모든 꽃들에게
희망을. 너의 줄무늬 처진 겉옷을 벗어라. 그때 세상의 모든
꽃들 노래하리.

네가 추구하던 세상의 허황된 것, 허공에 쌓여진 시기와
질투의 탑일 뿐. 오욕과 싸우면서 세상에 아름다운 사랑 이
루어요.

너 비록 추한 몰골의 자그만 애벌레이나, 너 죽어 사라질
때 그 위에서 떠오르는 한 마리 나비되어 들판에서 피어 있
는 이 꽃들에게 희망을.

_김용진 작사·작곡, 「꽃들에게 희망을」

「우리들의 일그러진 영웅」의 주인공 '나'가 학교에서 배운 것은 민
주주의에 대한 회의와 허무주의일지도 모릅니다. 「모두 아름다운 아이
들」의 학생들이 학교에서 배우는 것은 '적자생존의 논리'일지도 모릅
니다. 하지만 윤수는 왜냐 선생님을 통해 이러한 질서 속에 잠들어 있
던 상상력과 참된 자아를 일깨워 나갔습니다. 〈학교 2013〉의 힘없는
기간제 여교사 정인재는 그와 비슷한 처지에 있던 학생들의 존재 가치
를 일깨워 주었습니다. 이것이 바로 인정과 참여를 통해 삶의 주인공
으로 살아갈 힘을 길러 가는 과정입니다. 그 속에서 애벌레처럼 보였

던 우리 학생들도 모두 나비와 같이 꽃들에게 희망을 주는 존재로 성장해 갈 수 있습니다.

학교는 쉽게 변화하지 않습니다. 그러나 큰 시각에서 볼 때 학교는 분명 좋은 방향으로 조금씩 변해 가고 있습니다. 우리는 이를 각 시대의 풍경을 담은 작품들을 통해서도 확인할 수 있습니다.

앞으로 누군가 쓰게 될 소설이나 드라마에서는 지금의 학교, 10년 후의 학교를 어떤 모습으로 그리게 될까요? 그 작품 속의 주인공은 바로 이 글을 읽고 계신 선생님입니다.

참고 문헌

강무홍(2103). 우리가 걸어가면 길이 됩니다. 서울: 양철북.

구미숙(2016). 자율과 열정으로 만들어가는 교사학습공동체. 제15회 전국참교육
실천대회 자료집.

민주화를위한전국교수협의회 엮음(2015). 입시·사교육 없는 대학 체제. 파주:
한울.

박권일 외(2014). 지금, 여기의 극우주의. 서울: 자음과모음.

배성호(2017). 안전 지도로 우리 동네를 바꿨어요!. 서울: 초록개구리.

손우정(2012). 배움의 공동체. 서울: 해냄.

성열관(2012). 교수적 실천의 유형학 탐색: Basil Bernstein의 교육과정 사회학
관점. 교육과정연구, 30(3). 71-96.

성열관(2015). 메리토크라시에서 데모크라시로: 마이클 영(M. Young)의 논의를
중심으로. 교육학연구. 53(2). 55-79.

성열관·서우철·김성수·윤성관(2014). 전인적 성장을 위한 학교 교육과정 구성
및 편성 방향에 관한 연구. 경기도교육청 정책연구보고서.

손유미(2017). 성장과 발달 중심의 평가. 송순재 외(2017). 혁신학교, 한국교육의
미래를 열다. 서울: 살림터.

안정선(2013). 내 어린 늑대와 강아지들. 서울: 교육공동체벗.

엄기호(2013). 교사도 학교가 두렵다. 서울: 따비.

오찬호(2013). 우리는 차별에 찬성합니다. 서울: 개마고원.

이오덕(1993). 글쓰기 어떻게 가르칠까. 서울: 보리.

이형빈(2014). 학생의 수업참여 및 소외 양상에 대한 현상학적 연구. 교육과정 연
구. 32(1). 25-51.

이형빈(2015a). 교육과정-수업-평가 어떻게 혁신할 것인가. 서울: 맘에드림.

이형빈(2015b). 학교가 가르치는 거짓, 학교가 은폐하는 진실. 함께여는국어교육.
118호. 44-54.

이형빈(2015c). 학생의 성장은 언제, 어떻게 이루어지는가?. 함께여는국어교육.
119호. 86-99.

이형빈(2015d). 소설과 드라마를 통해 본 학교질서의 변화와 학생참여양상 연구.
열린교육연구. 23(3). 241-269.

이형빈(2015e). 교사는 어떤 의미의 전문가인가. 오늘의교육. 24호. 180-193.

이형빈(2016a). 배움의 공동체, 수업 모델을 넘어 민주주의 공동체로. 함께여는국어교육. 121호. 16-28.

이형빈(2016b). 모두를 위한 인간화 교육. 함께여는국어교육. 122호. 36-47.

이형빈(2016c). 과학으로서의 교육과정, 예술로서의 교육과정. 함께여는국어교육. 123호. 59-69.

이형빈(2016d). 교직을 바라보는 네 가지 관점. 함께여는국어교육. 124호. 54-64.

장민희·이형빈·김현주·이호준·김미애·김상준·박영림·유형석(2016). 초등학교 행복성장평가제 운영 실태분석 및 활성화 방안 연구. 강원도교육연구원.

정진상(2004). 국립대 통합네트워크. 서울: 책세상.

조향미(2006). 그 나무가 나에게 팔을 벌렸다. 서울: 실천문학사.

최혜영(2016). 진단평가에서 진단활동, 다시 교육활동으로. 김해경 외(2016). 성장과 발달을 돕는 초등 평가 혁신. 서울: 맘에드림.

포남초등학교 교사들(2016). 배움의 공동체를 만들다, 학교를 바꾸다!. 서울: 에듀니티.

佐藤 學. (1999). 教育改革をデザインする. 岩波書店. 손우정 역(2009). 교육개혁을 디자인한다. 서울: 학이시습.

佐藤 學 (2000a). から逃走する子どもたち. 東京: 世織書房. 손우정·김미란 역(2003). 배움으로부터 도주하는 아이들. 성남: 북코리아.

佐藤 學 (2000b). 授業をえる學校がわる. 손우정 역(2006). 수업이 바뀌면 학교가 바뀐다. 서울: 에듀케어.

Agamben, G. (2009). O que é o contemporâneo? e outros ensaios. Editora Argos. 양창렬(2010). 장치란 무엇인가?. 서울: 난장.

Apple, M. W. & Beane, J. A. (1995). *Democratic Schools*. Alexandria, Virginia: Association for Supervision and Curriculum Development. 강희룡 역(2015). 마이클 애플의 민주학교. 서울: 살림터.

Bakhtin, M. (1981). *The dialogic imagination*. Austin: University of Texas Press. 전승희 외 역(1998). 장편소설과 민중언어. 서울: 창작과비평사.

Ball, S. J. (2003). *The teacher's soul and the terrors of performativity*. Journal of education policy, 18(2), 215-228.

Bernstein, B. (1975). *Class, codes and control volume 3: Towards a theory of educational transmissions*. Second edition. London: Routledge & Kegan Paul.

Bernstein, B. (1996). *Pedagogy, symbolic control and identity: Theory, research and critique*. London: Taylor & Francis.

Bloom, B. S. (1984). *Taxonomy of Educational Objectives Book 1: Cognitive Domain* (2nd edition). Addison Wesley Publishing Company.

Bobbitt, J. F. (1918). *The curriculum*. Houghton Mifflin. 정광순 외 역(2017). 학교에서 무엇을 가르쳐야 하는가. 서울: 학지사.

Czikszentmihalyi, M. (1990). *Flow: The psychology of optimal experience*. New York: Harper & Row. 최인수 역(2004). 몰입. 서울: 한울림.

Davydov, V. V. (2008). *Problems of Developmental Instruction: A Theoretical and Experimental Psychological Study*. Nova Science Publisher, Inc. 정현선 역(2014). 발달을 선도하는 교수학습. 서울: 솔빛길.

Dewey, J. (1923). *Democracy and education: An introduction to the philosophy of education. Macmillan*. 이홍우 역(2007). 민주주의와 교육. 서울: 교육과학사.

Eisner, E. W. (1979). *The educational imaginagion: on the design and evaluation of school programs*. New York: Macmillan College Publishing Company. 이해명 역(1999). 교육적 상상력: 교육과정의 구성과 평가. 서울: 단국대학교 출판부.

Foucault, M. (1975). *Surveiller et punir: Naissance de la prison. Paris: Gallimard*. 오생근 역(2003). 감시와 처벌. 파주: 나남.

Fraser, N. & Honneth, A.(2003). *Redistribution or recognition: a political-philosophical exchange*. London: Verso. 김원식·문성훈 역(2004). 분배냐 인정이냐. 고양: 사월의책.

Freire, P. (1970). *Pedagogy of the oppressed*. New York: Herder and Herder. 남경태 역(2009). 페다고지. 서울: 그린비.

Freire, P. (1998). *Teachers as cultural workers: Letters to those who dare teach*. Routledge. 교육문화연구회 역(2000). 프레이리의 교사론. 서울: 아침이슬.

Freire, P. (2004). *Pedagogy of hope: Reliving pedagogy of the oppressed*. A&C Black. 교육문화연구회 역(2002). 희망의 교육학. 서울: 아침이슬.

Fromm, E. (1941). *Escape from freedom*. Rinehart, Incorporated. 김석희 역(2012). 서울: 휴머니스트.

Jackson, P. W. (1990). *Life in classrooms*. Teachers College Press.

Katzenmeyer, M., & Moller, G. (2009). *Awakening the sleeping giant: Helping teachers develop as leaders*. CA: Corwin Press. 양성관, 이경호,

정바울(역)(2019). 잠자는 거인을 깨워라: 학교혁신을 위한 교사리더십. 서울: 에듀니티.

Kozol, J. (1981). *On being a teacher*. New Yok: Oneworld Publications. 김명신 역(2011). 교사로 산다는 것. 서울: 양철북.

Lortie, Dan C. (1972). *Schoolteacher: a sociological analysis*. 진동섭 역(1993). 교직사회: 교직과 교사의 삶. 서울: 양서원.

Manen, M. van. (1990). *Researching lived experience*. Ontario: Althouse Press. 신경림 역(1994). 체험연구. 서울: 동녘.

Noddings, N. (1992). *The challenge to care in schools. Teachers College Press*. 추병완 외 역(2002). 배려교육론: 인간화교육을 위한 새로운 접근. 서울: 다른우리.

Pinar, W. F. (1975). *Curriculum theorizing: The reconceptualists*. Berkely, CA: McCutchan Publishing Cororation.

Rawls, J. (1975). *A theory of justice*. Harvard university press. 황경식 역(2003). 정의론. 서울: 이학사.

Sandel, M. J. (2010). *Justice: What's the right thing to do?*. Macmillan. 김명철 역(2014). 정의란 무엇인가. 서울: 와이즈베리.

Sergiovanni, T. J. (1992). *Moral leadership: Getting to the heart of school improvement*. San Francisco: Jossey-Bass.

Shor, I. (1987). *Freire for the classroom: A sourcebook for liberatory teaching*. Heinemann Educational Books. 사람대사람 역(2015). 교실을 위한 프레이리. 서울: 살림터.

Tanner, D., & Tanner, L. N. (1980). *Curriculum development: Theory into practice*. New York: Macmillan.

Tyler (1949). *Basic principles pf curriculum and instruction*. Chicago: University of Chicago Press.

Vygotsky, L. S. (1978). *Mind in Society*. Cambridge, MA: Harvard University Press. 정회욱 역(2009). 마인드 인 소사이어티. 서울: 학이시습.

Young, M. (1958). *The rise of the meritocracy*. Routledge.

삶의 행복을 꿈꾸는 교육은 어디에서 오는가?

● **교육혁명을 앞당기는 배움책 이야기** 혁신교육의 철학과 잉걸진 미래를 만나다!

● **비고츠키 선집** 발달과 협력의 교육학 어떻게 읽을 것인가?

● 경쟁과 차별을 넘어 평등과 협력으로 미래를 열어가는 교육 대전환! 혁신교육 현장 필독서